L'ÉLÉMENT

Quand trouver sa voie peut tout changer !

Ken Robinson

et

Lou Aronica

L'ÉLÉMENT

Quand trouver sa voie peut tout changer !

Traduit de l'anglais par Marianne Bouvier

playBac

Titre original : *The Element - How finding your passion changes everything*
Détenteur des droits : Global Lion Intellectual Property Inc.
O. O. Box 669238, Pompano Beach, Florida 33066, USA
Éditeur original : Penguin/Viking aux États-Unis, 2009

Éditions Play Bac
33, rue du Petit-Musc
75004 Paris
www.playbac.fr
www.kenrobinson.fr

Ont contribué également à la réalisation de cet ouvrage :
L. Barber, T. Bourguet, J.-L. Broust, G. Burrus, E. Duval, C. Fleury, B. Legendre, L. Maj,
K. Marigliano, O. Maschio-Esposito, C.Onnen, E. Serrero-Després, M.-F. Wolfsperger

À PROPOS DES AUTEURS

Ken Robinson est un expert en éducation internationalement reconnu pour ses interventions en faveur du développement de la créativité, de l'innovation et de l'épanouissement personnel. Il conseille aussi bien des gouvernements que des entreprises, des systèmes éducatifs et quelques-unes des institutions culturelles les plus réputées au monde. En outre, il est connu du public pour sa participation aux conférences TED (Technology, Entertainment and Design), qui ont lieu plusieurs fois par an dans différentes villes à travers le monde. Il vit à Los Angeles, en Californie.

Auteur de deux romans, Lou Aronica est également coauteur de plusieurs essais, dont le succès de librairie *Culture codes – Comment déchiffrer les rites de la vie quotidienne à travers le monde* avec Clotaire Rapaille. Il vit aux États-Unis, dans le Connecticut.

À ma sœur Ethel Lena, à mes frères Keith, Derek, Ian, John et Neil ; à nos merveilleux parents, Ethel et Jim ; à mon fils James, à ma fille Kate et à mon âme sœur Terry. Je vous dédie ce livre. À vos multiples talents, à l'amour inépuisable et aux rires que nous mettons mutuellement dans nos vies. Quand je suis avec vous et ceux que vous aimez, je suis véritablement dans mon Élément.

REMERCIEMENTS

Selon un proverbe africain, il faut tout un village pour élever un enfant. Pour mettre au monde un livre comme celui-ci, il faut quasiment une métropole. J'ai bien peur de devoir dire que je ne peux remercier tout le monde ici, car c'est tout simplement impossible. Mais je vais tout de même désigner quelques personnes, afin de les décorer pour services rendus !

Tout d'abord, ma femme et collaboratrice, Terry. Sans elle, cet ouvrage ne serait pas entre vos mains. Tout est parti d'une remarque impromptue que j'ai faite lors d'une conférence. Je venais de raconter l'histoire de Gillian Lynne, qui introduit maintenant le premier chapitre de ce livre. En passant, j'ai déclaré qu'un jour ou l'autre j'écrirais un livre sur ce genre d'histoires. Dorénavant, je ne ferai plus jamais de telles déclarations devant Terry. Elle m'a demandé quand je pensais le faire. « Bientôt, certainement », lui ai-je répondu. Quelques mois plus tard, elle a commencé le livre elle-même, en a rédigé le plan, a développé les idées, réalisé quelques entretiens, puis trouvé un agent, Peter Miller, qui allait nous aider à concrétiser ce projet. Avec des fondations aussi solides et des portes de sortie si soigneusement barricadées, j'ai fini par tenir parole et me suis sérieusement attelé à la tâche.

Je souhaite aussi remercier Peter Miller, notre agent littéraire, pour son magnifique travail. M'avoir présenté Lou Aronica n'a pas été le moindre de ses exploits. Je voyage beaucoup – trop, je le reconnais – et l'élaboration d'un livre nécessite du temps, de l'énergie et une collaboration efficace. Lou s'est avéré le partenaire idéal. Il est tout à fait professionnel : savant, sensé, créatif et patient. Il a constitué le cœur serein du projet tandis que je gravitais autour du globe, envoyant notes, premiers jets et repentirs depuis les aéroports et chambres d'hôtels du monde entier. À nous deux, nous sommes également parvenus à maintenir le cap en dépit des conflits souvent comiques entre l'anglais britannique et américain. Merci, Lou !

Mon fils James a passé ses dernières vacances universitaires d'été à éplucher archives, revues et sites Internet afin de vérifier les faits, dates et idées. Puis il a discuté avec moi de pratiquement chaque idée du livre jusqu'à ce que je n'en puisse plus. Nancy Allen a procédé pendant plusieurs mois à différentes recherches, soumise à des délais de plus en plus courts. La collaboration précieuse de ma fille Kate avec Nick Egan a contribué à la création d'un site Web formidable qui présente nos autres travaux. Notre assistante infatigable, Andrea Hanna, a orchestré l'incroyable complexité d'un tel projet. Sans elle, ce livre ne tiendrait pas la route.

Tandis que l'ouvrage prenait forme, nous avons eu l'immense chance de bénéficier des conseils avisés et créatifs de notre éditrice, Kathryn Court, chez Viking Penguin. Grâce à sa bienveillante autorité, nous avons en outre pu boucler le livre dans des délais raisonnables.

Enfin, je tiens à remercier tous ceux dont les témoignages illuminent ce livre. Nombre d'entre eux ont consacré de précieuses heures de leur emploi du temps chargé à parler avec passion et en toute liberté de leur expérience et des idées qui constituent le fondement de cet ouvrage. De nombreux autres m'ont adressé des lettres et mails des plus émouvants. Leurs récits montrent que les sujets abordés dans ce livre touchent nos vies dans leur essence. Je les en remercie tous.

Bien sûr, il est d'usage de dire que si, en dépit de toutes ces merveilleuses contributions, des erreurs subsistaient dans cet ouvrage, j'en serais le seul responsable. Cela me semble un peu dur, mais j'imagine que c'est vrai.

SOMMAIRE

INTRODUCTION

Il y a quelques années, j'ai entendu une anecdote merveilleuse que j'aime beaucoup raconter. Une enseignante d'école élémentaire donnait un cours de dessin à un groupe d'enfants de 6 ans. Au dernier rang se trouvait une petite fille, qui n'était guère attentive en classe. Excepté en cours de dessin. Pendant une bonne vingtaine de minutes, les bras lovés autour de sa feuille, l'enfant parut totalement absorbée par ce qu'elle faisait. Fascinée, l'enseignante lui demanda ce qu'elle était en train de dessiner. Sans lever les yeux de son travail, la petite fille répondit : « Je fais un portrait de Dieu. » Étonnée, l'enseignante répliqua : « Mais personne ne sait à quoi il ressemble. »

L'enfant déclara : « Ils le sauront dans une minute. »

J'adore cette histoire, car elle nous rappelle que les jeunes enfants ont une confiance formidable en leur propre imagination. Avec le temps, la plupart d'entre nous perdent cette confiance. Demandez aux élèves d'une classe de cours préparatoire s'ils pensent être créatifs, ils lèveront tous la main. Demandez la même chose à un amphi d'étudiants de deuxième cycle : il n'y aura plus grand monde ! Je suis convaincu que nous naissons tous avec d'immenses aptitudes naturelles, et que nous perdons de vue un grand nombre d'entre elles au fil du temps. L'ironie veut que l'une des causes en soit l'éducation. Par conséquent, trop de gens ignorent leurs véritables talents et ce qu'ils sont vraiment capables d'accomplir.

En un sens, ils ignorent qui ils sont réellement.

Lors de mes nombreux déplacements à travers le monde, j'ai l'occasion de travailler avec divers systèmes éducatifs, entreprises et associations. Partout, je rencontre des élèves qui essaient d'imaginer leur avenir mais ne savent pas par où commencer. Je vois des parents inquiets qui, en voulant aider leurs enfants, les écartent souvent de leurs véritables talents, comme si, pour réussir dans la vie, ceux-ci devaient suivre une voie traditionnelle. Je connais des employeurs qui peinent à comprendre et à tirer un meilleur parti des divers talents de leurs collaborateurs. Sans parler de tous les gens qui n'ont pas la moindre idée de ce que pourraient être leurs talents et leurs passions. Ils n'apprécient guère ce qu'ils font, mais ignorent ce qui pourrait leur permettre de s'épanouir.

Cependant, je rencontre également des gens qui ont réussi dans toutes sortes de domaines, qui se passionnent pour leur métier et ne pourraient imaginer faire autre chose. Selon moi, leurs témoignages peuvent nous apprendre beaucoup sur les talents de chacun et sur l'épanouissement personnel. Lors de mes conférences dans le monde entier, je me suis aperçu que ce sont ces histoires vécues, au moins autant que les statistiques et les opinions des spécialistes, qui nous incitent à réfléchir différemment sur nous-mêmes et ce que nous faisons de nos vies ; à la manière dont nous éduquons nos enfants et gérons nos entreprises.

Ce livre contient un large éventail de témoignages qui retracent le parcours créatif de personnes très diverses. Nombre d'entre elles ont été interrogées spécialement pour cet ouvrage. Elles racontent les circonstances dans lesquelles elles ont pris conscience de leurs talents, et comment elles gagnent leur vie en faisant ce qu'elles aiment. Ce qui m'a le plus frappé, c'est à quel point leurs parcours sont souvent peu conventionnels, parsemés de revirements, de détours et de surprises. À plusieurs reprises, les personnes interrogées m'ont confié que nos entretiens leur avaient permis de considérer certaines idées et certains événements sous un angle entièrement nouveau : le moment de la prise de conscience, l'évolution de leurs talents, les encouragements ou les dissuasions de la part de la famille, des amis et des enseignants, ce qui les a incités à aller de l'avant en dépit des nombreux obstacles.

Toutefois, leurs histoires ne sont nullement des contes de fées. Toutes ces personnes ont eu des vies complexes et difficiles. Leur parcours n'a été ni facile ni direct. Elles ont toutes connu des catastrophes aussi bien que des triomphes. Aucune d'elles n'a eu une vie parfaite. Mais toutes vivent régulièrement des moments qui approchent la perfection. Leurs témoignages sont souvent des plus captivants.

Mais ce livre ne parle pas uniquement de célébrités. Il parle aussi de vous.

Je souhaiterais vous offrir une vision plus riche des dispositions naturelles et de la créativité chez l'homme, ainsi que des avantages dont nous pouvons tous bénéficier si nous nous mettons en phase avec nos propres talents et passions. Cet ouvrage aborde des questions qui revêtent une importance fondamentale dans nos vies et celles de nos enfants, de nos élèves et de nos collaborateurs. J'utilise le terme d'*Élément* pour désigner l'endroit où convergent les choses que nous adorons faire et celles pour lesquelles nous sommes doués. À mon avis, il est essentiel que chacun de nous trouve son Élément. Cela nous permettra dans un premier temps de nous épanouir davantage. Et alors que le monde évolue, il influencera l'avenir même de nos sociétés et de nos institutions.

En effet, le monde change plus rapidement que jamais. Notre meilleur espoir pour l'avenir consisterait à adopter une nouvelle conception des facultés humaines afin de faire face à une nouvelle ère. Nous devons reconsidérer l'importance qu'il y a à nourrir le talent humain, tout en sachant que celui-ci s'exprime différemment en chaque individu. Nous devons créer des environnements – dans nos écoles, sur nos lieux de travail et dans nos administrations – où chaque personne doit être incitée à se développer de manière créative. Nous devons veiller à ce que chacun d'entre nous ait l'opportunité de faire ce qui lui correspond vraiment, de découvrir l'Élément en lui-même et à sa façon.

Ce livre est un hymne à l'extraordinaire diversité des talents et passions de l'homme, ainsi qu'à notre fabuleux potentiel de développement. Il aide en outre à comprendre les conditions dans lesquelles ces talents s'épanouiront ou se flétriront. Enfin, il nous montre comment nous impliquer davantage dans le présent, et quelle est l'unique manière de se préparer à un avenir totalement imprévisible.

Afin de donner le meilleur de nous-mêmes et de nos relations aux autres, nous devons de toute urgence adopter une conception plus globale des aptitudes humaines. Nous devons embrasser l'Élément.

CHAPITRE I

L'ÉLÉMENT

Gillian avait à peine 8 ans, mais son avenir paraissait déjà sérieusement compromis. Son travail scolaire : un désastre, du moins selon ses enseignants. Elle rendait ses devoirs en retard, avait une écriture abominable et des résultats pitoyables. Qui plus est, elle perturbait toute la classe. Tantôt elle s'agitait bruyamment, tantôt elle regardait fixement par la fenêtre, obligeant ainsi l'enseignant à interrompre son cours pour regagner son attention. L'instant d'après, Gillian s'arrangeait pour distraire les enfants qui l'entouraient. Mais la petite fille n'avait cure de tout cela. Quoique habituée à se faire reprendre par les adultes, elle ne se considérait nullement comme une enfant difficile. En revanche, l'école s'inquiétait beaucoup pour elle. Les choses se précipitèrent lorsque les responsables écrivirent à ses parents.

Pour les enseignants, Gillian souffrait d'un trouble d'apprentissage et un établissement spécialisé lui conviendrait mieux. Cela se passait dans les années 1930. Aujourd'hui, on dirait sans doute qu'elle présente un trouble du déficit de l'attention avec hyperactivité (TDAH) et on la mettrait sous Ritaline, ou un autre traitement similaire. Cependant, l'épidémie de TDAH n'ayant pas encore été inventée à l'époque, on devait se débrouiller autrement…

Alarmés par le courrier de l'école, les parents de Gillian prirent aussitôt les choses en main. Après lui avoir passé sa plus belle robe et lui avoir fait de jolies couettes, sa mère l'emmena consulter un psychologue. Elle redoutait le pire.

Gillian m'a raconté se souvenir encore de la vaste pièce lambrissée de chêne et remplie de livres reliés en cuir dans laquelle on la fit entrer. Près d'un grand bureau se tenait un homme imposant en veston de tweed, qui la conduisit tout au fond de la pièce pour la faire asseoir sur un immense canapé en cuir. Ses pieds touchant à peine le sol, la petite fille était intimidée par tout cet environnement. Soucieuse de l'impression qu'elle allait donner, elle coinça ses mains sous ses cuisses de manière à ne pas remuer.

Le psychologue retourna à son bureau. Pendant les vingt minutes qui suivirent, il interrogea sa mère sur les difficultés que Gillian rencontrait à l'école et les problèmes qu'elle causait, aux dires des enseignants. Bien qu'il n'adressât aucune question à la petite fille, il l'observa attentivement pendant tout ce temps, ce qui l'embarrassait terriblement. Malgré son jeune âge, elle avait conscience que cet homme allait jouer un rôle important dans sa vie. Elle savait ce que signifiait une « école spécialisée », et elle ne voulait pas en entendre parler. Elle n'avait pas l'impression d'avoir de véritable problème, mais tous les autres semblaient le croire. À la manière dont sa mère répondait aux questions, il lui semblait qu'elle aussi avait ce sentiment.

Peut-être avaient-ils raison, pensa Gillian.

Enfin, sa mère et le psychologue cessèrent de parler. L'homme se leva de son bureau, se dirigea vers le canapé et s'assit à côté d'elle.

« Gillian, je te remercie d'avoir été aussi patiente, lui dit-il. Mais il va falloir que tu attendes encore un petit peu. Je dois maintenant parler seul avec ta maman. Nous allons quitter la pièce quelques minutes. Ne t'inquiète pas, ce ne sera pas très long. »

Gillian acquiesça avec appréhension, et les deux adultes la laissèrent seule. Cependant, avant de partir, le psychologue se pencha sur son bureau pour allumer la radio.

Dès qu'ils furent dans le couloir, le médecin dit à la mère de Gillian : « Restons ici un moment et observons ce qu'elle fait. » Ils se tenaient près d'une fenêtre ouverte sur le bureau, à un endroit où la petite fille ne pouvait les voir. Presque aussitôt, celle-ci se leva et commença à se déplacer à travers la pièce au rythme de la musique. Les deux adultes la regardèrent sans un bruit pendant un moment, ébahis par la grâce de l'enfant. N'importe qui aurait remarqué combien ses mouvements étaient naturels, voire instinctifs. De même, n'importe qui aurait constaté l'expression de plaisir intense qui irradiait son visage.

Enfin, le psychologue se tourna vers la mère de Gillian et lui dit : « Vous voyez, madame, votre fille n'est pas malade. C'est une danseuse. Inscrivez-la dans une école de danse. »

J'ai demandé à Gillian ce qui se passa ensuite. Sa mère fit exactement ce que le psychologue lui avait suggéré. « Je ne peux vous décrire à quel point ce fut merveilleux, m'a raconté Gillian. Je suis entrée dans cette salle remplie de personnes semblables à moi. Des personnes incapables de rester assises. *Des personnes qui avaient besoin de bouger pour penser.* »

Elle se rendit alors à l'école de danse chaque semaine, et s'exerça chaque jour à la maison. Par la suite, elle auditionna pour entrer à la Royal Ballet School de Londres, où elle fut admise. Puis elle intégra la troupe du Royal Ballet, devint soliste et se produisit aux quatre coins du monde. Quand ce pan de sa carrière toucha à sa fin, elle fonda sa propre compagnie de comédie musicale et créa à Londres et à New York toute une série de spectacles qui connurent un grand succès. Enfin, elle rencontra le compositeur Andrew Lloyd

Webber, avec qui elle monta quelques-unes des comédies musicales les plus célèbres de tous les temps, comme *Cats* et *The Phantom of the Opera*.

Ainsi la petite fille à l'avenir compromis finit-elle par se faire connaître dans le monde entier sous le nom de Gillian Lynne, l'une des chorégraphes les plus douées de son époque, qui procura du plaisir à des millions de spectateurs et gagna des millions de dollars. Cela est arrivé parce que quelqu'un l'a regardée au fond des yeux – quelqu'un qui avait déjà vu des enfants comme elle et savait interpréter les signes. Quelqu'un d'autre l'aurait peut-être mise sous médicaments pour la calmer. Mais Gillian n'était pas une enfant à problème. Elle n'avait aucunement besoin d'entrer dans une école spécialisée.

Elle avait juste besoin de devenir la personne qu'elle était véritablement.

Contrairement à Gillian, Matt fut toujours un bon élève, obtenant des notes correctes et réussissant tous les examens importants. Cependant, il s'ennuyait énormément. Pour se distraire, il se mit à dessiner pendant les cours. « Je dessinais en permanence, m'a-t-il confié. Et je suis devenu tellement bon que j'arrivais à dessiner sans regarder ma feuille, si bien que l'enseignant croyait que j'étais en train de l'écouter. » Pour Matt, le cours d'arts plastiques était l'occasion de s'adonner à sa passion. « On nous donnait des cahiers de coloriage. Mais j'ai décidé que je ne pourrais jamais colorier à l'intérieur des traits. Absolument aucun intérêt ! » Une fois au collège, il passa un cran nettement au-dessus. « En arts plastiques, les élèves se contentaient de rester assis à rien faire, le prof s'ennuyait et les fournitures dormaient dans un coin. Personne ne s'en servait. Alors je faisais le plus de dessins possibles – une trentaine à chaque cours. Je regardais chaque dessin, je lui donnais un titre – *Dauphin dans les algues* – et hop, au suivant ! Je me rappelle avoir réalisé des quantités de dessins avant qu'ils me disent d'arrêter, car j'épuisais leurs réserves de papier.

J'étais excité à l'idée de créer quelque chose qui n'existait pas auparavant. À mesure que ma technique s'améliorait, j'avais plaisir à me dire : "Oh mais ça ressemble, vaguement, à ce que je voulais représenter." Toutefois, au bout d'un certain temps, je me suis rendu compte que ma technique ne progressait plus beaucoup. Je me suis alors intéressé aux histoires et aux blagues, je trouvais ça plus divertissant. »

Matt Groening, connu dans le monde entier en tant que créateur des *Simpson*, puisa sa véritable inspiration dans le travail d'autres artistes, dont les dessins manquaient de maîtrise technique mais qui savaient associer leur style particulier à des histoires inventives. « J'ai trouvé encourageant de voir que des gens ne sachant pas dessiner arrivent à gagner leur vie, comme James Thurber. John Lennon a également été très important pour moi. Ses livres, *En flagrant délire* et *Un Espagnol à l'arrêt*, sont remplis de dessins vraiment minables, mais aussi de poèmes en prose très drôles et d'histoires loufoques. Durant une période de ma vie, j'ai essayé d'imiter John Lennon. Le bédéiste Robert Crumb m'a aussi énormément influencé. »

Toutefois ses enseignants comme sa famille – même son père, dessinateur de BD et cinéaste – l'incitèrent à faire autre chose de sa vie. Ils lui suggérèrent de faire des études supérieures pour accéder à une profession plus sérieuse. D'ailleurs, jusqu'à son entrée à l'université (un établissement peu conventionnel, sans notes ni cours obligatoires), une seule enseignante l'inspira véritablement. « Ma première institutrice de l'école primaire a gardé les dessins que j'avais faits en classe. Elle les a conservés pendant des années. Cela m'a beaucoup touché, car elle a dû voir passer des centaines d'enfants. Elle s'appelait Elizabeth Hoover. J'ai donné son nom à l'institutrice des *Simpson.* »

La désapprobation des adultes ne le dissuada nullement, car, au fond de lui-même, Matt savait ce qui l'inspirait véritablement.

« Enfants, quand nous jouions avec des petites figurines comme des dinosaures, en inventant des histoires, je savais que je ferais ça toute ma vie. Quand je voyais les adultes pénétrer dans les immeubles de bureaux avec leur attaché-case, je me disais : "Je ne pourrai jamais leur ressembler." La seule chose qui m'intéressait, c'était d'inventer des histoires. Les gamins autour de moi ressentaient la même chose, mais petit à petit leur intérêt s'est émoussé et ils sont devenus plus sérieux. Mais, pour moi, il s'est toujours agi de jouer et de raconter des histoires.

« Je comprenais toutes les étapes par lesquelles j'étais censé passer – aller au lycée, faire des études universitaires, obtenir un diplôme et décrocher un bon boulot. Mais je savais que ça ne marcherait pas pour moi. Je savais que je ferais des dessins animés jusqu'à la fin de mes jours.

« Au lycée, j'ai trouvé des amis qui partageaient mes centres d'intérêt. Nous traînions ensemble, réalisions des bandes dessinées et nous partagions nos découvertes. L'âge aidant, nous sommes devenus plus ambitieux et nous sommes mis à faire des films. C'était formidable. Cela compensait un peu le fait que nous nous sentions tellement en décalage avec les autres élèves. Au lieu de rester à la maison le week-end, nous sortions pour réaliser des films. Au lieu d'assister aux matchs de foot le vendredi soir, nous nous rendions à l'université pour voir des films expérimentaux.

J'ai décidé que je vivrais de débrouille. D'ailleurs, je ne croyais pas que ça marcherait. Je pensais que j'allais devoir prendre un boulot pourri que je détesterais. J'imaginais que je travaillerais dans une usine de pneus. Pourquoi les pneus, je n'en ai pas la moindre idée. Je me voyais faire avancer des pneus sur la chaîne, et dessiner pendant la pause. »

Les choses se déroulèrent de manière assez différente. Matt déménagea à Los Angeles, parvint à faire paraître sa série en bande dessinée, *Life in Hell* (*La Vie en enfer*), dans le *L.A. Weekly*, et commença à se faire un nom. Si bien que la Fox Broadcasting Company lui proposa de réaliser de courtes séquences animées pour l'émission *The Tracy Ullman Show*. Lors de son premier entretien avec la Fox, il inventa la famille Simpson sur le moment : avant d'entrer en salle de réunion, il n'avait pas la moindre idée de ce qu'il allait faire. Ces séquences sont passées à une demi-heure, et sont désormais diffusées toutes les semaines depuis plus de 20 ans par la Fox aux États-Unis et Canal+ en France. En outre, *Les Simpson* ont fait l'objet de films, d'albums, de jouets et d'innombrables autres produits. Autrement dit, un véritable empire de la culture populaire.

Cependant, rien de tout cela ne serait arrivé si Matt Groening avait écouté ceux qui lui conseillaient de poursuivre une « vraie » carrière…

Tous ceux qui ont réussi dans leur vie ne détestaient pas l'école ou n'étaient pas de mauvais élèves étant jeunes. Paul étudiait encore au lycée, où il obtenait d'excellentes notes, lorsqu'il entra pour la première fois dans un amphi à l'université de Chicago. Il ignorait alors qu'il s'agissait de l'un des établissements les plus réputés au monde pour l'enseignement de l'économie, il savait seulement que cette université se trouvait près de chez lui. Quelques minutes plus tard, il était converti, comme il l'a rapporté dans son article : « Ce jour-là, le cours était consacré à la théorie de Malthus selon laquelle les populations humaines se reproduisent comme des lapins jusqu'à ce que leur densité par hectare ramène leurs revenus à un niveau leur permettant tout juste de subsister. Le taux de mortalité accru s'équilibre alors avec le taux de natalité. Cette histoire d'équation différentielle était tellement simple à comprendre que je crus (à tort) avoir manqué quelque mystérieuse complexité. »

Ainsi commença la carrière d'économiste du professeur Paul Samuelson. Une carrière qu'il qualifie de « pur amusement », au cours de laquelle il enseigna au Massachusetts Institute of Technology (MIT), présida l'International Economic Association, écrivit plusieurs livres (dont le manuel d'économie le plus vendu de tous les temps) et des centaines d'articles, influa de manière significative sur la politique gouvernementale et, en 1970, fut le premier Américain à recevoir le prix Nobel d'économie.

« En tant qu'enfant précoce, j'avais toujours excellé dans les raisonnements logiques et les tests de QI reposant sur la résolution de problèmes. Alors si l'économie était faite pour moi, on peut dire que j'étais également fait pour l'économie ! Ne sous-estimez jamais l'importance cruciale qu'il y a à trouver, tôt dans la vie, le métier qui pour vous est un jeu. Cela peut transformer des élèves médiocres en d'heureux battants. »

Trois histoires, un message

Gillian Lynne, Matt Groening et Paul Samuelson sont trois personnes très différentes aux histoires très diverses. Seul un message d'une puissance indéniable les rassemble : chacun d'eux a atteint un haut niveau de réussite et de satisfaction personnelle en découvrant la chose qu'il faisait naturellement bien et qui attisait sa passion. Je qualifie ces histoires d'« épiphanies », car elles impliquent une sorte de révélation qui divise la vie en avant et après. Ces épiphanies ont entièrement transformé leurs vies : elles leur ont indiqué une voie et un but, elles les ont propulsées ainsi comme rien d'autre ne l'avait fait auparavant.

À l'instar de toutes celles dont nous ferons la connaissance dans ce livre, ces personnes ont identifié leur point d'équilibre idéal. Elles ont découvert leur Élément – l'endroit où convergent les choses qu'elles adorent faire et celles pour lesquelles elles sont douées. L'Élément constitue une autre manière de définir notre potentiel. Bien qu'il se manifeste différemment en chacun de nous, ses composantes sont universelles.

Lynne, Groening et Samuelson ont réalisé de grands projets dans leur vie. Mais ils ne sont pas les seuls à en avoir la capacité. Ce qu'ils ont de particulier est d'avoir compris ce qu'ils aimaient faire et de l'avoir effectivement accompli. Ils ont découvert leur Élément. Parmi les gens que j'ai eu l'occasion de rencontrer, la plupart ne l'ont pas trouvé.

Découvrir son Élément est essentiel à notre bien-être et à notre réussite ainsi que, par répercussion, à la santé de nos entreprises et à l'efficacité de nos systèmes éducatifs.

Je suis convaincu que l'Élément nous donne à tous le potentiel nécessaire pour accroître considérablement notre réussite et notre épanouissement. Je ne veux pas dire par là qu'il y a un danseur, un dessinateur ou un économiste émérite en chacun de nous. Je dis simplement que nous possédons tous divers talents et passions qui peuvent nous inciter à accomplir bien davantage que ce que nous pourrions imaginer. Comprendre cela change tout, et constitue notre plus grand, voire notre seul espoir de réussir véritablement et durablement dans un avenir des plus incertain.

Pour atteindre notre Élément, nous devons découvrir les talents et passions qui nous sont propres. Pourquoi la plupart des gens n'y parviennent-ils pas ? L'une des principales raisons réside dans la conception très restrictive qu'ils ont de leurs capacités naturelles.

Le premier frein réside dans la connaissance limitée que nous avons de l'éventail de nos aptitudes. Nous sommes tous nés avec d'extraordinaires capacités en termes d'imagination, d'intelligence, de sensibilité, d'intuition, de spiritualité et de conscience physique et sensorielle. La plupart d'entre nous n'utilisent qu'une fraction de ces aptitudes, voire aucune. Nombreux sont ceux qui n'ont pas décelé leur Élément parce qu'ils ignorent leurs propres capacités.

Le deuxième frein relève de notre prise de conscience imparfaite que toutes ces aptitudes sont liées les unes aux autres de manière holistique. En général, nous pensons que nos esprits, nos corps, nos sensations et nos relations avec autrui fonctionnent de manière indépendante, tels des systèmes distincts. Nous sommes nombreux à ne pas atteindre notre Élément parce que nous ne comprenons pas notre véritable nature organique.

Le troisième frein se trouve dans notre ignorance du potentiel d'évolution et de changement dont nous disposons. La plupart des gens semblent croire que la vie est linéaire, que nos capacités diminuent à mesure que nous vieillissons et que les occasions manquées sont perdues à jamais. Nombreux sont ceux qui n'ont pas découvert leur Élément parce qu'ils ignorent leur capacité permanente à se renouveler.

Sur le caractère limité de la vision que nous avons de nos aptitudes peuvent également peser notre entourage, notre culture et nos propres attentes. Néanmoins, l'éducation constitue pour chacun de nous un facteur essentiel.

Tout le monde n'entre pas dans le même moule

Parmi les personnes les plus brillantes et créatives que je connaisse, certaines étaient mauvaises à l'école. Beaucoup ont compris ce qu'elles pourraient faire – et qui elles étaient vraiment – seulement après avoir quitté l'école et s'être remises de leur éducation.

Né en Angleterre, à Liverpool, j'ai fait mes études secondaires au Liverpool Collegiate dans les années 1960. À l'autre bout de la ville se trouvait le Liverpool Institute, qui comptait parmi ses élèves un certain Paul McCartney.

Dans cet institut, Paul passait le plus clair de son temps à faire le pitre. Au lieu d'étudier intensivement une fois rentré à la maison, il écoutait du rock et apprenait la guitare. Son choix s'avéra judicieux, notamment après qu'il eut rencontré John Lennon à une fête paroissiale dans un autre quartier de la ville. Impressionnés l'un par l'autre, ils décidèrent par la suite de fonder un groupe avec George Harrison et plus tard Ringo Starr, sous le nom des Beatles. Ce qui fut une très bonne idée.

Vers le milieu des années 1980, le Liverpool Collegiate et le Liverpool Institute fermèrent leurs portes, laissant leurs bâtiments à l'abandon. Par la suite, tous deux reprirent vie de manière très différente. Mon ancien lycée fut reconverti en immeuble de grand standing – opérant ainsi un revirement d'envergure, car de mon temps le Collegiate n'avait vraiment rien de luxueux. Le Liverpool Institute, lui, devint le Liverpool Institute for Performing Arts (LIPA), l'un des meilleurs établissements d'Europe en matière de formation aux arts de la scène, cofondé par sir Paul McCartney. Les vieilles salles de cours poussiéreuses où celui-ci passa son adolescence à rêvasser accueillent aujourd'hui des élèves venus du monde entier pour faire ce dont Paul rêvait à l'époque – de la musique – et s'initier à tous les métiers du spectacle.

Pour ma participation à la mise en place du LIPA, je reçus lors de son dixième anniversaire le titre de « compagnon ». À l'occasion de la remise annuelle des diplômes, je retournai donc dans ma ville natale pour recevoir cette distinction des mains de sir Paul. Mon discours aux jeunes diplômés développait certaines des idées contenues dans le présent ouvrage : la nécessité de trouver sa passion et ses talents, et le fait que souvent l'enseignement n'y contribue nullement, produisant plutôt l'effet inverse.

Sir Paul s'exprima également, et fit directement écho à ce que je venais de dire. Il raconta qu'il avait toujours adoré la musique, mais qu'il n'avait jamais apprécié les cours de musique dispensés au lycée. Ses enseignants pensaient pouvoir transmettre leur goût pour la musique par l'écoute de vieux disques classiques crachotants. Il avait trouvé cela tout aussi ennuyeux que les autres cours.

Il m'a confié que, durant toute sa scolarité, personne n'avait décelé en lui le moindre talent musical. On lui avait même refusé l'entrée dans le chœur de la cathédrale de Liverpool sous prétexte qu'il ne chantait pas suffisamment bien. Vraiment ?

Ce chœur était-il d'une si haute tenue ? L'ironie du sort veut que, des années plus tard, ce même chœur ait interprété deux des œuvres classiques de Paul McCartney…

Il n'est pas le seul dont les talents aient été ignorés par ses enseignants. Ainsi, Elvis Presley se vit fermer les portes de la chorale de son école, car sa voix aurait gâché le son de l'ensemble… À l'instar du chœur de Liverpool, cette chorale se devait de maintenir son niveau. Vous connaissez d'ailleurs tous le succès retentissant qu'elle remporta après avoir éconduit Elvis !

Il y a de cela quelques années, je suis intervenu avec John Cleese, des Monty Python, dans plusieurs manifestations consacrées à la créativité. Je l'ai alors interrogé sur sa scolarité. À ce qu'il paraît, John avait de très bons résultats en classe, hormis en théâtre – discipline qui est devenue son métier. Il a affirmé que, de la maternelle à l'université, aucun de ses enseignants n'avait remarqué en lui le moindre sens de l'humour. Par la suite, des milliers de spectateurs semblent en avoir décidé autrement !

Si ces cas étaient isolés, il n'y aurait pas grand intérêt à les mentionner. Mais ils sont loin d'être rares. Parmi les gens que vous rencontrerez au fil de cet ouvrage, beaucoup étaient de mauvais élèves ou ne se plaisaient pas à l'école. Bien sûr, il y a au moins autant d'enfants qui réussissent leur scolarité et adorent ce que le système éducatif leur propose. Cependant, un trop grand nombre en sort, avec ou sans diplôme, sans connaître ses véritables talents et sans savoir dans quelle direction se tourner ensuite. Ils sont trop nombreux à avoir l'impression que leurs points forts ne sont pas valorisés par l'école. Ils sont trop nombreux à penser qu'ils ne sont que des bons à rien.

Pour avoir travaillé la plus grande part de ma vie dans et autour de l'enseignement, je ne pense pas que ce soit individuellement la faute des professeurs. Certes, certains devraient faire un autre métier, et rester aussi loin que possible des jeunes esprits. Mais il y a aussi beaucoup de bons enseignants, et même d'excellents.

Pour la plupart, nous nous rappelons tel ou tel professeur qui nous a inspirés et a changé ainsi le cours de nos vies. Ces enseignants exceptionnels ont su nous transmettre quelque chose, mais ils l'ont fait en dépit de la culture et de l'état d'esprit du système éducatif public. Cette culture pose des problèmes majeurs, et les améliorations sont loin d'être suffisantes. Dans de nombreux systèmes éducatifs, à peu près partout dans le monde, les choses ne font qu'empirer.

Lorsque avec ma famille nous avons déménagé d'Angleterre aux États-Unis, nos deux enfants James et Kate sont entrés au lycée à Los Angeles. À certains égards, le système américain s'est avéré très différent de ce qu'ils avaient connu au Royaume-Uni. Par exemple, ils ont dû aborder des matières inconnues jusque-là, telles que l'histoire des États-Unis. Cette discipline n'est guère enseignée en Grande-Bretagne. Notre pays la refoule, ayant pour politique de passer sous silence ce triste épisode… Arrivés quatre jours avant la fête de l'Indépendance, nous avons eu tout loisir d'observer les Américains jubiler d'avoir renvoyé les Britanniques chez eux. Sachant désormais à quoi nous attendre, nous passons maintenant cette journée à la maison, tous stores baissés, à feuilleter de vieux livres de photographies de la reine !

Néanmoins, le système éducatif américain est très proche à celui du Royaume-Uni, ainsi que de ceux de la plupart des pays du monde. En particulier, trois constantes ressortent. Premièrement, l'accent mis sur certains types de capacités intellectuelles. Il est vrai qu'elles ont leur importance. Toutefois, les systèmes scolaires ont tendance à privilégier certains modes d'analyse critique et de raisonnement, qui reposent notamment sur les mots et les nombres. Aussi importantes que soient ces compétences, l'intelligence humaine est bien plus vaste. J'approfondirai ce sujet au chapitre suivant.

La deuxième particularité a trait à la hiérarchie des matières enseignées. Au sommet se trouvent les mathématiques, les sciences et les langues. Viennent ensuite les sciences humaines, puis, au bas de l'échelle, les arts. Au sein des arts apparaît une hiérarchie supplémentaire : la musique et les arts visuels sont généralement mieux considérés que le théâtre et la danse. D'ailleurs, de plus en plus d'écoles suppriment purement et simplement les disciplines artistiques de leurs cursus. Il arrive qu'un immense lycée n'ait qu'un seul professeur d'arts plastiques. Même à l'école élémentaire, les enfants disposent de très peu de temps pour peindre et dessiner.

Enfin, la troisième caractéristique réside dans le recours croissant à certains types d'évaluation. Partout les élèves subissent une pression intense, afin d'atteindre des résultats de plus en plus élevés dans une gamme restreinte de tests standardisés.

Pourquoi les systèmes éducatifs sont-ils ainsi ? Les raisons sont à la fois d'ordre culturel et historique. Là encore, j'aborderai ce sujet plus en détail dans un prochain chapitre, où je ferai des propositions sur la manière de transformer l'enseignement. Pour le moment, vous devez savoir que la plupart des systèmes d'éducation de masse sont apparus assez récemment, aux XVIIIe et XIXe siècles. Ils ont été conçus pour répondre aux intérêts économiques de l'époque, dictés par la Révolution industrielle en Europe et aux États-Unis. Les mathématiques, les sciences et les langues étaient essentielles aux économies industrielles. Par ailleurs, l'éducation a été beaucoup influencée par la culture théorique des universités, qui tend à rejeter toute activité impliquant le cœur, le corps, les sens et une bonne partie de notre cerveau.

Par conséquent, tous les systèmes scolaires nous inculquent une vision très restreinte de l'intelligence, en surévaluant certains types de talents et d'aptitudes. Ce faisant, ils en négligent d'autres qui sont tout aussi importants, et ne tiennent pas compte des relations entre eux, lesquelles contribuent à la richesse de nos vies et de nos sociétés. Cette approche stratifiée et unifiée de l'enseignement marginalise tous ceux qui n'ont pas une tendance naturelle à apprendre de cette manière.

Rares sont les écoles, sans parler des systèmes éducatifs, qui intègrent quotidiennement la danse dans leur cursus à l'instar des mathématiques. Pourtant, nous savons que de nombreux élèves s'impliquent uniquement lorsqu'ils mobilisent leur corps. Ainsi, Gillian Lynne m'a dit qu'après avoir découvert la danse elle avait obtenu de meilleurs résultats dans *toutes* les autres matières. Elle faisait partie des gens qui ont « besoin de bouger pour penser ». Malheureusement, la plupart de ces enfants n'ont pas l'occasion de rencontrer une personne telle que le psychologue de Gillian – en particulier de nos jours. Lorsqu'ils sont trop agités, on les met sous traitement et on leur demande de se calmer.

En outre, les systèmes actuels restreignent radicalement les manières d'enseigner et d'apprendre. Les capacités intellectuelles ont leur importance, mais les autres modes de pensée aussi. Un élève qui pense visuellement pourrait adorer tel sujet, mais il ne s'en rendra pas compte si l'enseignant le lui présente uniquement de façon non visuelle. Or, de plus en plus, nos systèmes éducatifs incitent les professeurs à adopter une pédagogie uniforme. Afin d'appréhender les conséquences des épiphanies relatées ici, et bien sûr de rechercher la nôtre, nous devons revoir radicalement notre conception de l'intelligence.

Qui plus est, ces approches de l'enseignement étouffent certaines aptitudes essentielles dont les jeunes ont aujourd'hui besoin pour faire leur chemin dans un monde sans cesse plus exigeant – je veux parler de la pensée créative. Dans nos systèmes éducatifs, l'important est de connaître l'unique bonne réponse à une question. Ainsi, aux États-Unis, le programme No Child Left Behind (« Aucun enfant laissé pour compte ») vise à accroître l'efficacité des écoles publiques en leur imposant certaines performances. Cette exigence que tous les enfants à travers le pays se plient aux mêmes normes accorde plus d'importance que jamais au conformisme et à la recherche de la « bonne » réponse.

Au début de leur scolarité, tous les enfants possèdent une imagination débordante, un esprit vif, et n'hésitent pas à prendre des risques dans ce qu'ils affirment. Quand mon fils avait 4 ans, il participa avec sa classe à un spectacle sur la naissance de Jésus. Au cours de la représentation, une chose formidable se produisit lorsque trois petits garçons habillés en Rois mages entrèrent sur scène avec leurs présents : de l'or, de l'encens et de la myrrhe. Le premier annonça : « Je t'apporte de l'or. » Sans doute pris de trac, le deuxième se trompa de réplique : « Je t'apporte de la myrrhe. » Si bien que le troisième dut improviser la réplique qu'il n'avait pas apprise, ou qu'il n'avait pas mémorisée lors des répétitions, étant seulement âgé de 4 ans.

Il déclara donc : « De la part de Vincent. »

Qui est Vincent, selon vous ? Le treizième apôtre ? L'auteur d'un Testament apocryphe ?

J'aime beaucoup cette anecdote, car elle montre qu'à un très jeune âge les enfants ne craignent guère de se tromper. Lorsqu'ils ne sont pas sûrs de la décision à prendre dans une situation donnée, ils tentent leur chance et regardent ce qui en résulte. Je ne prétends nullement par là que se tromper revient à être créatif. Parfois, une erreur n'est rien de plus qu'une erreur. Néanmoins, si vous n'êtes pas prêt à vous tromper, vous ne trouverez jamais rien d'original.

La manière dont certains hommes politiques ont interprété l'idée de « revenir aux fondamentaux » pour améliorer le niveau scolaire pose un problème essentiel. En effet, ils voient dans cette stratégie un moyen de renforcer la hiérarchisation des matières héritée de la Révolution industrielle. Ils semblent croire que, si nous faisons ingurgiter à nos enfants un menu national composé de lecture, d'écriture et d'arithmétique, nous serons plus compétitifs face aux autres pays, et mieux armés pour l'avenir.

Cette façon de penser est catastrophique car elle sous-estime gravement les capacités humaines. Nous accordons une importance considérable aux tests standardisés, nous réduisons les financements des matières « non essentielles », puis nous nous demandons pourquoi nos enfants semblent dépourvus d'imagination et de motivation. C'est ainsi que le système éducatif actuel vide systématiquement nos enfants de toute créativité.

Pour la plupart, les élèves n'ont à aucun moment l'opportunité d'explorer l'éventail de leurs aptitudes et centres d'intérêt. Ceux dont l'esprit fonctionne différemment – et ils sont nombreux, voire majoritaires – risquent de se sentir exclus de toute la culture de l'enseignement. C'est précisément pourquoi, parmi les personnes célèbres que vous connaissez, certaines étaient mauvaises à l'école. L'éducation est censée développer nos aptitudes naturelles et nous permettre de faire notre chemin dans le monde. Au lieu de cela, elle étouffe les capacités et talents individuels d'un trop grand nombre d'enfants et tue leur envie d'apprendre. Ce qui est vraiment un comble !

Si tant de systèmes éducatifs se dirigent dans cette voie, c'est parce que les hommes politiques estiment ainsi garantir croissance économique, compétitivité et plein emploi aux étudiants. Or, au XXIe siècle, l'emploi et la compétitivité reposent entièrement sur les qualités même que le système scolaire est contraint de réprimer, et qui sont prônées dans cet ouvrage. Partout les entreprises disent qu'elles ont besoin de collaborateurs créatifs et autonomes. Mais le problème n'a pas uniquement des répercussions sur l'économie. Il s'agit en effet que nos vies aient un but et un sens, que ce soit dans le cadre de notre travail ou au-delà.

L'idée de revenir aux fondamentaux n'est pas mauvaise en soi. Je pense moi aussi que nous devons y ramener nos enfants. Toutefois, si nous le faisons, nous devons véritablement reprendre les choses au commencement. Nous devons repenser la nature fondamentale des aptitudes humaines ainsi que les objectifs fondamentaux de l'enseignement actuel.

Il fut un temps où la machine à vapeur régnait en maître. Puissante, d'un bon rendement, elle était beaucoup plus efficace que le moteur à propulsion qui l'avait précédée. Cependant, elle finit par ne plus répondre aux besoins, si bien que le moteur à combustion interne introduisit un nouveau modèle de référence. À bien des égards, notre système éducatif actuel est comparable à une machine à vapeur dont la pression s'amenuiserait à grands pas.

Malheureusement, ce mode de pensée archaïque perdure au-delà de la scolarité. En effet, ces caractéristiques de l'enseignement se retrouvent dans les institutions publiques et les entreprises, si bien que le cycle se répète à l'infini. Les salariés savent à quel point il est facile de se faire « cataloguer » très tôt dans sa carrière. Quand cela vous arrive, vous avez ensuite toutes les peines du monde à exploiter vos autres talents, fussent-ils ceux qui vous correspondent le mieux. Une fois que le monde de l'entreprise vous a classé parmi les financiers, vous aurez du mal à vous faire embaucher comme créatif. Nous pouvons remédier à ce problème : pensons et agissons autrement, par nous-mêmes et dans nos entreprises. Il est même essentiel que nous le fassions.

Tout va de plus en plus vite

Les enfants qui commencent aujourd'hui leur scolarité prendront leur retraite en 2070. Or personne n'a la moindre idée de ce que notre monde sera devenu dans dix ans, *a fortiori* dans soixante. Les deux principaux moteurs du changement sont la technologie et la démographie.

La technologie, notamment numérique, se développe à une vitesse que la majorité d'entre nous sommes incapables d'appréhender. Cela contribue à creuser ce que certains spécialistes appellent le plus grand fossé entre les générations depuis le rock'n'roll. Nous autres, âgés de plus de 30 ans, sommes nés avant le début de la révolution numérique. Nous avons appris à nous servir des technologies numériques – ordinateurs, appareils photos, assistants personnels, Internet – à l'âge adulte, un peu comme si nous avions appris une langue étrangère. La plupart d'entre nous se débrouillent bien, et certains sont même devenus des experts. Sachant envoyer des mails, créer des présentations PowerPoint et surfer sur la Toile, nous avons l'impression d'être à la pointe du progrès. Mais, par rapport à la plupart des moins de 30 ans, et à coup sûr aux moins de 20 ans, nous sommes de vulgaires amateurs. Car ces jeunes nés après l'avènement des technologies de l'information et de la communication ont appris le numérique comme une langue maternelle.

Quand mon fils James faisait ses devoirs à la maison, il avait cinq ou six fenêtres ouvertes sur son ordinateur, Instant Messenger clignotait en permanence, son portable sonnait sans arrêt, et il téléchargeait de la musique tout en regardant la télé du coin de l'œil. Je ne sais pas s'il faisait vraiment ses devoirs, mais visiblement il dirigeait un empire, si bien que je ne me faisais pas de souci.

Cependant, les enfants plus jeunes qui grandissent avec des technologies encore plus sophistiquées surpassent déjà les adolescents de la génération de mon fils. Et cette révolution n'est pas terminée, elle ne fait que commencer.

Certains pensent que, dans un avenir proche, la puissance de calcul des ordinateurs personnels égalera celle du cerveau humain. Quel effet cela vous fera-t-il quand, en réponse à une instruction, votre ordinateur vous demandera si vous savez vraiment ce que vous êtes en train de faire ? D'ici peu, nous pourrions assister à la fusion des systèmes d'information et de la conscience humaine. Pensez à l'impact qu'ont eu, ces vingt dernières années, des technologies numériques relativement simples sur notre manière de travailler – sans parler des économies nationales –, et imaginez les changements à venir. Ne vous inquiétez pas si vous ne parvenez pas à les prévoir – personne n'en est capable.

Ajoutez à cela l'impact de la croissance démographique. La population mondiale a doublé au cours des trente dernières années, atteignant 6 milliards d'habitants. D'ici le milieu du siècle, elle pourrait approcher les 9 milliards. Cette nouvelle masse d'êtres humains utilisera des technologies qui restent à inventer par des moyens que nous sommes encore incapables d'imaginer, en exerçant des métiers aujourd'hui inconnus.

Ces forces culturelles et économiques génèrent de profonds changements dans les économies du monde entier, ainsi qu'une diversité et une complexité croissantes dans nos vies quotidiennes, notamment pour les jeunes. En effet, nous vivons actuellement un changement global sans précédent. Si nous pouvons identifier des tendances, il nous est presque impossible de faire des prédictions exactes pour l'avenir.

Dans les années 1970, *Le Choc du futur* d'Alvin Toffler fut pour moi l'un des ouvrages les plus formateurs. L'auteur y décrit le cataclysme qu'allaient susciter les changements sociaux et technologiques. Or, parmi les agréments et privilèges que nous a valus le fait de vivre à Los Angeles, ma femme et moi sommes devenus amis avec Alvin et son épouse Heidi. Lors d'un dîner, nous leur avons demandé s'ils partageaient notre opinion selon laquelle les bouleversements mondiaux actuels n'avaient pas d'équivalent dans l'Histoire. Ils ont reconnu qu'aucune autre période de l'histoire de l'humanité n'avait jamais égalé la nôtre par l'échelle, la rapidité et la complexité globale des changements et défis auxquels nous sommes confrontés.

À la fin des années 1990, qui aurait pu prévoir avec exactitude ce que serait le climat politique mondial dix ans plus tard, l'impact primordial qu'aurait Internet, le degré de mondialisation qu'atteindraient les échanges commerciaux, et les manières radicalement différentes dont nos enfants communiqueraient entre eux ? Certains auraient pu envisager l'une de ces évolutions, voire deux. Mais toutes ? Très peu de gens possèdent une telle capacité de prédiction. Néanmoins, ces changements ont transformé la manière dont nous menons nos vies.

Or ces changements s'accélèrent.

Et nous sommes incapables de dire comment.

En tout cas, certaines tendances nous montrent que le monde va changer de manière fascinante. La Chine, la Russie, l'Inde, le Brésil et d'autres joueront un rôle plus important que jamais dans l'économie mondiale. Nous savons que la population va poursuivre sa croissance de façon inéluctable. Nous savons que les technologies ouvriront de nouvelles frontières et gagneront nos foyers et nos bureaux à une vitesse stupéfiante.

Le fait de savoir que de plus en plus de pays et de gens sont dans la course, et que la technologie est en train de changer les règles du jeu en ce moment même, nous mène inévitablement à cette conclusion : nous sommes incapables de savoir à quoi ressemblera l'avenir.

La seule manière de nous y préparer consiste à développer notre potentiel au maximum, avec l'espoir que cela nous rendra aussi flexibles et productifs que possible.

Pour la plupart, les personnes que vous allez découvrir dans ce livre n'ont pas suivi leur passion pour un salaire. Elles l'ont fait parce qu'elles ne pouvaient imaginer faire autre chose de leur vie. Elles ont trouvé ce pour quoi elles étaient faites, et elles se sont considérablement investies pour maîtriser les mutations de leur profession. Si demain le monde devait subir un bouleversement, elles imagineraient le moyen d'adapter leurs talents à ces changements. Elles trouveraient une solution pour continuer à faire les choses qui leur permettent d'être dans leur Élément. Car elles auraient une compréhension holistique de la manière dont leurs talents pourraient s'accorder avec le nouvel environnement.

Nombreux sont ceux qui mettent leur passion de côté pour exercer une profession qui ne les intéresse pas, en vue de s'assurer une sécurité financière. Cependant, l'emploi que vous avez accepté « pour payer les factures » pourrait fort bien être délocalisé dans la décennie à venir. Si vous n'avez jamais appris à avoir une pensée créative et à explorer vos véritables aptitudes, que ferez-vous alors ?

Par ailleurs, que feront nos enfants si nous continuons à les préparer à la vie d'après de vieux modèles éducatifs ? Il est fort probable que ces jeunes auront de multiples carrières au cours de leur vie active, et non simplement de multiples emplois. La plupart d'entre eux exerceront sans doute des métiers que nous n'avons encore jamais imaginés. Par conséquent, n'est-il pas de notre devoir de les inciter à explorer le plus grand nombre de voies possibles, qui pourront les mener vers leurs véritables talents et passions ?

La seule chose que nous savons à propos de l'avenir c'est qu'il sera différent, nous serions donc tous bien avisés de changer également. Afin de faire face à ces défis, nous devons avoir une approche totalement différente des ressources humaines et de leur développement.

Nous devons prendre en compte l'Élément.

Qu'est-ce que l'Élément ?

L'Élément est le point de rencontre entre nos talents naturels et notre passion. Parmi les personnes qui sont présentées dans ce chapitre et la grande majorité de celles que vous rencontrerez dans les pages à venir, toutes ont en commun de faire la chose qu'elles aiment et de se sentir alors véritablement elles-mêmes. Quand elles s'y adonnent, elles ont l'impression de voir le temps passer différemment et d'être plus vivantes, plus centrées et plus dynamiques qu'à tout autre moment.

Être dans son Élément va au-delà des sentiments ordinaires du plaisir ou du bonheur. Il ne s'agit pas simplement de rires, de bons moments, de couchers de soleil et de fêtes endiablées. Lorsqu'une personne est dans son Élément, elle est en relation avec une chose qui est essentielle à son sentiment d'identité, à sa motivation et à son bien-être. Elle a l'impression de se révéler à elle-même, de savoir déterminer qui elle est vraiment et ce qu'elle est destinée à faire de sa vie. Voilà pourquoi beaucoup qualifient d'épiphanie la découverte de leur Élément.

Comment trouver son propre Élément ou celui d'une autre personne ? Il n'existe pas de formule figée. Chacun de nous en a un. Ou plus d'un. Certains pourront se passionner pour plusieurs activités et être aussi bons dans chacune d'elles. D'autres auront une passion – associée à une aptitude – unique, qui les comblera plus que tout. Il n'y a pas de règle. En revanche, il existe certaines caractéristiques, les éléments de l'Élément en quelque sorte, qui offrent un cadre de réflexion pour savoir que chercher et que faire.

L'Élément présente deux composantes principales – le *talent naturel* et la *passion* – et repose sur deux conditions : l'*attitude* et l'*opportunité*. Pour trouver son Élément, les choses se déroulent à peu près dans cet ordre : je sais ce que je peux faire ; j'adore ce que je veux faire ; je veux vraiment le faire ; comment y parvenir ?

Je sais ce que je peux faire

Une aptitude est une disposition naturelle pour quelque chose. C'est une compréhension intuitive de ce qu'est cette chose, de la façon dont elle fonctionne et de la manière de l'utiliser. Gillian Lynne était naturellement douée pour la danse ; Matt Groening, pour raconter des histoires ; et Paul Samuelson, pour l'économie et les maths. Nos aptitudes sont extrêmement personnelles. Il peut s'agir de disciplines générales comme les mathématiques, la musique, le sport, la poésie ou la théorie politique. Mais une aptitude peut également être très spécifique – non pas la musique en général, mais le jazz ou le rap, par exemple. Non pas les instruments à vent dans leur ensemble, mais la flûte. Pas la science, mais la biochimie. Pas l'athlétisme, mais le saut en longueur.

Tout au long de ce livre, vous croiserez des gens qui possèdent naturellement une excellente maîtrise dans toutes sortes de domaines. Ils ne sont pas bons en tout, mais en une chose en particulier. Paul Samuelson est naturellement doué pour les mathématiques. D'autres ne le sont pas.

J'appartiens moi-même à cette dernière catégorie. Je n'ai jamais été très bon en maths à l'école et j'ai été ravi de les abandonner à la fin de mes études secondaires. Quand j'ai eu mes propres enfants, les mathématiques ont refait surface, tel le monstre du film que vous croyiez terrassé. L'un des dangers auxquels vous vous exposez quand vous devenez parent est d'avoir à aider vos rejetons à faire leurs devoirs. Vous parvenez à faire illusion pendant un certain temps, mais vous savez au plus profond de vous-même que le jour du Jugement finira par arriver.

Jusqu'à l'âge de 12 ans, ma fille Kate crut que je savais tout. J'étais tout à fait enclin à ce qu'elle reste sur cette impression. Quand elle était petite, elle me demandait de l'aider lorsqu'elle bloquait sur un exercice d'anglais ou un problème de maths. Je levais alors les yeux de ce que j'étais en train de faire, je souriais avec assurance, la main sur son épaule, et je disais « Voyons donc », comme si je partageais sa perplexité afin qu'elle soit moins embarrassée de ne pas avoir compris. Puis elle me regardait avec adoration tandis que je jonglais le plus aisément du monde, tel un dieu des mathématiques, avec la table de multiplication par quatre et les soustractions élémentaires.

Mais lorsqu'un jour, à l'âge de 14 ans, elle rentra à la maison avec une page remplie d'équations du second degré, mes sueurs froides d'autrefois refirent surface. À ce stade, j'adoptai la méthode d'apprentissage par la découverte : « Kate, je ne te rendrais pas service en te donnant les réponses. Ce n'est pas comme ça que tu apprendras. Tu dois trouver la solution par toi-même. Je sors boire un gin-tonic. D'ailleurs, même quand tu auras fini, ce n'est pas la peine de me montrer les résultats. Les profs sont là pour ça. »

La semaine suivante, Kate m'apporta une bande dessinée trouvée dans une revue. « C'est pour toi », me dit-elle. Il s'agissait d'un père en train d'aider sa fille à faire ses devoirs. Sur la première vignette, celui-ci se penchait pardessus l'épaule de l'adolescente et disait : « Qu'est-ce que tu dois faire ? » Sa fille répondait : « Je dois trouver le plus petit dénominateur commun. » Le père rétorquait alors : « Ils ne l'ont toujours pas trouvé ? Ils le cherchaient déjà quand j'étais au collège ! » Je comprends parfaitement ce qu'il ressentait.

Toutefois, pour certains, les mathématiques sont aussi merveilleuses que la poésie ou la musique pour d'autres. Trouver et développer nos forces créatives est une part essentielle du processus qui consiste à devenir la personne que nous sommes réellement. Nous ne savons pas qui nous pouvons devenir avant de savoir ce que nous pouvons faire.

J'adore ce que je veux faire

Être dans son Élément n'est pas seulement une question de disposition naturelle. Je connais beaucoup de gens qui sont naturellement très doués dans un domaine, mais qui ne considèrent pas celui-ci comme leur vocation. Pour être dans son Élément, il faut quelque chose de plus – la passion. Ceux qui ont trouvé leur Élément éprouvent un immense plaisir dans ce qu'ils font.

Mon frère Ian, musicien, joue de la batterie, du piano et de la guitare basse. Il y a de nombreuses années, à Liverpool, il faisait partie d'un groupe dont le claviériste, Charles, avait énormément de talent. À la fin de l'un de leurs concerts, je le félicitai pour la prestation qu'il venait de donner. Puis je lui confiai que j'adorerais être capable de jouer comme lui. « Non, c'est faux », rétorqua-t-il. Interloqué, je soutins que c'était vrai. « Non, répéta-t-il. Tu veux dire que tu aimes l'idée de jouer au clavier. Mais si tu adorais vraiment ça, tu le ferais. » Il ajouta que, pour jouer aussi bien, il s'exerçait trois à quatre heures par jour en plus des concerts. Et qu'il faisait cela depuis l'âge de 7 ans.

Soudain, jouer du clavier comme Charles ne me parut plus aussi attrayant. Lorsque je lui demandai comment il parvenait à maintenir une telle discipline, il répondit : « Parce que j'adore ça. » Il ne pouvait imaginer faire autre chose.

Je veux vraiment le faire

L'attitude est le point de vue personnel que nous avons sur nous-même et sur la situation dans laquelle nous nous trouvons ; c'est notre façon de voir les choses, notre inclination et notre état psychologique. Plusieurs facteurs influent sur notre attitude, parmi lesquels notre caractère, notre entrain, la confiance que nous avons en nous-même, l'impression que nous donnons aux autres, et ce que ces derniers attendent de nous. Un indicateur intéressant de notre attitude fondamentale est le rôle que nous attribuons à la chance dans nos vies.

Les gens qui adorent ce qu'ils font se qualifient souvent de chanceux. En revanche, ceux qui estiment n'avoir pas réussi dans la vie disent souvent qu'ils n'ont pas eu de chance. Les événements fortuits jouent en effet un certain rôle dans la vie de chacun, mais il y a quelque chose de plus dans la chance que le simple hasard. Ceux qui réussissent ont généralement des attitudes communes telles que la persévérance, l'assurance, l'optimisme, l'ambition et l'insatisfaction. La manière dont nous percevons notre situation et dont nous suscitons et saisissons les opportunités dépend largement de ce que nous attendons de nous-même.

Comment y parvenir ?

Faute d'occasion favorable, nous pourrions ne jamais découvrir quels sont nos talents et jusqu'où ceux-ci pourraient nous conduire. Les cavaliers de rodéo ne courent pas les rues dans l'Antarctique, tout comme les pêcheurs de perles en plein Sahara. Pour que nos capacités se révèlent au grand jour, il est parfois nécessaire d'avoir l'occasion de les employer. Par conséquent, il se peut que nous ne trouvions jamais notre véritable Élément. Cela dépend beaucoup des opportunités qui se présentent à nous, de celles que nous provoquons, et de la manière dont nous en tirons parti lorsque nous les saisissons.

Pour trouver son Élément, il faut souvent être en relation avec d'autres gens qui partagent les mêmes passions et la même implication. En pratique, cela signifie que nous devons activement rechercher des occasions d'explorer nos aptitudes dans différents domaines.

Souvent, nous avons besoin que d'autres personnes nous aident à reconnaître nos véritables talents. Souvent aussi, nous pouvons aider d'autres personnes à découvrir les leurs.

Dans cet ouvrage, je décrirai les composantes essentielles de l'Élément. J'analyserai les traits de caractères communs à ceux qui ont trouvé leur Élément, j'étudierai les circonstances et conditions qui permettent de s'en rapprocher, et j'identifierai les freins qui rendent cette quête plus difficile. Vous y rencontrerez des gens qui ont trouvé leur voie, ceux qui leur ont frayé un chemin, des établissements qui montrent l'exemple et des institutions qui font fausse route.

Avec ce livre, mon but est de clarifier des idées que vous avez peut-être déjà eues intuitivement, et de vous inciter à chercher votre propre Élément ainsi qu'à aider d'autres personnes à trouver le leur. Dans cet ouvrage, j'espère que vous découvrirez une nouvelle façon de considérer votre propre potentiel et celui de votre entourage.

CHAPITRE 2

PENSEZ DIFFÉREMMENT !

Mick Fleetwood est l'un des batteurs de rock les plus célèbres et talentueux au monde. Son groupe, Fleetwood Mac, a vendu des dizaines de millions de disques. Leurs albums *Fleetwood Mac* et *Rumours* sont considérés comme des œuvres de génie par la critique. Pourtant, lorsque Mick était à l'école, ses notes laissaient supposer qu'il manquait d'intelligence, du moins selon les définitions communément admises.

« J'étais totalement nul à l'école, et personne ne comprenait pourquoi, m'a-t-il raconté. Je souffrais d'un trouble d'apprentissage, et c'est toujours le cas. Je ne pigeais rien aux maths. Absolument rien. Aujourd'hui encore, j'aurais bien du mal à réciter l'alphabet à l'envers ; j'ai déjà de la chance quand j'arrive à le dire rapidement à l'endroit sans me tromper. Si on me demandait "Quelle lettre précède celle-ci ?" j'en aurais des sueurs froides. »

Il garda un très mauvais souvenir de sa scolarité en pension en Angleterre. « J'avais des amis formidables, mais je n'étais pas heureux. J'avais l'impression d'être accablé. Je souffrais. Je n'avais pas la moindre idée de ce que j'étais censé devenir, car sur le plan scolaire c'était l'échec total, et je n'avais pas d'autre modèle de référence en dehors du cercle familial. »

Heureusement pour Mick – et tous ceux qui par la suite achetèrent ses albums ou assistèrent à ses concerts –, sa famille voyait au-delà de ce que l'école enseignait et évaluait.

Son père était pilote de chasse dans la Royal Air Force. Mais, lorsqu'il quitta l'armée, il se consacra à sa véritable passion qui était l'écriture. Afin de réaliser ce rêve, il emménagea pour trois ans avec sa famille dans une péniche sur la Tamise, dans le Kent. La sœur de Mick, Sally, partit à Londres pour devenir sculpteur, tandis que sa sœur Susan fit carrière dans le théâtre. Dans la famille Fleetwood, tous comprenaient que l'intelligence pouvait prendre de nombreuses formes et qu'être nul en maths ou incapable de réciter l'alphabet à l'envers n'avait jamais condamné personne à rater sa vie.

Or Mick savait battre du tambour. « Savoir jouer du piano aurait sans doute été un signe plus flagrant de créativité, m'a-t-il confié. Mais tout ce que je voulais, c'était me défouler sur une percu ou le coussin d'une chaise. Cela ne témoignait pas vraiment de la plus haute créativité. Tout le monde en est capable. Cela n'avait rien de bien malin. Mais je me suis mis à tambouriner, ce qui s'est avéré décisif pour moi. »

L'épiphanie de Mick – le jour où son « tambourinage » devint l'impérieuse ambition de sa vie – survint lors d'une visite à Londres chez sa sœur, quand il se rendit dans un petit bar de Chelsea avec son pianiste. « Il y avait là des gens qui jouaient ce que je sais maintenant être du Miles Davis, et qui fumaient des Gitanes. En les regardant, je vis le début de cette autre vie dont l'atmosphère m'aspira. Je me sentais bien. Je n'étais pas enchaîné. C'était ça, mon rêve.

De retour à l'école, je me cramponnai à ces images et me mis à rêver de ma vie future. J'ignorais si je serais capable de jouer avec d'autres, mais cette perspective me sortait du marasme de cette école cauchemardesque. Je sentais une forte implication en moi, mais j'étais extrêmement malheureux parce qu'à l'école tout me montrait que j'étais bon à rien selon la norme établie. »

Les résultats scolaires de Mick continuèrent à déconcerter ses enseignants, qui savaient pourtant combien leur élève était intelligent. Mais ses notes disaient le contraire, si bien qu'ils ne pouvaient pas faire grand-chose. Tout cela était extrêmement frustrant pour ce garçon qui rêvait de devenir batteur. À l'adolescence, il finit par en avoir assez.

« Un jour, j'ai quitté la classe et je suis allé m'asseoir sous un grand arbre dans le parc. Bien que non-croyant, les larmes coulant sur mon visage, j'ai supplié Dieu de me laisser quitter cet endroit. Je voulais partir à Londres pour jouer dans un club de jazz. J'étais ridiculement naïf, mais je m'étais juré que je deviendrais batteur. »

Les parents de Mick avaient conscience que l'école n'était pas adaptée à son type d'intelligence. À 16 ans, l'adolescent leur parla de son intention d'arrêter ses études. Au lieu d'insister pour qu'il continue jusqu'à l'obtention de son diplôme, ils le mirent dans le train pour Londres avec une batterie et lui permirent de suivre son inspiration.

Puis se produisirent une série de « coups de bol » qui n'auraient jamais eu lieu si Mick était resté au lycée. Tandis qu'il travaillait sa batterie dans un garage, son voisin, un claviériste du nom de Peter Bardens, vint frapper à la porte. Mick crut que celui-ci venait râler pour le bruit, mais, au lieu de cela, le musicien l'invita à participer avec lui à un concert dans une maison de jeunes du quartier. Ce qui permit au jeune batteur de s'introduire au cœur de la scène musicale londonienne au début des années 1960. « Quand j'étais gamin, je n'avais pas l'impression de posséder le moindre talent. Là, je recevais les premiers signes qui me disaient : “C'est bien d'être ce que je suis et de faire ce que je fais.” »

Son ami Peter Green le proposa pour remplacer le batteur des Bluesbreakers de John Mayall. À différentes occasions, ce groupe accueillit Eric Clapton, Jack Bruce, de Cream, et Mick Taylor des Rolling Stones. Plus tard, Mick créa le groupe Fleetwood Mac avec Green et un autre membre des Bluesbreakers, John McVie. S'ensuivirent plusieurs disques primés et des stades à guichet fermé. Toutefois, même après être devenu l'un des batteurs les plus célèbres au monde, l'analyse que fait Mick de son talent reste encore marquée par l'école.

« Il n'y a pas une once de maths structurées dans mon style. Je me pétrifierais sur place si on me demandait ce qu'est une mesure à quatre-huit. Les musiciens avec qui je travaille savent que je suis comme un gamin. S'ils me disaient "Tu vois, au deuxième temps du refrain...", je leur répondrais que je ne vois rien du tout, car je ne fais pas la différence entre un refrain et un couplet. Mais je le reconnaîtrais si vous jouez la chanson, rien qu'en écoutant les paroles. »

En quittant le système scolaire et les tests qui évaluent une part limitée de l'intelligence, Mick Fleetwood a pu faire une carrière extraordinaire. « Mes parents ont compris que cette drôle de petite créature ne trouverait certainement pas sa voie dans les études. » S'il l'a trouvée, c'est parce qu'il a compris intuitivement la formidable aptitude qu'il possédait, et qu'aucun test n'aurait pu révéler. Parce qu'il a refusé d'être « bon à rien selon la norme établie ».

Ne prenez pas tout pour argent comptant

Pour trouver notre Élément, l'un des principes essentiels est de remettre en question les *a priori* que nous avons sur nos aptitudes et celles des autres. Mais ce n'est pas aussi simple que nous pourrions l'imaginer. Tout d'abord parce qu'il est difficile d'identifier ces idées reçues, puisque nous les considérons comme incontestables. Ces présupposés sont indissociables de notre logique. Nous ne les remettons pas en question car nous les considérons comme fondamentaux, ils font partie intégrante de notre vie. Tout comme l'air. Ou la gravité. Ou Marilyn Monroe.

Un bon exemple de présupposé que la plupart des gens prennent pour argent comptant est le nombre de sens dont nous disposons. Quand je l'explique en public, je propose parfois cet exercice simple. Je demande aux spectateurs combien de sens ils pensent avoir. La plupart répondent cinq – le goût, le toucher, l'odorat, la vue et l'ouïe. Certains suggèrent l'intuition comme sixième sens. Mais en général, personne ne va au-delà.

Cependant, il y a une différence entre les cinq premiers sens et le sixième. Les premiers sont tous associés à un organe précis – le nez pour l'odorat, les yeux pour la vue, les oreilles pour l'ouïe, etc. Si ces organes sont lésés de quelque manière que ce soit, le sens correspondant en pâtit. En revanche, il n'est pas évident de savoir quel organe génère l'intuition. Il s'agit d'une espèce de sens étrange dont les filles seraient davantage dotées. En somme, parmi tous les gens que j'ai interrogés au fil des années, la majorité pensent que nous avons cinq sens « véritables » et un sixième sens « étrange ».

L'anthropologue Kathryn Linn Geurts a écrit un livre passionnant intitulé *Culture and the Senses,* dans lequel elle présente ses recherches sur le peuple éwé qui vit dans le sud du Togo. Je dois dire que, ces temps-ci, j'éprouve une certaine sympathie pour les groupes ethniques marginalisés. Il semblerait que les anthropologues soient constamment pendus à leurs basques – comme si leur cellule familiale comprenait en moyenne trois enfants et un chercheur assis près d'eux à leur demander ce qu'ils prennent au petit déjeuner. Néanmoins, l'étude de Kathryn Geurts est éclairante.

Elle a appris en particulier que les Éwé n'envisageaient pas les sens comme nous. Tout d'abord, ils n'ont jamais pensé à les compter. Une telle idée leur semble hors de propos. De plus, quand l'anthropologue leur a énuméré nos cinq sens fondamentaux, ils ont demandé où était passé l'*autre*. Le sens *principal*. Ils ne parlaient pas d'un sens « étrange », ni d'un sens qui aurait subsisté chez eux et que nous aurions perdu. Ils faisaient allusion à un sens que nous possédons tous, et qui est essentiel à notre fonctionnement. Ils désignaient le sens de l'équilibre.

Ce sens est transmis par les fluides et le labyrinthe osseux de l'oreille interne. Il suffit de penser aux conséquences que peut avoir l'altération de ce sens – causée par la maladie ou l'alcool – pour se faire une idée de son importance dans notre vie quotidienne. Pourtant, rares sont les gens qui pensent à l'inclure dans la liste des sens. Non parce qu'ils seraient dépourvus du sens de l'équilibre, mais parce qu'ils sont tellement habitués à l'idée de posséder cinq sens (et éventuellement un sixième bizarre) qu'ils ont cessé de penser à celui-ci. Ils le considèrent simplement comme quelque chose de banal.

L'un des ennemis de la créativité et de l'innovation – notamment par rapport à notre propre développement – est la certitude. Le dramaturge Bertolt Brecht a dit que, dès l'instant où une chose paraît la plus évidente au monde, cela signifie que nous avons renoncé à faire le moindre effort pour la comprendre.

Si vous n'avez pas deviné tout de suite que l'*autre* sens était l'équilibre, ne vous formalisez pas. En fait, la plupart des gens auxquels je pose la question n'y pensent pas non plus. Pourtant, l'équilibre est au moins aussi important que les cinq sens incontestables. Et ce n'est pas le seul que nous omettons de considérer.

Les physiologistes s'accordent à dire que, outre les cinq sens que nous connaissons tous, il en existe quatre autres. Le premier est la perception de la température, ou thermoception. Il se distingue du toucher, car nous n'avons pas besoin de poser la main sur quoi que ce soit pour avoir chaud ou froid. Ce sens est crucial, car nous pouvons survivre seulement dans une gamme de températures relativement restreinte. C'est l'une des raisons pour lesquelles nous portons des vêtements… L'une d'entre elles.

Le deuxième est la perception de la douleur, ou nociception. Aujourd'hui, les scientifiques reconnaissent qu'il s'agit d'un système sensoriel différent de ceux du toucher ou de la thermoception. Il semble aussi que des systèmes distincts ressentent les douleurs provenant de l'intérieur de notre corps et de l'extérieur.

Vient ensuite le sens vestibulaire, ou équilibrioception, qui inclut notre perception de l'équilibre et de l'accélération.

Enfin, il y a le sens kinesthésique, ou proprioception, qui nous permet de connaître la position de nos membres et du reste de notre corps dans l'espace et les uns par rapport aux autres. Il est indispensable pour se lever, se déplacer et aller et venir. En revanche, l'intuition ne semble pas convenir à la majorité des physiologistes. J'y reviendrai plus tard.

C'est grâce à tous ces sens que nous avons l'impression de faire partie du monde et que nous sommes capables de fonctionner en son sein. Chez certaines personnes, on observe des variations inhabituelles. Chez celles qui présentent une synesthésie, certains sens semblent se mélanger ou se superposer : par exemple elles voient des sons, ou entendent des couleurs. Ces anomalies mettent encore davantage en question nos idées préconçues sur les sens incontestables. Mais elles montrent à quel point nos sens, quel que soit leur nombre et la manière dont ils fonctionnent, affectent notre compréhension du monde et de nous-mêmes. Cependant, la plupart d'entre nous ne les connaissent pas, ou n'ont jamais pensé à certains de ces sens.

Tout le monde ne considère pas son sens de l'équilibre comme banal. Voyez Bart, par exemple. Né à Morton Grove, dans l'Illinois, il ne fut pas un bébé particulièrement actif. Mais, vers l'âge de 6 ans, il se mit à faire quelque chose de très inhabituel, marchant sur les mains presque aussi bien que sur les pieds. Sa performance n'était pas des plus élégante mais elle lui valait bien des sourires, des éclats de rire et l'approbation de sa famille. Quand des invités venaient à la maison, et lors des fêtes familiales, on demandait à Bart de faire son fameux numéro. Sans se faire prier – car enfin, il aimait autant le réaliser que l'attention que cela lui valait –, le garçon posait les mains au sol, se dressait dessus et se dandinait fièrement les pieds en l'air. Plus tard, il s'exerça même à monter et à descendre les escaliers sur les mains.

Certes, tout cela n'avait guère d'intérêt pratique. Son talent ne se monnayait ni à l'école (par de meilleures notes), ni à l'extérieur. Néanmoins, il lui valut une grande popularité – un ami sachant grimper les escaliers la tête en bas était toujours amusant à avoir près de soi.

Puis un jour, alors qu'il avait 10 ans, son professeur d'éducation physique à l'école primaire l'emmena dans un club de gymnastique avec l'accord de sa mère. Lorsqu'il entra dans la salle, Bart écarquilla les yeux. Il n'avait jamais rien vu d'aussi merveilleux de toute sa vie. Il y avait des cordes, des barres parallèles, des trapèzes, des espaliers, des trampolines, des cheval-d'arçons – toutes sortes d'agrès sur lesquels il pouvait grimper, sauter et virevolter. Il lui semblait visiter à la fois l'atelier du père Noël et Disneyland. Le lieu idéal. À ce moment précis, sa vie changea de cap. Tout à coup, ses capacités innées ne servaient plus uniquement à s'amuser et à divertir les autres.

Huit ans plus tard, après d'innombrables heures passées à sauter, s'étirer, voltiger et soulever des haltères, Bart Conner fit son entrée sur le tapis des Jeux olympiques à Montréal pour représenter les États-Unis d'Amérique. Il devint le gymnaste masculin le plus récompensé de son pays et le premier Américain à remporter des médailles à tous les niveaux de compétition nationaux et internationaux. Il fut champion des États-Unis, de la NCAA (National Collegiate Athletic Association), des Jeux panaméricains, de la Coupe du monde et des Jeux olympiques. Il fit partie de l'équipe olympique en 1976, en 1980 et en 1984. Lors d'une performance légendaire aux jeux de Los Angeles en 1984, il fit un retour spectaculaire après une déchirure du biceps en remportant deux médailles d'or. En 1991, il entra au U.S. Olympic Hall of Fame, puis en 1997 au Temple international de la renommée de la gymnastique.

Aujourd'hui, Conner suscite la passion de la gymnastique chez d'autres. Il dirige une école en plein essor avec sa femme, la championne olympique Nadia Comaneci. En outre, le couple possède la revue *International Gymnast* ainsi qu'une société de production TV.

À l'instar de Bart Conner et Nadia Comaneci, les athlètes ont un sens profond des capacités de leur corps. Leurs prouesses montrent à quel point notre vision des aptitudes humaines est limitée. Quand vous regardez travailler des sportifs, des danseurs, des musiciens et autres vedettes de haut niveau, vous pouvez constater qu'ils pensent – autant qu'ils exécutent – de manière extraordinaire. Lorsqu'ils s'entraînent, ils engagent l'ensemble de leur corps pour mettre en place et mémoriser le numéro ou la pièce qu'ils préparent. Pour ce faire, ils sollicitent ce que certains qualifient de « mémoire musculaire ». Lors de la compétition ou de la représentation, ils décrivent généralement des mouvements trop rapides et trop complexes pour faire appel aux processus conscients habituels de réflexion et de prise de décision. Ils puisent dans les immenses réserves de la sensibilité et de l'intuition, dans celles des réflexes et de la coordination physiques, ce qui sollicite la totalité du cerveau et non uniquement ses parties frontales que nous associons avec la pensée rationnelle. Sinon, leurs carrières ne décolleraient jamais du sol, tout comme leur corps.

Ainsi, les athlètes et toutes sortes d'artistes remettent en cause ce que trop de gens jugent incontestable, et sur quoi ils se méprennent – notre conception de l'intelligence.

Quel est votre niveau d'intelligence ?

Souvent, je demande aussi à mon auditoire d'évaluer leur intelligence sur une échelle de 1 à 10. En général, une ou deux personnes s'attribuent la meilleure note, 10. Lorsque celles-ci lèvent la main, je leur suggère de rentrer à la maison. Elles ont des choses plus importantes à faire que de m'écouter.

Ensuite j'ai quelques 9, et des 8 en plus grand nombre. Mais systématiquement, la majorité du groupe déclare se situer à 7 ou 6. Puis le nombre de réponses diminue à mesure que les notes décroissent. Toutefois j'avoue m'arrêter généralement à 2, préférant éviter à ceux qui pensent avoir un niveau d'intelligence inférieur l'embarras de le faire savoir en public. Pourquoi est-ce que j'obtiens toujours une courbe en cloche ? Parce que, je crois, nous tenons pour acquises certaines idées sur l'intelligence.

Il est intéressant de constater que la plupart des gens lèvent effectivement la main pour évaluer leur intelligence. Ils ne semblent pas voir le moindre problème dans la question posée, et sont tout à fait prêts à se situer quelque part sur l'échelle proposée. Seuls quelques-uns ont voulu des précisions sur la formulation de la question en me demandant ce que je voulais dire par « intelligence ». Or, selon moi, tout le monde aurait dû réagir ainsi. Je suis convaincu que c'est en grande partie parce qu'ils prennent la définition communément admise de l'intelligence pour argent comptant que tant de gens sous-estiment leurs véritables capacités intellectuelles et ne parviennent pas à trouver leur Élément.

Cette idée préconçue veut en quelque sorte que nous soyons tous nés avec un niveau d'intelligence déterminé. Il s'agit d'une caractéristique propre, à l'instar des yeux bleus ou des longues jambes. L'intelligence se manifeste dans certains types de domaines, notamment les mathématiques et le langage. On peut quantifier l'intelligence de chacun grâce à des tests écrits sous forme de note chiffrée. Un point, c'est tout !

Pour dire les choses franchement, je pense que cette définition de l'intelligence est des plus discutable. Cependant, c'est globalement celle qui prévaut dans la majeure partie de la culture occidentale ainsi qu'une bonne part de la culture orientale. Elle est au cœur de nos systèmes éducatifs et justifie la plupart des organismes d'évaluation, qui soutirent des milliards de dollars à l'enseignement public dans le monde entier. Elle est au cœur de la notion de capacité intellectuelle, elle règne en maître sur les examens d'entrée à l'université, elle sous-tend la hiérarchie des matières dans l'enseignement, et elle est à la base de l'idée du QI.

Dans la culture occidentale, cette manière d'appréhender l'intelligence remonte au moins aux grands philosophes de l'Antiquité grecque, Aristote et Platon. Elle s'épanouit aux XVIIe et XVIIIe siècles avec l'essor intellectuel que nous connaissons sous le nom des Lumières. Philosophes et savants cherchèrent à établir une base solide pour la connaissance humaine et à mettre fin aux superstitions et mythologies sur l'existence humaine qui, selon eux, avaient obscurci les esprits des générations antérieures.

L'un des fondements de ce nouveau mouvement résidait dans la conviction de l'importance que revêtaient la logique et le raisonnement critique. Les philosophes soutinrent qu'il fallait considérer comme connaissance uniquement ce qui pouvait être démontré par la logique, notamment sous forme de mots et de raisonnements mathématiques. Mais comment obtenir des certitudes qui ne puissent être remises en question ? Descartes le résolut en disant que la seule chose qu'il pouvait tenir pour certaine était sa propre existence, car dans le cas contraire il ne pourrait avoir ces pensées. D'où sa célèbre expression : « Je pense, donc je suis. »

L'autre fondement des Lumières fut une confiance croissante, pour étayer les théories scientifiques, dans la supériorité de l'expérience – perçue par les sens de l'homme – sur la superstition ou la rumeur.

Ces deux fondements – la raison et l'expérience – furent à la base d'une révolution intellectuelle qui transforma le point de vue et les réalisations du monde occidental. Celle-ci suscita l'essor de la méthode scientifique, accompagnée d'une profusion de découvertes, d'analyses et de classifications des idées, objets et phénomènes, qui élargirent la connaissance humaine depuis le tréfonds de la Terre jusqu'à l'extrémité connue de l'univers. En outre, elle occasionna des progrès technologiques spectaculaires qui conduisirent à la Révolution industrielle et à la suprématie de ces formes de pensée dans les milieux intellectuel, politique, commercial et éducatif.

La logique et la démonstration étendirent leur influence bien au-delà des sciences « dures », en façonnant les théories fondatrices des sciences humaines, parmi lesquelles la psychologie, la sociologie, l'anthropologie et la médecine. Prenant son essor au cours des XIXe et XXe siècles, l'enseignement public a lui aussi pris comme base ces idées dominantes sur le savoir et l'intelligence. Tandis que l'éducation des masses s'accroissait pour répondre aux exigences de la Révolution industrielle, le besoin se fit sentir de pouvoir sélectionner et évaluer les gens rapidement et facilement. Cette nouvelle science qu'était la psychologie arrivait à point nommé avec ses théories sur la manière de tester et de mesurer l'intelligence. En général, l'intelligence était définie en termes de raisonnement verbal et mathématique. Différentes techniques furent employées pour quantifier les résultats obtenus, dont la plus importante fut celle du QI, ou quotient intellectuel.

Ainsi, on en est venu à appréhender l'intelligence en termes d'analyse logique, estimant que la pensée rationaliste est supérieure à la sensibilité et à l'émotion, et que les idées primordiales se transmettent sous forme de mots ou d'expressions mathématiques. En outre, on a cru pouvoir quantifier l'intelligence et s'en remettre à la mesure du QI et autres tests standardisés comme le SAT (initialement Scholastic Aptitude Test, ou test d'aptitude scolaire) pour identifier ceux qui, étant véritablement intelligents, méritent un traitement de faveur.

L'ironie veut qu'Alfred Binet, l'un des créateurs de l'échelle métrique de l'intelligence qui fut à l'origine du QI, l'ait mise au point dans le but opposé. En effet, il conçut initialement cet outil à la demande du gouvernement français afin de repérer les enfants qui avaient des besoins spécifiques, de manière à leur proposer une forme d'enseignement appropriée. À aucun moment il ne le destina à évaluer le degré d'intelligence ou « niveau mental ». Le psychologue fit d'ailleurs remarquer que l'échelle qu'il avait établie ne permettait « pas à proprement parler la mesure de l'intelligence, car les qualités intellectuelles ne se mesurent pas comme des longueurs, elles ne sont pas superposables ».

Pas plus qu'il ne le destina à montrer que l'intelligence d'une personne ne pouvait évoluer avec le temps. Ainsi déclara-t-il : « Quelques philosophes récents [ont affirmé] que l'intelligence d'un individu est une quantité fixe, une quantité qu'on ne peut pas augmenter. Nous devons protester et réagir contre ce pessimisme brutal ; nous allons essayer de démontrer qu'il ne se fonde sur rien. »

Néanmoins, certains enseignants et psychologues utilisèrent – et utilisent encore – le QI de manière absurde. En 1916, Lewis Terman, professeur de psychologie à l'université de Stanford, publia une version révisée du test d'Alfred Binet. Connue sous le nom d'échelle d'intelligence Stanford-Binet, elle en est aujourd'hui à sa cinquième version et sert actuellement de base au calcul du QI. Il est toutefois intéressant de noter que Terman avait une vision tristement extrême des capacités humaines. Voici comment il s'exprime dans son manuel *The Measurement of Intelligence* : « Parmi les ouvriers et les servantes se trouvent des milliers d'imbéciles comme eux. Ce sont "les coupeurs de bois et les puiseurs d'eau" de notre temps. Cependant, en ce qui concerne l'intelligence, les tests révèlent la vérité. [...] Aucune instruction scolaire ne pourra jamais faire d'eux des électeurs intelligents ni des citoyens capables au véritable sens du terme. »

Terman prit activement part à l'une des périodes les plus sombres de l'enseignement et de la politique publique américaines dont vous n'avez sans doute jamais entendu parler, la plupart des historiens préférant ne pas la mentionner – à l'instar de la tante cinglée ou de la beuverie étudiante qui tourne mal. Le mouvement eugénique tenta de faire disparaître des pans entiers de la population en arguant que certains traits de caractère comme la criminalité et le paupérisme étaient héréditaires, et que l'on pouvait les identifier grâce aux tests d'intelligence. Des groupes ethniques entiers tels que les Européens du sud, les Juifs, les Africains et les Latino-Américains auraient appartenu à de telles catégories, selon la plus effroyable de ses déclarations. Terman écrivit ainsi : « Le fait que le manque d'intelligence apparaisse avec une telle fréquence parmi les Indiens, les Mexicains et les Noirs nous oblige à penser que toute la question des différences raciales en matière de caractéristiques mentales devra être étudiée à nouveau, en recourant à des méthodes expérimentales. Les enfants de ces groupes ethniques devraient être regroupés dans des classes spécifiques où ils bénéficieraient d'une instruction concrète et pratique. Ils ne peuvent maîtriser les abstractions, mais ils peuvent souvent devenir des ouvriers efficaces, capables de se débrouiller seuls. Nous n'avons pour l'instant aucun moyen de convaincre la société qu'il faudrait leur interdire de se reproduire. Cependant, d'un point de vue eugénique, ils représentent un grave problème du fait de leur étonnante prolificité. »

À force de lobbying, le mouvement parvint à faire promulguer dans trente États américains des lois de stérilisation contrainte, permettant de stériliser les personnes dont le QI était inférieur à un certain niveau sans qu'elles aient leur mot à dire. L'abrogation ultérieure de ces lois par chacun de ces États est un signe de bon sens et de compassion. Cependant, leur adoption initiale montre à quel point les tests standardisés sont dangereusement limités dans leur capacité à évaluer l'intelligence et la contribution d'un individu à la société.

Aux États-Unis, un test d'intelligence peut s'avérer une question de vie ou de mort. En effet, un criminel échappe à la peine capitale si son QI est inférieur à 70. Or les résultats obtenus augmentent d'environ 25 points en l'espace d'une génération, si bien que l'échelle doit être redéfinie tous les 15 à 20 ans afin que la moyenne reste à 100. Par conséquent, le coupable est davantage susceptible d'être condamné à mort à la fin d'un cycle qu'au début. Cela fait porter une terrible responsabilité à un simple test.

En outre, une même personne peut améliorer son QI en étudiant et en s'entraînant. J'ai récemment entendu parler du cas d'un condamné à perpétuité qui avait déjà passé dix ans dans le couloir de la mort. Il n'avait pas tué lui-même, mais il avait participé à un braquage ayant causé la mort d'une personne. Depuis le début de son incarcération, il avait suivi des cours. Lorsqu'il fut testé à nouveau, son QI avait augmenté de plus de 10 points, le rendant soudain passible de la peine de mort !

Certes, la plupart d'entre nous ne seront jamais amenés à être stérilisés ou exécutés à cause de leur QI. Toutefois, ces situations extrêmes nous autorisent à poser certaines questions importantes : à quoi correspondent ces chiffres ? Et que disent-ils vraiment sur notre intelligence ? Ces résultats indiquent surtout les dispositions d'une personne pour certains types de raisonnements mathématiques et verbaux. Autrement dit, ces tests mesurent certaines formes d'intelligence, mais pas toutes. Qui plus est, comme nous venons de le voir, le niveau de référence ne cesse d'évoluer pour tenir compte des progrès de la population.

Aux États-Unis, notre fascination pour le QI vient de celle que nous éprouvons pour les tests standardisés, dont nous dépendons, et souffrons, au sein du système scolaire. Les enseignants passent une grande partie de l'année scolaire à préparer leurs élèves à des examens qui détermineront tout au niveau du système éducatif de l'État concerné, depuis la classe dans laquelle l'enfant sera placé l'année suivante jusqu'aux fonds qui seront attribués à son école. Bien entendu, ces tests ne prennent nullement en compte les aptitudes et besoins spécifiques de l'enfant (ou de l'établissement). Pourtant, ils ont une influence considérable sur l'avenir scolaire de l'élève.

À l'heure actuelle, aux États-Unis, le test standardisé qui a le plus d'incidences sur l'avenir scolaire d'un enfant est le SAT (Scholastic Aptitude Test). Il est d'ailleurs intéressant de noter que son inventeur, Carl Brigham, était lui aussi partisan de l'eugénisme. À sa décharge, sachez toutefois que, cinq ans après avoir conçu ce test pour l'armée, il le renia ainsi que ses opinions eugéniques. Cependant, Harvard et d'autres universités de l'Ivy League avaient déjà commencé à y recourir pour sélectionner leurs candidats. Dans la plupart des établissements américains de l'enseignement supérieur, depuis près de sept décennies, le SAT et son homologue ACT

(American College Test) constituent une part essentielle du processus de sélection. Toutefois, certaines universités commencent à leur accorder moins d'importance.

À bien des égards, le SAT illustre parfaitement les inconvénients des tests standardisés : il mesure uniquement un certain type d'intelligence ; il le fait de manière totalement impersonnelle ; il prétend détecter un potentiel universitaire commun parmi un groupe extrêmement diversifié d'adolescents ; et il pousse les élèves du secondaire à y consacrer des centaines d'heures de préparation au détriment de leur travail scolaire ou de la pratique d'autres passions. John Katzman, fondateur de la société The Princeton Review, spécialisée dans l'élaboration de tests, réprouve vivement le SAT : « Le plus grave, c'est qu'il n'a rien à voir avec ce que les élèves apprennent au lycée. Cela crée une sorte de programme annexe qui ne sert les objectifs ni des enseignants, ni des élèves. [...] Le SAT a été présenté comme le remède miracle : il était censé mesurer l'intelligence, contrôler la moyenne des établissements secondaires et prévoir les résultats à l'université. Or il n'a jamais rempli les deux premiers objectifs et n'a guère fait de merveilles concernant le troisième. »

Pourtant, les élèves qui n'ont pas de bons résultats au SAT ou ne sont pas particulièrement forts dans le type de raisonnement testé peuvent être amenés à faire une croix sur leur avenir universitaire – tout cela parce que nous avons accepté que l'intelligence soit mesurable. Or cette croyance omniprésente s'étend bien au-delà du monde universitaire. Rappelez-vous la courbe en cloche dont j'ai parlé plus haut. Je la retrouve à chaque fois que j'interroge des gens sur leur niveau d'intelligence, parce que nous l'avons définie de manière beaucoup trop restrictive. Chacun pense connaître la réponse à la question « Quel est votre niveau d'intelligence ? » Mais il faut répondre que la question n'est pas bonne.

Quelle est votre forme d'intelligence ?

Voilà une interrogation pertinente ! Il y a une grande différence entre ces deux questions. La première sous-entend qu'il existe un moyen rigoureux d'évaluer l'intelligence de chacun, que l'on peut réduire à un chiffre ou à un quotient. La seconde suggère une vérité que nous ne reconnaissons pas à sa juste valeur – à savoir qu'il y a diverses manières de faire preuve d'intelligence, et qu'aucune échelle ne pourra jamais le mesurer.

La nature de l'intelligence a toujours fait l'objet de controverses, notamment parmi les nombreux spécialistes qui passent leur vie à y réfléchir. Ils ne sont d'accord ni sur ce qu'est l'intelligence, ni sur les profils des personnes, ni sur la quantité d'intelligence existante. Dans le cadre d'une étude menée aux États-Unis il y a plusieurs années, un panel de psychologues tenta de définir l'intelligence en choisissant et en commentant ses caractéristiques parmi une liste de vingt-cinq. Seules trois caractéristiques furent sélectionnées par au moins 25 % des participants. Un commentateur en tira la conclusion suivante : « Si nous demandions à des spécialistes de décrire les champignons comestibles pour nous permettre de les distinguer des espèces vénéneuses et qu'ils répondaient de la même manière, nous serions bien avisés d'éviter tout simplement le sujet. »

Les définitions de l'intelligence basées sur le seul QI ont toujours fait l'objet de critiques. Toutefois, celles-ci sont de plus en plus nombreuses et virulentes depuis quelques années. Différentes théories alternatives, parfois contradictoires, soutiennent que l'intelligence englobe bien davantage de choses que ce que les tests de QI pourront jamais espérer évaluer.

Ainsi, le psychologue Howard Gardner, de l'université de Harvard, a affirmé que nous ne possédions non pas une, mais de multiples intelligences – notamment langagière, musicale, logico-mathématique, spatiale, kinesthésique, interpersonnelle (relation aux autres) et intrapersonnelle (connaissance de soi-même). Selon lui, ces formes d'intelligence sont plus ou moins indépendantes les unes des autres. Aucune d'elles n'est plus importante, quoique certaines puissent être « dominantes » et d'autres « latentes ». Il estime que nous avons tous différentes aptitudes pour chaque type d'intelligence et que l'éducation devrait les traiter à égalité afin que tous les enfants aient l'opportunité de développer leurs propres capacités.

Robert Sternberg, professeur de psychologie à l'université Tufts et ancien président de l'American Psychological Association, critique depuis longtemps les tests d'intelligence et le QI. Selon lui, il existe trois types d'intelligence : l'intelligence analytique – capacité à résoudre des problèmes de manière académique et à réussir les tests de QI traditionnels ; l'intelligence créative – capacité à affronter des situations nouvelles et à trouver des solutions originales ; et l'intelligence pratique – capacité à gérer les problèmes et défis de la vie quotidienne.

Dans ses livres, le psychologue et auteur à succès Daniel Goleman a distingué l'intelligence émotionnelle de l'intelligence sociale, toutes deux essentielles pour vivre en harmonie avec soi-même et le monde qui nous entoure.

Robert Cooper, auteur de *The Other 90%*, soutient que nous ne devrions pas penser à l'intelligence comme à un processus se déroulant uniquement dans le cerveau qui se trouve à l'intérieur de notre crâne. Il distingue le « cerveau du cœur » et le « cerveau viscéral ». Selon lui, lorsque nous vivons un événement, celui-ci ne va pas directement au cerveau crânien, il parcourt d'abord les réseaux neurologiques de l'intestin et du cœur. Cooper décrit le système nerveux entérique comme un « second cerveau » à l'intérieur des intestins, qui est « à la fois indépendant et relié au cerveau crânien ». Voilà pourquoi nous parlons de « réaction viscérale ». Que nous l'admettions ou non, cette dernière détermine tous nos actes.

Toutes ces idées dérangent certains psychologues et spécialistes de l'évaluation de l'intelligence, car rien de quantifiable ne prouve leur existence. Sans doute. Mais la vie de tous les jours montre clairement que l'intelligence humaine présente de multiples facettes. Pour en trouver la preuve, il suffit d'observer la richesse et la complexité extraordinaires de la culture humaine et de ses réalisations. Que nous puissions un jour rendre compte de tout cela en une unique théorie de l'intelligence – reposant sur trois, quatre, cinq, voire huit catégories distinctes – est l'affaire des théoriciens.

En attendant, une vérité fondamentale sur l'intelligence humaine se manifeste partout : nous avons autant de manières de « penser » aux expériences que nous rencontrons que de manières de les vivre. En outre, il est évident que nous possédons tous des atouts et aptitudes naturelles différents.

J'ai déjà mentionné plus haut que je n'étais pas particulièrement doué pour les mathématiques. On peut même dire que je suis totalement nul. Ce qui n'est pas le cas d'Alexis Lemaire, un jeune doctorant français spécialisé en intelligence artificielle. En 2007, il battit le record mondial de calcul mental en trouvant la racine treizième d'un nombre aléatoire de 200 chiffres en 72,4 secondes ! Si, comme c'était mon cas, vous ne voyez pas très bien ce que cela veut dire, laissez-moi vous expliquer. Alexis se trouvait devant un écran qui affichait un nombre de 200 chiffres généré de manière aléatoire par l'ordinateur. Ce nombre gigantesque occupait plus de 17 lignes à l'écran.

Alexis devait calculer mentalement la racine treizième de ce nombre, c'est-à-dire trouver le nombre qui, multiplié 13 fois par lui-même, donnerait le nombre affiché à l'écran. Il regarda fixement l'écran sans un mot, puis annonça la bonne réponse : 2 397 207 667 966 701. Rappelez-vous qu'il fit cela de tête. En 72,4 secondes.

Le jeune Français réalisa cet exploit au New York Hall of Science après plusieurs années d'entraînement. Jusque-là, son meilleur temps était *seulement* de 77 secondes. Le mathématicien confia ensuite à la presse : « Le premier chiffre est très facile, le dernier aussi, mais entre les deux c'est extrêmement difficile. J'utilise un système d'intelligence artificielle que j'applique dans ma tête au lieu de le faire dans un ordinateur. Je crois que la plupart des gens peuvent le faire, mais j'ai un cerveau qui fonctionne vite, parfois très très vite. [...] Pour améliorer mes compétences, j'utilise une méthode qui me permet de me comporter comme un ordinateur. C'est comme si je faisais tourner un programme dans ma tête pour contrôler mon cerveau.

« Parfois, quand je multiplie de tête, poursuit-il, mon cerveau travaille tellement vite que je dois prendre des médicaments. Je pense qu'une personne dotée d'un cerveau moins rapide serait également capable de faire ce genre de multiplications, mais c'est sans doute plus facile pour moi qui vais plus vite. » Alexis s'exerce assidûment. Pour pouvoir calculer plus rapidement, il s'entraîne, ne boit ni café ni alcool, évite les aliments sucrés ou gras. Son activité mentale est si intense qu'il doit se reposer régulièrement pour ménager son cerveau. Selon lui, un excès de calcul mental pourrait nuire à sa santé et à son cœur.

J'ai toujours eu l'impression qu'un excès de maths pouvait être dangereux pour ma santé, mais pour des raisons différentes ! Curieusement, tout comme moi, Alexis n'était pas particulièrement bon en maths quand il était à l'école. Toutefois, la comparaison s'arrête là. Il n'était pas le meilleur de sa classe, et il se forma essentiellement par lui-même avec des livres.

Certes, il avait un don naturel pour les chiffres, qu'il découvrit vers l'âge de 11 ans. Il l'affina et l'exploita en se fixant constamment de nouveaux défis et en élaborant des techniques complexes. Mais toutes ces prouesses reposent sur une aptitude personnelle et unique, associée à une passion et à un engagement intenses. Lorsqu'il dissèque ces gigantesques nombres pour en extraire l'énième racine, Alexis Lemaire est manifestement dans son Élément.

Les trois caractéristiques de l'intelligence humaine

L'intelligence de l'homme semble avoir au moins trois caractéristiques principales. La première est son extraordinaire *diversité*. De toute évidence, elle ne se limite nullement à la capacité de procéder à des raisonnements verbaux et mathématiques. Ces compétences sont importantes, mais elles ne représentent que l'*une des manières* dont l'intelligence se manifeste.

Gordon Parks est un photographe légendaire, qui témoigna de la vie des Noirs américains comme peu d'autres l'avaient fait auparavant. Il fut le premier Afro-Américain à produire et à réaliser un film d'importance à Hollywood. Il contribua à la création de la revue *Essence*, dont il fut le rédacteur en chef pendant trois ans. Également poète, romancier de talent et brillant compositeur, il créa sa propre notation musicale.

Et il ne suivit pas la moindre formation dans aucun de ces domaines.

De fait, Gordon Parks n'alla guère plus loin que le collège. À la suite du décès de sa mère alors qu'il avait 15 ans, il se retrouva à la rue et ne put terminer ses études. Qui plus est, le peu de scolarité dont il bénéficia fut décourageant. Il raconta souvent comment l'une de ses enseignantes avait déclaré à toute sa classe qu'aller à l'université ne leur servirait à rien puisqu'ils étaient destinés à devenir des porteurs et des femmes de ménage…

Néanmoins, Parks tira parti de son intelligence comme nul autre. Il apprit tout seul à jouer du piano, ce qui lui permit tout d'abord de survivre. Quelques années plus tard, il acheta un appareil photo chez un prêteur sur gages et apprit seul à s'en servir. Pour ce qui est du cinéma et de l'écriture, ses connaissances résultèrent essentiellement de son sens de l'observation, de son intense curiosité intellectuelle et de sa capacité sans pareille à comprendre et à examiner la vie des gens.

« J'allais toujours de l'avant, déclara-t-il lors d'un entretien à la Smithsonian Institution, et j'ai été extraordinairement tenace dans mes débuts en photographie. Je me suis rendu compte que j'aimais ça, et je me suis investi à fond. À l'époque, ma femme était plutôt contre, et ma belle-mère, comme toutes les belles-mères, y était opposée. Mais j'ai mis le pognon qu'il fallait pour m'acheter quelques appareils. Voilà en gros comment ça s'est passé. Ça m'intéressait énormément, alors j'ai bossé dur et j'ai frappé à toutes les portes, en cherchant les encouragements où je pouvais.

« Ma vie est une sorte de rêve décousu, confia-t-il lors d'une interview à la télévision américaine. Des choses me sont arrivées – incroyables. C'est tellement décousu. Mais tout ce que je sais, c'est que c'était un effort de tous les instants, le sentiment permanent que je ne devais pas échouer. »

Gordon Parks a énormément contribué à la culture américaine. Avec ses clichés caustiques, en particulier *American Gothic*, où l'on voit une femme noire poser entre un balai et une serpillière sur fond de drapeau américain. Avec ses films inspirés, comme *Shaft, les nuits rouges de Harlem*, qui introduisit les héros noirs dans les films d'action hollywoodiens et connut un grand succès. Avec sa prose peu conventionnelle. Et avec son œuvre musicale à nulle autre pareille.

J'ignore s'il a jamais passé un test standardisé ou un examen d'entrée à l'université. Eu égard à son manque d'éducation traditionnelle, il y a de fortes chances pour qu'il n'ait pas obtenu de résultats mirobolants. Il est toutefois intéressant de savoir que, sans avoir terminé ses études secondaires, il fut nommé docteur *honoris causa* à quarante reprises – dédiant même l'une de ces distinctions à l'enseignante qui s'était montrée si dédaigneuse au lycée. Quelle que soit la définition du mot retenue, Gordon Parks était remarquablement intelligent – un être humain exceptionnel doté d'une mystérieuse aptitude à apprendre et à maîtriser des formes d'expression artistique complexes et nuancées.

Je peux seulement supposer que Parks se considérait comme intelligent. Toutefois, s'il ressemble à tant d'autres personnes que j'ai rencontrées lors de mes déplacements, il se peut que son manque d'éducation classique l'ait incité à se situer bien en dessous, malgré ses dons multiples et flagrants.

Comme en témoignent les cas de Gordon Parks, Mick Fleetwood et Bart Conner, l'intelligence peut se manifester sous des formes qui ont peu ou rien à voir avec les nombres et les mots. Nous réfléchissons au monde de toutes les manières dont nous l'éprouvons, y compris les différentes manières dont nous utilisons nos sens (quel que soit leur nombre). Nous pensons en sons. Nous pensons en mouvements. Nous pensons visuellement. En travaillant pendant une longue période avec le Royal Ballet de Grande-Bretagne, je me suis aperçu que la danse était un moyen puissant pour exprimer des idées et que les danseurs recouraient dans ce but à de multiples formes d'intelligence – kinesthésique, rythmique, musicale et mathématique. Si l'intelligence verbale et l'intelligence mathématique étaient les seules à exister, la danse classique n'aurait jamais été inventée. Pas plus que la peinture abstraite, le hip-hop, le design, l'architecture ou les caisses en libre-service des supermarchés.

La diversité de l'intelligence est l'une des bases fondamentales de l'Élément. Si vous ignorez le fait que vous envisagez le monde de multiples manières, vous réduisez singulièrement vos chances de trouver la personne que vous étiez destiné à devenir.

Connu notamment pour sa conception du dôme géodésique et son expression « vaisseau terrestre », Richard Buckminster Fuller illustre bien cette fabuleuse diversité. Si ses plus grandes prouesses se situèrent dans le domaine de l'ingénierie – laquelle nécessite le recours à l'intelligence mathématique, visuelle et interpersonnelle –, ce fut également un écrivain talentueux et insolite, un philosophe qui remit en cause les croyances d'une génération, un ardent défenseur de l'environnement bien avant l'apparition des mouvements écologiques, et un professeur d'université provocateur et stimulant. Il réalisa tout cela en se dérobant à l'enseignement classique – dans sa famille, il fut le premier de quatre générations à ne pas entrer à Harvard – et en décidant de se confronter au monde qui l'entourait afin de mettre à profit toute l'étendue de son intelligence. Il s'engagea dans la marine, créa une entreprise de matériaux de construction, travailla comme mécanicien dans une usine textile et ouvrier dans une usine de conditionnement de viande. Manifestement, Fuller tirait parti de toutes les formes d'intelligence dont il disposait.

La deuxième caractéristique de l'intelligence est son extrême *dynamisme*. Le cerveau humain est extraordinairement interactif. À chaque tâche que vous effectuez, vous sollicitez un grand nombre de ses zones. C'est en exploitant ce dynamisme, c'est-à-dire en établissant de nouvelles relations entre les choses, que surviennent les véritables découvertes.

Ainsi, Albert Einstein exploita énormément le caractère dynamique de l'intelligence. Ses prouesses scientifiques sont légendaires. Cependant, il étudia toutes sortes de formes d'expression, persuadé qu'il pouvait tirer profit de diverses manières de tout ce qui défiait l'esprit. Par exemple, il interrogea des poètes afin d'en savoir plus sur le rôle de l'intuition et de l'imagination.

Dans sa biographie d'Einstein, Walter Isaacson raconte : « À l'école, il ne fut jamais bon pour l'apprentissage par cœur. Et plus tard, en tant que théoricien, sa réussite vint non pas de la puissance de traitement de son cerveau, mais de son imagination et de sa créativité. Il était capable de poser des équations complexes, mais, plus important encore, il savait que les mathématiques sont le langage que la nature utilise pour décrire ses prodiges. »

Lorsqu'il se trouvait déconcerté face à un problème, Einstein se tournait souvent vers le violon pour trouver une solution. Un de ses amis a confié à Isaacson : « Il jouait souvent du violon tard le soir dans sa cuisine, improvisant des mélodies tout en réfléchissant à des problèmes complexes. Soudain, au beau milieu d'une phrase musicale, il s'écriait tout excité : "J'ai trouvé !" Telle une inspiration soudaine, la solution lui venait avec la musique. »

Manifestement, Einstein avait compris que le développement intellectuel et la créativité nécessitent de tirer parti de la nature dynamique de l'intelligence. La révélation survient par le biais de l'analogie, en observant comment les choses se relient et non en quoi elles se distinguent. Assurément, les épiphanies rapportées dans cet ouvrage montrent que le moment où tout s'éclaire survient lorsqu'on découvre de nouvelles relations entre les événements, les idées et les situations.

La troisième caractéristique de l'intelligence est sa *spécificité* : chaque individu a la sienne, à l'instar des empreintes digitales. Il peut exister sept, dix ou cent formes différentes d'intelligence, mais chacun de nous les utilise de manière distincte. Mon profil constitue une certaine combinaison d'intelligences dominantes et latentes, qui diffère de la vôtre. Mon voisin a un profil encore différent. Des jumeaux n'utilisent pas leurs intelligences de façon identique, tout comme deux personnes vivant à deux extrémités du globe.

Ce qui nous ramène à la question posée plus haut : « Quelle est votre forme d'intelligence ? » Sachant que l'intelligence est diverse, dynamique et individuelle, vous pouvez maintenant envisager autrement cette question, qui est essentielle pour la recherche de votre Élément. Car, dès lors que vous faites voler en éclats vos idées préconçues sur l'intelligence, vous pouvez commencer à appréhender la vôtre de manière différente. L'intelligence d'un individu ne peut se réduire à une unique note sur une échelle linéaire. Et jamais deux personnes obtenant la même note ne réaliseront des prouesses identiques, ne partageront exactement les mêmes passions ni ne feront la même chose de leur vie. Pour trouver votre Élément, vous devez vous autoriser l'accès à toutes les manières dont vous ressentez le monde, et découvrir où se cachent vos véritables atouts.

Mais surtout, ne les sous-estimez pas.

CHAPITRE 3

AU-DELÀ DE L'IMAGINATION

Artiste renommée, Faith Ringgold est surtout connue pour ses peintures sur toile quiltée (matelassée). Elle a exposé dans les plus grands musées du monde. À New York, ses œuvres figurent dans les collections permanentes du musée Guggenheim, du Metropolitan Museum of Art et du Museum of Modern Art (MoMA). Par ailleurs, elle s'est vu décerner un Caldecott Honor pour son premier livre, *Tar Beach*. Elle a aussi composé et enregistré des chansons.

La vie de Faith déborde de créativité. Mais il est intéressant de savoir qu'elle a trouvé sa voie alors que la maladie l'empêchait de fréquenter l'école. Souffrant d'asthmc dès l'âge de 2 ans, elle n'a pas rejoint l'enseignement traditionnel tout de suite. Lors de notre entretien, elle a reconnu avoir le sentiment que son entrée tardive à l'école avait été bénéfique pour son développement, « car je n'ai subi aucun endoctrinement, voyez-vous ? Je n'ai pas été formée de la manière dont, je suppose, beaucoup d'enfants sont éduqués dans une société disciplinée, comme doit nécessairement l'être l'école, j'imagine. Quand vous avez plein d'élèves dans un même espace, vous devez les faire avancer d'une certaine façon pour que ça fonctionne. Je n'ai simplement jamais été prise dans cet embrigadement. J'ai manqué toute la maternelle et le cours préparatoire. Je ne suis entrée à l'école qu'en deuxième année de cours élémentaire. Mais là encore, chaque année j'étais absente, je ne sais pas, peut-être deux ou trois semaines à cause de mon asthme. Et ça ne m'embêtait pas du tout de manquer la classe ».

Sa mère la faisait beaucoup travailler pour l'aider à rattraper les cours manqués. Et lorsqu'elles n'étudiaient pas, elles pouvaient aller explorer le monde artistique qui s'épanouissait à Harlem dans les années 1930.

« Ma mère m'emmenait voir tous les bons spectacles de l'époque. Duke Ellington, Billie Holiday, Billy Eckstine – tous ces chanteurs et musiciens étaient si formidables. Pour moi, ces gens étaient extrêmement créatifs. À l'évidence, ils réalisaient leur création à partir de leurs propres corps. Nous habitions tous dans le même quartier. Je les croisais dans la rue, comme ça, par hasard ! J'ai été profondément inspirée par leur art et leur empressement à se donner au public. Cela m'a fait prendre conscience de l'aspect relationnel du métier d'artiste.

« On ne m'a jamais obligée à faire comme les autres enfants. Je ne m'habillais pas comme eux. Je ne leur ressemblais pas. Et, dans ma famille, on ne s'attendait pas à ce que je le fasse. Cela m'a donc paru assez naturel de choisir un métier paraissant un peu bizarre. Ma mère était styliste. Elle était une artiste, même si elle ne se serait jamais qualifiée ainsi. Elle m'a beaucoup aidée, mais elle insistait sur le fait qu'elle ignorait s'il était bon de consacrer sa vie à l'art. »

Quand Faith a fini par aller à l'école à plein temps, ses cours d'arts plastiques l'ont stimulée et passionnée.

« Nous avons eu des profs de dessin tout au long de l'école élémentaire. Une expérience formidable. Je me rappelle très bien que mes enseignants s'enthousiasmaient devant ce que je faisais. Et moi je me demandais pourquoi ils trouvaient ça aussi bien, mais je ne disais rien. Au collège, la prof d'arts plastiques nous a un jour proposé d'essayer de voir quelque chose sans le regarder. Elle nous a demandé de peindre des fleurs ainsi. Je me suis dit : "Mon Dieu, je ne veux pas qu'elle voie ça, c'est vraiment trop moche." Mais elle a saisi ma feuille en déclarant : "Eh bien, c'est merveilleux. Regarde un peu ça !"

« Maintenant je sais pourquoi elle a aimé mon dessin. Il était libre et c'est cela que j'aime aujourd'hui quand je vois des enfants dessiner. C'est expressif ; c'est merveilleux. C'est une espèce de magie que les enfants possèdent. Ils ne voient rien de si étrange et différent dans l'art. Ils l'acceptent ; ils le comprennent ; ils l'adorent. Quand ils visitent un musée, ils ne se sentent pas menacés. Au contraire des adultes. Ceux-ci pensent qu'il y a des messages qui leur échappent, qu'ils sont censés avoir quelque chose à dire ou à faire par rapport à ces œuvres d'art. Alors que les enfants se contentent d'accepter, car, d'une manière ou d'une autre, ils sont nés ainsi. Et ils restent ainsi jusqu'à ce qu'ils commencent à se dénigrer. Enfin, c'est peut-être parce que nous nous mettons à les dénigrer. J'essaye de ne pas le faire, mais le monde se chargera de les critiquer, vous savez, de les juger pour un oui pour un non – ça ne ressemble pas à un arbre, ou ça ne ressemble pas à un homme. Quand ils sont petits, les enfants ne font pas attention à cela. Ils se contentent... ils se contentent de se dévoiler devant vos yeux. "Ça c'est ma maman, ça c'est mon papa, on a marché jusqu'à la maison, on a coupé l'arbre, et ceci, et cela..." Ils vous racontent toute une histoire à propos de leur dessin, ils l'acceptent et ils le trouvent merveilleux. Tout comme moi. Parce qu'ils ne se réfrènent absolument pas dans ce domaine.

« Selon moi, les enfants ont la même aptitude naturelle en musique. Leurs petites voix sont comparables à des clochettes qu'ils font sonner. Dans une école, j'ai animé une séance de quarante minutes avec chacune des classes, depuis la maternelle jusqu'à la fin de l'école élémentaire. Je les ai laissé lire, puis j'ai pris la parole. Après leur avoir montré quelques-unes de mes diapositives, je leur ai appris ma chanson *Anyone Can Fly*. Les enfants l'ont tous entonnée sans problème, qu'ils soient en maternelle, en cours préparatoire ou en cours élémentaire. Mais dès le cours moyen, les problèmes commencent. Leurs voix ne sont plus des clochettes. Ils ont honte d'eux-mêmes, vous savez, et certains ne chantent pas alors qu'ils le peuvent encore. »

Heureusement, Faith n'a jamais ressenti une telle pression. Elle a adoré explorer sa créativité dès son plus jeune âge, et elle est parvenue à laisser briller cette étincelle en devenant adulte.

« Je crois que, dès l'instant où j'ai commencé mes études d'art à l'université en 1948, j'ai su que je voulais être une artiste. J'ignorais quel chemin j'emprunterais, comment cela se déroulerait ou quelle sorte d'artiste je deviendrais, mais je savais que c'était mon but. Mon rêve était de devenir peintre, de réaliser des tableaux tout au long de mon existence, d'en faire mon mode de vie. Si chaque jour de votre vie vous pouvez créer quelque chose de merveilleux, chaque jour sera aussi extraordinaire que le précédent. Chaque jour vous découvrirez quelque chose de nouveau, car tout en peignant ou en créant quoi que ce soit, vous trouverez de nouvelles manières de le réaliser. »

La promesse de la créativité

J'ai déjà signalé que j'aime demander à mon auditoire d'évaluer son intelligence. Généralement, je lui demande aussi d'estimer sa créativité. Comme pour l'intelligence, je propose une échelle de 1 à 10, de la plus faible à la plus forte. Et, comme pour l'intelligence, la plupart des gens se situent autour de la moyenne. Sur un millier de personnes, moins de 20 s'attribuent une créativité de 10. Quand j'annonce le 9 et le 8, elles sont un peu plus nombreuses à lever la main. À l'autre extrémité de l'échelle, quelques-unes déclarent se situer à 2 ou 1. D'après moi, la plupart se trompent dans leur évaluation, tout comme pour l'intelligence.

Mais le véritable but de cet exercice apparaît quand je demande quelles sont les personnes qui se sont donné des notes différentes pour l'intelligence et la créativité. Généralement, entre deux tiers et trois quarts de l'assistance lèvent alors la main. Pourquoi cela ? Selon moi, parce que la majorité des gens croient que l'intelligence et la créativité sont des choses totalement différentes. Que nous pouvons être soit très intelligents et peu créatifs, soit très créatifs et peu intelligents.

À mon avis, ceci met en évidence un problème fondamental. Une grande part de mon travail avec diverses institutions consiste à montrer que ces deux aptitudes sont apparentées. Je suis convaincu qu'on ne peut être créatif sans agir de manière intelligente. De même, la plus haute forme d'intelligence pense de manière créative. Pour chercher son Élément, il est essentiel de connaître la véritable nature de la créativité et de comprendre clairement en quoi elle est reliée à l'intelligence.

D'après mon expérience, la plupart des gens ont une vision restrictive de l'intelligence, car ils ont tendance à l'envisager principalement en termes d'aptitude scolaire. Voilà pourquoi tant de personnes intelligentes à d'autres égards finissent par penser qu'elles ne le sont pas du tout. La créativité elle aussi est entourée de mythes.

Voici l'un d'eux : seules certaines personnes seraient créatives. C'est faux. Chacun naît avec un potentiel de créativité important. Il suffit de le développer. La créativité est comparable à la lecture et à l'écriture. Nous tenons pour évident qu'à peu près tout le monde est capable d'apprendre à lire et à écrire. Si une personne ne sait pas lire ou écrire, vous ne supposez pas qu'elle en soit incapable, mais simplement qu'elle ne l'a pas appris. C'est la même chose avec la créativité. Lorsqu'une personne prétend être dépourvue de créativité, c'est souvent parce qu'elle ignore ce que celle-ci implique et comment elle fonctionne dans la pratique.

Un autre mythe veut que la créativité se cantonne à certaines activités comme les arts, le design ou la publicité. Bien sûr, ces disciplines demandent souvent un haut degré de créativité. Tout comme les sciences, les mathématiques, l'ingénierie, la direction d'une entreprise, le sport de compétition, ou encore le fait d'engager ou de rompre une relation. Vous pouvez faire preuve de créativité dans n'importe quel domaine, à partir du moment où celui-ci fait appel à votre intelligence.

Le troisième mythe nous pousse à croire qu'une personne est créative ou ne l'est pas. Cela laisserait penser que la créativité, à l'instar du QI, serait un trait de caractère figé comme la couleur des yeux, et qu'on ne peut guère y changer grand-chose. En réalité, il est parfaitement possible de devenir plus créatif dans son travail et sa vie. La première étape cruciale consiste à comprendre le lien étroit qui existe entre créativité et intelligence. C'est l'un des plus sûrs moyens de trouver l'Élément, et cela nécessite de prendre le temps d'examiner une caractéristique fondamentale de toute intelligence humaine – nos facultés uniques d'imagination.

Tout est dans l'imagination

Comme nous l'avons vu au chapitre précédent, nous avons tendance à sous-estimer l'étendue de nos sens ainsi que notre intelligence. Or nous faisons la même chose avec notre imagination. De même que nous considérons nos sens comme allant de soi, nous avons tendance à négliger notre imagination. Nous irons même jusqu'à critiquer la perception d'un autre en prétendant qu'il a une « imagination débordante » ou que tout cela est « dans ses rêves ». Nous nous targuons d'avoir « les pieds sur terre », d'être « réaliste » et de faire preuve de « bon sens », tout en nous moquant de ceux qui ont « la tête dans les nuages ». Et pourtant, plus qu'aucune autre faculté, l'imagination est celle qui distingue l'être humain de toutes les autres espèces de la Terre.

Tous les progrès de l'homme reposent sur l'imagination. C'est grâce à elle que nous sommes passés des cavernes à la ville, de la cueillette à la cuisine moléculaire, du feu de bois à la plaque à induction, et de la superstition à la science. À la fois complexe et profonde, la relation entre l'imagination et la « réalité » joue un rôle très important dans la quête de l'Élément.

Quand vous observez votre environnement physique, vous supposez généralement, j'en suis sûr, que votre perception correspond à la réalité. Voilà pourquoi nous parvenons à conduire une voiture sur une route encombrée, à trouver ce dont nous avons besoin dans un magasin, et à nous réveiller à côté de la bonne personne. Nous savons que dans certaines circonstances – maladie, délire, consommation excessive de substances illicites, etc. – cette hypothèse peut se révéler fausse, mais poursuivons toutefois notre raisonnement.

Nous savons aussi que nous sommes capables de quitter notre environnement sensoriel proche et d'appeler des images mentales provenant d'autres lieux et d'autres temps. Si je vous demande de penser à vos meilleurs amis d'enfance, à votre plat préféré ou à la personne la plus barbante que vous connaissez, vous pouvez le faire sans que les intéressés se trouvent sous vos yeux. Ce processus qui consiste à voir les choses dans sa tête est précisément un acte d'imagination. Aussi ma première définition de l'imagination est-elle « la faculté d'évoquer dans son esprit des choses qui ne sont pas à la disposition de nos sens ».

Vous répliquerez sans doute : « Sans blague ? » Quoique pertinente, cette réaction permettrait de faire une remarque cruciale : plus que toute autre aptitude, l'imagination semble être celle que nous sous-estimons le plus. C'est regrettable, car l'imagination a une importance capitale dans nos vies. Grâce à elle, nous pouvons revoir le passé, contempler le présent et prévoir l'avenir. Et nous pouvons aussi faire quelque chose d'exceptionnel et d'extrêmement précieux.

Nous pouvons créer.

Grâce à l'imagination, nous faisons venir à notre esprit non seulement des choses que nous avons vécues, mais aussi des choses que nous n'avons encore jamais rencontrées. Nous pouvons conjecturer, présumer, spéculer et supposer. En un mot, nous pouvons être *imaginatifs*. Dès lors que nous avons la faculté de dégager notre esprit de l'instant présent, nous sommes en quelque sorte libres. Nous sommes libres de revisiter le passé, libres de recadrer le présent, et libres d'anticiper tout un éventail d'avenirs possibles. L'imagination est le fondement de tout ce qui est spécifiquement humain. Elle est la base du langage, des arts, des sciences, des systèmes philosophiques et de toute la complexité de la culture humaine.

Laissez-moi illustrer cette faculté en recourant à l'exemple des proportions cosmiques.

La taille a-t-elle son importance ?

Quel est le but de la vie ? Voilà une autre question intéressante. Si elle ne semble guère préoccuper les autres espèces, elle inquiète un tant soit peu les êtres humains. Le philosophe britannique Bertrand Russell l'a posée de manière simple et géniale. Sa question en trois parties vaut la peine d'être lue par deux fois : « L'homme est-il tel que les astronomes le définissent, un minuscule morceau de carbone impur et d'eau, rampant sans force sur une petite planète sans importance ? Ou bien est-il tel qu'il parut à Hamlet ? Peut-être est-il les deux ? »

Vous voudrez bien m'excuser pour l'emploi du masculin. Russell a écrit cet ouvrage il y a longtemps, ignorant que l'on pourrait un jour y trouver à redire. Cela étant, ses trois questions reprennent quelques-unes des principales énigmes de la philosophie occidentale – mais pas nécessairement celles de la pensée orientale. La vie est-elle essentiellement fortuite et dénuée de sens, ou est-elle aussi profonde et mystérieuse que le pensait le héros de Shakespeare ? Je reviendrai à Hamlet dans un moment. Tout d'abord, examinons l'idée que nous habiterions sur une petite planète sans importance.

Depuis une vingtaine d'années, le télescope spatial Hubble nous transmet des milliers d'images éblouissantes de galaxies lointaines, de naines blanches, de trous noirs, de nébuleuses et autres pulsars. Nous avons tous vu ces documentaires impressionnants qui relatent les faits et rêves des voyages interplanétaires, ponctués de distances incommensurables exprimées en milliards d'années-lumière. La plupart d'entre nous savent maintenant que l'univers est gigantesque, tandis que la Terre est relativement petite.

Mais petite à quel point ?

Il est très difficile de s'en faire une idée précise, car, pour les planètes comme pour tout, la taille est une chose relative. Étant donné les distances prodigieuses qui nous séparent des autres corps célestes, il n'est pas facile de trouver une base pour les comparer.

J'ai été ravi de tomber sur une série d'images formidables qui m'ont permis de prendre conscience de la taille relative de la Terre. Leur auteur a eu l'excellente idée de faire tout bonnement abstraction de la distance entre les planètes en prélevant la Terre et quelques autres corps célestes dans le cosmos, puis en les disposant côte à côte pour en faire une photo de groupe. Ce qui permet de se faire une idée de leur échelle. Franchement, c'est étonnant ! Observez la première image :

Elle représente notre planète aux côtés de quelques-unes de ses voisines les plus proches. Je dirais que nous faisons plutôt bonne figure, par rapport à Mars et à Mercure en particulier. En tout cas, nous craignons moins que jamais d'être un jour envahis par des hordes de Martiens. Qu'ils essaient seulement ! D'ailleurs, Pluton n'est désormais plus considérée comme une planète à part entière. Nous comprenons pourquoi en voyant cette image. Que nous était-il donc passé par la tête ? Elle est à peine plus grosse qu'une bille !

Prenons maintenant un peu de recul. Soudain, la situation paraît moins encourageante. Voici notre Terre en compagnie de quelques-uns de ses imposants voisins du système solaire.

Notre planète est déjà moins impressionnante comparée à Uranus ou à Neptune, sans parler de Saturne et de Jupiter. Quant à Pluton, elle semble réduite à l'état d'une simple poussière cosmique. Au moins conservons-nous quelque tenue – car enfin, nous sommes toujours visibles...

Toutefois, nous savons que l'histoire ne s'arrête pas là. Par exemple, nous avons déjà entendu dire que la Terre était petite par comparaison avec le Soleil. Mais petite comment ? Comme ça :

À cette échelle, la Terre a la taille d'un pépin de raisin et Pluton a quasiment disparu de la circulation. Mais, aussi gros que paraisse ici le Soleil, il est loin d'être le géant du cosmos.

Si l'on recule encore un peu, le tableau change du tout au tout, même pour les adorateurs du Soleil.

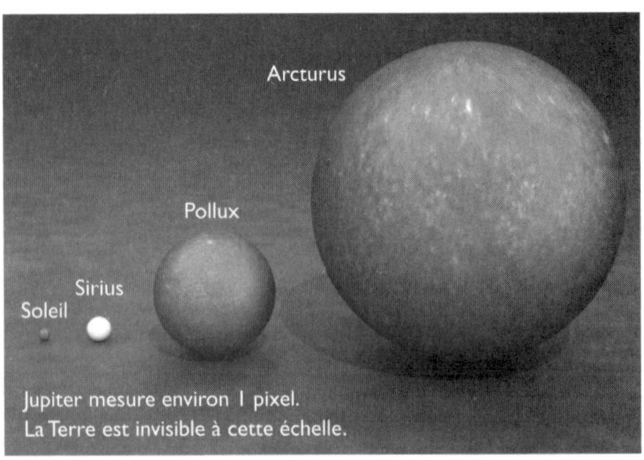

La Terre a tout bonnement disparu, et le Soleil dépasse à peine la taille d'un pois chiche. Cependant, nous comparons encore notre planète à des objets qui sont relativement petits et proches à l'échelle cosmique.

Observez Arcturus, tandis que nous reculons encore d'un cran afin d'inclure Bételgeuse et Antarès dans l'image.

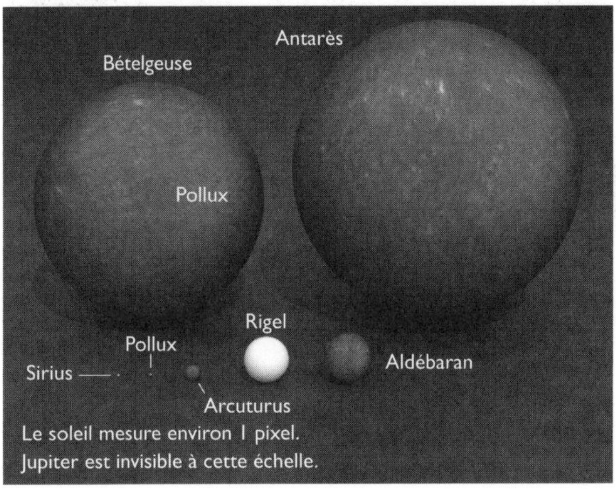

À ce stade, le Soleil a la taille d'un grain de sable et Arcturus, celle d'un kumquat. Soit dit en passant, Antarès est la quinzième étoile de notre ciel en terme de luminosité, et elle se trouve à plus de mille années-lumière. Les astronomes diraient qu'elle est *seulement* à mille années-lumière. Si vous vous rappelez, une année-lumière est la distance que la lumière parcourt en un an. C'est loin. Mille années-lumière sont d'autant plus impressionnantes, surtout si vous vous appelez Pluton. Cependant, cela ne représente pas grand-chose à l'échelle galactique. Voyez plutôt cette dernière image, prise depuis le télescope spatial Hubble.

Il s'agit du nuage de Magellan, l'une des galaxies les plus proches de notre Voie lactée – quasiment un voisin de palier, toutes proportions gardées. Les scientifiques situent le nuage de Magellan à environ 170 000 années-lumière. Il est quasiment impossible de se faire une idée de la taille de la Terre à une telle échelle. Notre planète est pitoyablement, inimaginablement, indétectablement minuscule.

Cependant...

Nous pouvons en tirer deux conclusions encourageantes. La première : nous devrions relativiser les choses. Quels que soient les problèmes qui vous tracassent depuis le réveil, consolez-vous. Quelle importance ont-ils à l'échelle de l'univers ? Calmez-vous et allez de l'avant.

La deuxième est la suivante. Au premier abord, ces images suggèrent une réponse affirmative à la première question de Russell. Il semble en effet que nous nous cramponnions à la surface d'une planète extraordinairement petite et sans la moindre importance. Mais l'histoire ne s'arrête pas là. Sans doute sommes-nous minuscules et insignifiants. Toutefois, parmi toutes les espèces qui peuplent la Terre – ou toute autre planète, à notre connaissance –, nous sommes les seuls à être capables d'une chose remarquable. Nous pouvons concevoir notre insignifiance.

En recourant à son imagination, quelqu'un a réalisé les images que je viens de vous montrer. Grâce à cette même faculté, je suis capable de les commenter et vous êtes capables de me lire et de me comprendre. En outre, le fait est que notre espèce a créé le célèbre Hamlet dont parle Russell – ainsi que la Messe en ut mineur de Mozart, la mosquée Bleue, la chapelle Sixtine, la Renaissance, Las Vegas, la route de la Soie, la poésie de Yeats, le théâtre de Tchekhov, le blues, le rock, le hip-hop, la théorie de la relativité, la mécanique quantique, l'industrialisation, *les Simpson*, la technologie numérique, le télescope Hubble et la multitude de prouesses et de rêves éblouissants que l'homme a su réaliser.

Je ne prétends pas qu'aucune autre espèce terrestre ne possède la moindre forme d'imagination. Mais il est certain qu'aucune ne fait preuve des facultés propres à l'imagination humaine. D'autres espèces communiquent, mais elles n'ont pas d'ordinateur. D'autres chantent, mais ne montent pas de comédies musicales. D'autres sont agiles, mais n'ont jamais fondé le cirque du Soleil. D'autres encore peuvent exprimer leur inquiétude, mais ne publient pas de théories sur le sens de la vie et ne passent pas leurs soirées à siroter du Jack Daniel's et à écouter du Miles Davis. En outre, elles ne se retrouvent pas pour observer des images du télescope Hubble en se demandant ce que celles-ci pourraient signifier pour elles-mêmes et les autres espèces…

Qu'est-ce qui explique ce gouffre entre la manière dont les humains et les autres espèces de notre petite planète pensent et se conduisent ? Ma réponse globale est l'imagination. Et, plus précisément, l'évolution bien plus sophistiquée du cerveau humain et l'extrême dynamisme dont il sait faire preuve. Chez l'homme, le dynamisme de l'intelligence explique la créativité phénoménale de son esprit. Or cette aptitude à la créativité nous permet de réfléchir à notre vie et à notre environnement – et de nous frayer un chemin vers notre Élément.

Le pouvoir de la créativité

L'imagination n'est pas la créativité. En effet, la créativité mène le processus d'imagination à un autre niveau. Je la définis comme « le processus qui consiste à avoir des idées originales ayant de la valeur ». L'imagination peut rester exclusivement interne. Vous pouvez être imaginatif à longueur de journée sans que personne ne s'en rende compte. En revanche, on ne dira jamais d'une personne qu'elle est créative si elle n'a rien fait. Pour être créatif, vous devez vraiment faire quelque chose – c'est-à-dire mettre en œuvre votre imagination pour créer une chose nouvelle, pour trouver une solution inédite à un problème, et même pour déterminer de nouveaux questionnements.

On peut considérer la créativité comme l'application de l'imagination.

Vous pouvez être créatif dans n'importe quel domaine – du moment qu'il nécessite le recours à l'intelligence. Cela peut être la musique, la danse, le théâtre, les mathématiques, les sciences, les affaires ou vos relations avec autrui. Si les gens sont créatifs de multiples manières plus extraordinaires les unes que les autres, c'est parce que l'intelligence humaine présente une formidable diversité. Laissez-moi vous donner deux exemples très différents.

En 1988, l'ancien Beatle George Harrison était sur le point de sortir un album solo comportant une chanson intitulée *This is Love*. Harrison et sa maison de disques avaient le sentiment que cette dernière pouvait faire un tabac. En ce temps où la précommande n'existait pas, une pratique courante consistait à accompagner une édition spéciale d'une face B en guise de bonus – une chanson qui ne figurait pas sur l'album contenant le single. Mais Harrison n'avait aucun enregistrement pouvant faire office de face B. Cependant, Bob Dylan, Roy Orbison, Tom Petty et Jeff Lynne étaient justement avec lui dans la région de Los Angeles, où il vivait à l'époque.

Lorsque Harrison apporta la structure de la chanson qu'il voulait enregistrer, il s'aperçut que Lynne travaillait déjà avec Orbison. Puis il demanda à Dylan et à Petty de se joindre à eux pour chanter le refrain. Dans un contexte détendu, étant donné la pression minime d'une face B, ces cinq figures légendaires du rock créèrent « *Handle with Care* », l'un des titres les plus mémorables de la carrière de Harrison après son aventure avec les Beatles.

Quelques jours plus tard, quand Harrison fit écouter la chanson à Mo Ostin, président de Warner Brothers Records, et Lenny Waronker, son directeur artistique, tous deux furent stupéfaits. Non seulement le titre était trop bon pour une simple face B, mais ce groupe improvisé produisait un son à la fois léger et éclatant qui exigeait une tribune plus prestigieuse. Les deux dirigeants demandèrent à Harrison s'ils pouvaient enregistrer un album entier. Séduit par cette idée, le rocker la soumit à ses amis.

Il fallut résoudre un certain nombre de problèmes logistiques. Dylan partait deux semaines plus tard pour une longue tournée, et ensuite il serait difficile de réunir tout le monde à nouveau. Les cinq musiciens décidèrent de faire le maximum avant le départ de Dylan. Dans le studio d'un ami, ils enregistrèrent les pistes de la totalité de l'album. Ils n'eurent pas le temps de peaufiner le texte, de faire des dizaines de prises ou de s'attarder sur une partie de guitare. Au lieu de cela, ils s'en remirent à quelque chose de plus spontané – l'étincelle créative provoquée par la rencontre de cinq voix musicales distinctes.

Ils collaborèrent tous, chacun apportant ses harmonies vocales, ses parties de guitare ou ses arrangements. Ils se nourrirent et se stimulèrent les uns les autres, et surtout ils s'amusèrent énormément. Il en résulta un disque à la fois désinvolte – les chansons paraissaient avoir été inventées sur le moment – et indubitablement digne de devenir un classique. En accord avec la nature décontractée du projet, les cinq copains décidèrent de mettre en sourdine leur statut de vedette et baptisèrent leur groupe de circonstance The Traveling Wilburys. L'album se vendit à cinq millions d'exemplaires et généra de nombreux tubes, parmi lesquels « *Handle with Care* ». La revue *Rolling Stone* le qualifia de l'un des « 100 meilleurs albums de tous les temps ». Selon moi, cette anecdote illustre admirablement le fonctionnement du processus créatif.

Voici un autre exemple qui pourrait sembler n'avoir aucun rapport.

Au restaurant universitaire de l'université Cornell au début des années 1960, un étudiant lança une assiette en l'air. Nous ignorons s'il la rattrapa avec un grand sourire, ou si celle-ci se brisa par terre. Quoi qu'il advînt, cet événement n'aurait rien eu d'extraordinaire si une personne extraordinaire n'y avait assisté.

Le physicien américain Richard Feynman est incontestablement l'un des génies du XXe siècle. Il est renommé pour ses travaux révolutionnaires dans plusieurs domaines, tels que l'électrodynamique quantique et les nanotechnologies. Ce scientifique, l'un des plus excentriques et les plus admirés de sa génération, fut également un jongleur, un peintre, un farceur ainsi qu'un jazzman exubérant passionné par le bongo. En 1965, il reçut le prix Nobel de physique. D'après lui, ce fut en partie grâce à l'assiette volante.

« Ce jour-là, pendant que je déjeunais à la cantine, un étudiant lança une assiette, expliqua Feynman. Il y avait un médaillon bleu dessus – les armoiries de Cornell. Tandis que l'assiette s'élevait dans les airs et redescendait, le machin bleu semblait tourner plus vite que l'assiette n'oscillait. Je me demandai quelle était la relation entre les deux. C'était un simple jeu, sans la moindre importance, mais je m'amusai avec les équations décrivant la rotation des objets, et je parvins à la conclusion que si l'oscillation était faible, le médaillon tournait deux fois plus vite. »

Feynman griffonna quelques idées sur sa serviette en papier, et, après son déjeuner, poursuivit sa journée à l'université. Plus tard, il regarda à nouveau ses notes et continua à jongler avec les idées qu'il avait inscrites.

« Je me mis à jouer avec cette rotation, qui me conduisit à un problème similaire concernant la rotation propre d'un électron selon l'équation de Dirac, lequel me ramena à l'électrodynamique quantique sur laquelle j'étais justement en train de travailler. Je continuai à m'amuser avec ça, toujours avec la même décontraction initiale. C'était comme si j'avais fait sauter le bouchon d'une bouteille – tout se déversait simplement, et très vite je trouvai la solution qui me valut par la suite le prix Nobel. »

À part le fait qu'ils tournent tous les deux, quel est le point commun entre un disque et un électron qui nous aiderait à comprendre la nature de la créativité ? Il se trouve qu'ils ont beaucoup de choses en commun.

Le dynamisme de la créativité

Exemple le plus marquant de la nature dynamique de l'intelligence, la créativité peut solliciter toutes les zones de notre esprit et de notre être.

J'ai dit plus haut que, si les gens estiment être dépourvus de créativité, c'est parce qu'ils ignorent ce qu'elle recouvre. Or il existe des compétences et techniques générales de pensée créative que tout le monde peut apprendre et appliquer à peu près à n'importe quelle situation. Ces techniques permettent de générer de nouvelles idées, de distinguer les idées utiles des autres, et de supprimer les freins aux réflexions originales, en particulier au sein des groupes. Je les considère comme les compétences de créativité générale, dont je parlerai plus en détail dans le dernier chapitre consacré à l'enseignement. Dans le présent chapitre, j'aborderai la créativité individuelle, qui à certains égards est très différente.

Faith Ringgold, les Traveling Wilburys, Richard Feynman et la plupart des personnes mentionnées dans cet ouvrage sont extrêmement créatives, chacune à leur manière. Bien qu'elles travaillent dans des domaines différents, des passions et des talents uniques les animent. Elles ont trouvé l'activité qu'elles adorent exercer, et se sont découvert une disposition particulière pour celle-ci. Elles sont dans leur Élément, ce qui stimule leur créativité personnelle. Il pourra ici être instructif de comprendre comment la créativité fonctionne de manière générale.

La créativité se situe un cran au-dessus de l'imagination, car elle nécessite que vous fassiez véritablement quelque chose au lieu de vous contenter d'y réfléchir. Il s'agit d'un processus tout à fait concret qui consiste à essayer de créer quelque chose d'original. Cela peut être une chanson, une théorie, une robe, un poème, un bateau ou une nouvelle sauce pour vos spaghettis. Quelles qu'elles soient, ces réalisations ont certaines caractéristiques communes.

Voici l'une d'elles : il s'agit tout d'abord d'un processus. Il arrive qu'une nouvelle idée soit totalement aboutie, sans nécessiter beaucoup de travail par la suite. Mais, le plus souvent, le processus créatif part d'une vague idée – l'observation de la rotation de l'assiette par Feynman ou l'embryon de chanson imaginé par George Harrison – qui nécessite un développement ultérieur. C'est un voyage qui peut comporter de nombreuses étapes distinctes et des revirements inattendus, faire appel à toutes sortes de compétences et de connaissances, et mener à un endroit totalement imprévu. Richard Feynman a finalement obtenu le prix Nobel de physique, mais on ne le lui a pas décerné sur la base de la serviette qu'il avait gribouillée en déjeunant.

La créativité implique plusieurs processus différents qui interfèrent entre eux. Le premier consiste à générer des idées nouvelles, à imaginer d'autres possibilités, à envisager des alternatives. Il peut s'agir de jouer des notes sur un instrument, de tracer des esquisses rapides, de griffonner quelques pistes sur un papier ou de déplacer des objets, voire soi-même, dans un espace. En outre, le processus créatif implique de développer ces idées en sélectionnant celles qui fonctionnent le mieux ou semblent les plus pertinentes. Ces deux processus – génération et évaluation des idées – sont nécessaires ; peu importe que vous écriviez une chanson, peigniez un tableau, élaboriez une théorie mathématique, réalisiez un reportage photo, rédigiez un livre ou conceviez des vêtements. Ils ne surviennent pas selon un ordre prévisible, mais interagissent l'un avec l'autre. Ainsi, un effort créatif peut impliquer que l'on commence par générer beaucoup d'idées tout en se retenant de les évaluer. Toutefois, dans l'ensemble, un travail créatif constitue un subtil équilibre entre la génération d'idées, leur sélection et leur amélioration.

Étant donné qu'il s'agit de réaliser quelque chose, le travail créatif implique toujours le recours à un médium pour développer ses idées. Ce médium peut prendre toutes les formes imaginables. Les Wilburys utilisaient leurs voix et les guitares. Richard Feynman se servait des mathématiques. Les médiums de Faith Ringgold étaient la peinture et le tissu (ainsi que, parfois, les mots et la musique).

Souvent, le travail créatif consiste également à exploiter divers talents dont vous disposez afin d'obtenir quelque chose d'original. Maintes fois récompensé, sir Ridley Scott a réalisé des films à succès tels que *Alien*, *Blade Runner*, *Thelma et Louise* ou *Gladiator*. Si ses films ne ressemblent à ceux d'aucun autre réalisateur, cela s'explique par son bagage artistique.

« Du fait de ma formation en beaux-arts, m'a-t-il expliqué, j'ai des idées très précises sur la réalisation d'un film. On m'a toujours dit que j'avais ce regard. Je n'ai jamais réfléchi à ce que c'est, mais on m'accuse généralement d'être trop beau, trop esthétique, trop ceci ou trop cela. Petit à petit, je me suis rendu compte que c'était un avantage. On a reproché à mon premier film, *Les Duellistes*, d'être trop beau. Un critique s'est plaint de « l'utilisation abusive des filtres ». En réalité, aucun filtre n'a été employé : simplement, il a plu comme vache qui pisse pendant 59 jours. Ce qui l'a sans doute induit en erreur, c'est ma manière de voir les paysages français. Les meilleurs photographes de l'époque napoléonienne sont probablement les peintres. J'ai donc regardé les tableaux russes représentant Napoléon lors de sa funeste campagne vers Moscou. Nombre de ces magnifiques paysages du XIXe siècle ressemblent franchement à des photographies. J'ai tout pris là, et je l'ai appliqué au film. »

Les personnes qui travaillent de manière créative ont généralement cette chose en commun : elles adorent le médium qu'elles utilisent.

Les musiciens aiment les sons qu'ils produisent, les écrivains aiment les mots, les danseurs aiment le mouvement, les mathématiciens aiment les chiffres, les hommes d'affaires aiment conclure des marchés, les bons professeurs aiment enseigner. Voilà pourquoi ceux qui aiment profondément ce qu'ils font ne considèrent pas leur activité comme un travail au sens ordinaire du terme. Ils le font parce qu'ils le veulent, et parce qu'en le faisant ils se trouvent dans leur Élément.

Voilà pourquoi Feynman dit que les équations de rotation étaient pour lui « juste un jeu ». Il parle de « s'amuser » avec ces idées en toute « décontraction ». Les Wilburys ont enregistré leurs meilleures chansons en se contentant d'essayer des choses et en s'amusant à faire de la musique ensemble. L'amusement n'est pas indispensable au travail créatif – il y a bien des exemples de créatifs visionnaires qui ne rigolaient pas souvent. Mais parfois, c'est lorsque nous jouons avec les idées en riant que nous sommes le plus ouverts aux pensées nouvelles. Dans tout travail créatif, on peut rencontrer des obstacles en chemin et se fourvoyer dans des impasses. Je connais des gens fabuleusement créatifs qui trouvent certaines phases du processus difficiles et tout à fait exaspérantes. Mais il y a toujours un plaisir intense à un moment donné, et une profonde satisfaction à y arriver.

Parmi les personnes citées dans ce livre, nombreuses sont celles qui estiment avoir eu de la chance de trouver ce qu'elles adoraient faire. Pour certaines, ce fut le coup de foudre, si bien qu'elles qualifient d'épiphanie la découverte de leur Élément. Trouver le médium qui stimule votre imagination, avec lequel vous adorez jouer et travailler, est une étape importante pour libérer vos énergies créatives. L'histoire regorge d'exemples de personnes qui n'ont pas découvert leurs véritables aptitudes créatives avant d'avoir trouvé le médium avec lequel elles réfléchissaient le mieux. D'après mon expérience, si tant de gens pensent être dépourvus de créativité, c'est qu'ils n'ont tout simplement pas trouvé leur médium. Il existe d'autres raisons que j'aborderai plus loin, dont l'idée de chance. Mais tout d'abord, examinons plus précisément pourquoi le médium que nous employons a tant d'importance pour notre travail créatif.

Les divers médiums nous permettent de penser de différentes manières. Un grand ami, l'artiste Nick Egan, a récemment offert à ma femme et à moi-même deux peintures qu'il a réalisées pour nous. Deux choses que j'avais dites lors de mes conférences l'avaient profondément touché. La première : « Si vous n'êtes pas prêt à vous tromper, vous ne produirez jamais rien d'original. » Et la seconde : « Une excellente éducation repose sur un excellent enseignement. » Je tiens ces deux déclarations pour vraies, ce qui explique pourquoi je les répète partout. Nick s'est mis à réfléchir à ces idées et à la manière dont elles s'étaient appliquées à lui-même depuis sa jeunesse jusqu'à sa vie d'artiste à Londres. Puis il a décidé de réaliser des tableaux sur ces thèmes. Il y a consacré plusieurs semaines quasiment à plein temps.

Chacun des tableaux qu'il a créés pour nous constitue une sorte d'improvisation visuelle sur l'une de ces déclarations.

Tous deux sont des images puissantes empreintes d'une énergie presque primitive. L'un est majoritairement noir, et les mots sont griffonnés et grattés à même la peinture sur la moitié de la toile, tels des graffitis. Le second est principalement blanc, les mots écrits à la peinture noire dégoulinante dans un style enfantin. Il comporte en outre un visage colérique qui évoque un dessin animé, à mi-chemin entre la peinture rupestre et le dessin d'enfant.

À première vue, ces tableaux semblent chaotiques et peints à la va-vite. Mais un examen attentif des toiles révèle plusieurs couches d'images superposées, soigneusement accumulées et partiellement recouvertes. Ce qui confère à ces œuvres une véritable profondeur. En outre, chaque image recèle des textures très élaborées de couleurs et de coups de pinceau, qui deviennent plus dynamiques à mesure que vous les regardez. La complexité de ces tableaux suscite une impression de simplicité et de spontanéité.

Bien que ces peintures aient été inspirées par mes propres mots, je n'aurais jamais pu les créer. Nick est un artiste visuel. Il possède une aptitude et une passion naturelles pour le travail visuel – une sensibilité au trait, à la couleur, aux formes, aux textures et à la manière de les façonner en de nouvelles idées créatives. Il développe ses idées grâce à la peinture, à la craie, au pastel, à la gravure, à l'audiovisuel, à l'imagerie numérique et à toute une série d'autres médiums visuels et matériaux. Pour chaque projet, les matériaux qu'il emploie affectent les idées qui lui viennent et la manière dont il les traite. La créativité peut être considérée comme une conversation entre ce que l'on essaie de comprendre et le médium que l'on utilise. Les tableaux que Nick nous a offerts étaient différents de ce qu'ils avaient été au départ. Leur aspect a évolué à mesure qu'il y a travaillé, et ce qu'il voulait exprimer est devenu plus clair à mesure que les peintures ont pris forme.

Le fait que la créativité se manifeste à travers différents médiums illustre parfaitement la diversité de l'intelligence et des modes de pensée. Richard Feynman possédait une formidable imagination visuelle. Toutefois, il n'a pas essayé de représenter les électrons par le biais de la peinture ; il a voulu élaborer une théorie scientifique pour décrire leur fonctionnement. Pour cela, il a dû recourir aux mathématiques. Il réfléchissait aux électrons, mais par le biais des mathématiques. Sans elles, il n'aurait jamais pu y réfléchir comme il l'a fait. Quant aux Wilburys, ils réfléchissaient à l'amour et aux relations humaines, à la vie et à la mort, et à tout ce qui s'ensuit ; mais ils ne cherchaient pas à rédiger un manuel de psychologie. Ils réfléchissaient à ces thèmes à travers la musique. Ils avaient des idées musicales, ils créaient de la musique avant tout.

Comprendre le rôle des médiums dans le travail créatif est important pour une autre raison. Pour développer notre potentiel créatif, nous devons également développer nos compétences pratiques dans le médium que nous choisissons. Mais il importe de le faire de la bonne manière. Je connais beaucoup de personnes qui se sont détournées des maths pour toujours parce qu'on ne leur avait jamais permis de voir les potentialités créatives de cette discipline – et, comme vous le savez, je suis l'une d'elles… Les enseignants m'ont toujours présenté les maths comme une interminable série de problèmes dont quelqu'un connaissait déjà les solutions. La seule alternative consistait à trouver la bonne ou la mauvaise réponse. Or ce n'est pas ainsi que Richard Feynman considérait les mathématiques.

De la même manière, je connais une quantité de personnes qui ont passé d'innombrables heures durant leur enfance à travailler leurs gammes au piano ou à la guitare, et qui ne veulent plus désormais toucher à un instrument de musique parce que ces exercices leur ont paru si ennuyeux et répétitifs. Beaucoup d'entre nous ont décidé qu'ils étaient nuls en maths ou en musique, mais il se peut simplement que leurs professeurs n'aient pas choisi la bonne manière ou le bon moment. Peut-être devraient-ils essayer à nouveau. Peut-être le devrais-je…

Ouvrir son esprit

La pensée créative implique bien plus que les types de pensée logique et linéaire qui dominent la conception occidentale de l'intelligence et plus particulièrement l'éducation. Le lobe frontal du cerveau entre en jeu dans certaines aptitudes intellectuelles d'ordre supérieur. L'hémisphère gauche est la zone qui contribue le plus à la pensée logique et analytique. Mais la pensée créative sollicite bien d'autres parties du cerveau.

Être créatif consiste à établir de nouvelles connexions avec notre environnement afin de voir les choses de façon différente et sous d'autres angles. Tandis que, dans le cadre de la pensée logique linéaire, nous passons d'une idée à une autre par le biais d'une série de règles et de conventions. Nous acceptons certains raisonnements, et nous en rejetons d'autres parce qu'ils sont illogiques. Si A + B = C, nous pouvons calculer combien vaut C + B. Les tests de QI traditionnels évaluent typiquement ce type de réflexion. Cependant, les règles de la pensée logique ou linéaire ne guident pas toujours la pensée créative. Au contraire.

Les idées créatives surviennent souvent de manière non linéaire, quand nous percevons des liens ou similitudes entre les choses que nous n'avions pas remarqués auparavant. La pensée créative dépend énormément de ce que l'on appelle parfois la pensée divergente ou latérale, et notamment la réflexion à base de métaphores ou d'analogies. C'est ce qu'a fait Feynman lorsqu'il a établi une relation entre l'assiette oscillante et la rotation propre des électrons. De même, l'idée de la chanson « *Handle with Care* » est venue à George Harrison d'une étiquette « Fragile » apposée sur un carton.

Je ne prétends toutefois pas opposer la créativité à la pensée logique. Les règles de la logique laissent énormément de place à la créativité et à l'improvisation, comme toutes les disciplines soumises à des règles. Pensez à la créativité que permettent les échecs, certains sports, la poésie, la danse et la musique, bien que ces disciplines fassent l'objet de règles et de conventions très strictes. La logique peut avoir une grande importance à différents stades du processus créatif, selon le type de travail entrepris, notamment lorsque nous évaluons des idées nouvelles et la manière dont elles confortent les théories existantes ou les remettent en cause. Néanmoins, la pensée créative va au-delà de la pensée linéaire et logique, sollicitant toutes les zones de notre esprit et de notre corps.

Il est aujourd'hui largement admis que les deux moitiés du cerveau ont des fonctions différentes. L'hémisphère gauche gère le raisonnement logique et séquentiel – par le biais du langage, de la réflexion mathématique, etc. Tandis que l'hémisphère droit permet la reconnaissance des motifs et des visages grâce à la perception visuelle, l'orientation spatiale et le mouvement. Toutefois, ces deux zones sont loin de fonctionner séparément. En observant des images du cerveau en action, on constate à quel point elles sont interactives. À l'instar du reste du corps, toutes leurs fonctions sont liées entre elles.

L'un des rôles essentiels des jambes est de courir, mais seules, elles ne sont guère efficaces. De la même manière, de nombreuses zones distinctes du cerveau sont sollicitées quand nous jouons ou écoutons de la musique, depuis le cortex cérébral, qui s'est développé récemment, jusqu'aux parties reptiliennes plus anciennes. Elles doivent travailler de concert avec le reste du corps, y compris avec les autres zones du cerveau. Bien sûr, nous avons tous nos forces et nos faiblesses. Mais, à l'instar des muscles de nos bras et de nos jambes, nos facultés mentales peuvent régresser ou s'accroître selon le degré d'exercice auquel nous les soumettons, séparément et ensemble.

À ce propos, une étude récente suggère que le cerveau d'une femme serait peut-être plus interactif que celui d'un homme. Cela reste à prouver, mais cette information m'a rappelé la fameuse question de philosophie occidentale que les professeurs soumettent souvent à leurs élèves en première année de fac : « Quelle relation y a-t-il entre nos sens et notre connaissance du monde ? » L'essentiel est de savoir si nous pouvons tenir quelque chose pour vrai sans en avoir la preuve directe par l'intermédiaire de nos sens, et l'exemple habituellement proposé est le suivant : « Un arbre qui tombe dans la forêt fait-il du bruit s'il n'y a personne pour l'entendre ? » Quand j'enseignais la philosophie, mes élèves et moi pouvions débattre d'un tel sujet pendant plusieurs semaines d'affilée avec le plus grand sérieux. Selon moi, la réponse est : « Bien sûr qu'il fait du bruit, soyez donc raisonnable ! » Toutefois, comme j'étais titulaire de mon poste, vous comprendrez que je n'aie pas senti la nécessité de précipiter l'issue de la discussion. Récemment, lors d'un voyage à San Francisco, ces débats me sont revenus en mémoire.

En traversant un marché en plein air, j'ai croisé une personne arborant sur son tee-shirt la question suivante : « Si un homme dit ce qu'il pense en pleine forêt et qu'aucune femme ne l'entend, a-t-il toujours tort ? » Probablement.

Quelles que soient les différences de genre dans nos façons de pensée, la créativité est toujours un processus dynamique susceptible de faire appel à divers types d'intelligence en même temps. La danse est un processus physique, kinesthésique. La musique est un art reposant sur le son. Néanmoins, les mathématiques font partie intégrante des prestations de nombreux danseurs et musiciens. Inversement, les scientifiques et mathématiciens réfléchissent souvent de manière visuelle pour représenter et vérifier leurs idées.

En outre, la créativité est loin d'utiliser notre seul cerveau. Jouer d'un instrument, créer des images, fabriquer des objets, réaliser une danse et faire toutes sortes de choses constituent aussi des processus extrêmement physiques, qui reposent sur les sensations, l'intuition et une habile coordination des mains et des yeux, du corps et de l'esprit. Dans de multiples disciplines – la danse, le chant ou le théâtre –, nous ne recourons à aucun médium externe. Nous sommes nous-mêmes le médium de notre travail créatif.

Par ailleurs, l'activité créative va puiser profondément dans notre intuition et notre inconscient ainsi que dans notre cœur et nos sensations. Ne vous est-il jamais arrivé d'oublier le nom d'une personne ou d'un lieu ? Vous avez beau essayer, vous ne parvenez pas à vous le rappeler, et plus vous cherchez, plus il devient insaisissable. En général, la meilleure chose à faire est de cesser d'y penser et de « laisser reposer dans un coin de sa tête ». Plus tard, le nom vous reviendra sans doute à l'esprit au moment où vous vous y attendrez le moins. Cela s'explique par le fait que notre esprit est loin de se réduire aux processus délibérés de la pensée consciente. Sous la surface bruyante de notre cerveau se cachent d'immenses réserves de mémoire et d'association, de sensations et de perceptions qui traitent et enregistrent les expériences de notre vie sans que nous en ayons conscience. Si bien qu'à certains moments la créativité constitue un effort conscient. À d'autres, nous devons laisser nos idées fermenter et nous fier aux ruminations inconscientes et profondes de notre esprit, sur lesquelles nous avons moins de contrôle. Parfois quand nous le faisons, les idées que nous cherchions surgissent tout d'un coup, comme si nous avions fait sauter le bouchon d'une bouteille.

Reprendre sa vie en main

Si l'on peut percevoir le caractère dynamique de la pensée créative dans le travail d'individus, celui-ci devient encore plus flagrant en observant des groupes extrêmement créatifs comme les Traveling Wilburys. Ce groupe a connu le succès, non parce que tous ses membres pensaient de la même manière mais parce qu'ils étaient tous si différents. Ils avaient des talents différents, des centres d'intérêt différents et des sons différents. Mais ces différences les ont stimulés et leur ont permis de créer ensemble ce qu'ils n'auraient jamais fait individuellement. C'est en ce sens que la créativité puise non seulement dans nos ressources personnelles, mais aussi dans le monde plus large des idées et valeurs des autres. Voilà un argument supplémentaire pour développer nos facultés créatives.

Revenons maintenant à Hamlet. Dans la pièce éponyme de Shakespeare, le prince du Danemark éprouve une grande fureur après la mort de son père et la trahison de sa mère et de son oncle. Tout au long de la tragédie, il se débat avec ses sentiments sur la vie et la mort, la loyauté et la trahison, ainsi que sa propre importance au sein de l'univers. Il s'efforce de savoir ce qu'il devrait penser et ressentir concernant les événements qui dévorent son esprit. Vers le début de la pièce, il accueille Rosencrantz et Guildenstern, en visite à la Cour :

« Mes bons, mes excellents amis. Comment vas-tu, Guildenstern ? Ah ! Rosencrantz, chers compagnons, comment allez-vous tous deux ? […] Qu'avez-vous fait, mes bons amis, à la Fortune, pour qu'elle vous envoie en prison ici ? »

La question surprend Guildenstern, qui demande à Hamlet ce qu'il entend par « prison ». Le prince répond : « Le Danemark est une prison. » Rosencrantz s'esclaffe et dit qu'en ce cas le monde entier est une prison. Hamlet acquiesce : « Une fameuse, et dans laquelle il y a beaucoup de cachots, de cellules, et de culs-de-basse-fosse, le Danemark étant l'un des pires. » Rosencrantz rétorque : « Nous ne le pensons pas, mon seigneur. » La réplique de Hamlet est réfléchie : « Alors, c'est qu'il ne l'est pas pour vous, car rien n'est en soi bon ou mauvais, la pensée le rend tel. Pour moi, c'est une prison. »

Le pouvoir de la créativité humaine apparaît partout, dans les technologies que nous employons, dans les bâtiments que nous habitons, dans les vêtements que nous portons et dans les films que nous regardons. Mais sa portée est bien plus large. Elle affecte non seulement ce que nous apportons au monde, mais aussi ce que nous en pensons.

Contrairement à toutes les autres espèces vivantes, autant que nous puissions le dire, nous ne nous contentons pas de faire notre trou dans le monde. Nous consacrons une grande partie de notre temps à parler et à réfléchir à ce qui se passe, et à essayer de comprendre ce que tout cela signifie. Nous pouvons le faire grâce à notre étonnante faculté d'imagination, qui nous permet de penser sous forme de mots et de nombres, d'images et de gestes, et de les utiliser pour élaborer des théories, des objets et toutes les idées et valeurs complexes de l'existence humaine. Nous ne nous contentons pas de voir le monde tel qu'il est ; nous l'interprétons par le biais des idées et croyances spécifiques qui ont façonné nos propres cultures et nos conceptions personnelles. Placées entre nous et nos expériences brutes du monde, celles-ci agissent comme un filtre sur ce que nous percevons et sur notre manière de penser.

Ce que nous pensons de nous-mêmes et du monde fait de nous ce que nous sommes et ce que nous pouvons devenir. C'est ce que veut dire Hamlet lorsqu'il affirme : « Rien n'est en soi bon ou mauvais, la pensée le rend tel. » La bonne nouvelle, c'est que nous avons toujours la possibilité d'essayer de penser autrement. Si nous créons notre vision du monde, nous pouvons aussi la recréer en adoptant un point de vue différent et en redéfinissant notre situation. Au XVIe siècle, Hamlet comparait le Danemark à une prison. Au siècle suivant, Richard Lovelace écrivit un poème à Althéa. Voyant les choses sous l'angle opposé, l'amoureux dit que pour lui une prison de pierre est un lieu de liberté, dès lors qu'il peut y penser à sa bien-aimée. Voici comment il termine son poème :

> Des murs de pierre ne font pas une prison,
> Ni des barreaux de fer une cage ;
> Les esprits innocents et tranquilles considèrent
> Cela comme un ermitage ;
> Si, dans mon amour, je connais la liberté
> Et que je sois libre dans l'âme,
> Seuls les Anges qui fendent le ciel
> Jouissent d'une telle liberté.

Au XIXe siècle, William James fut l'un des grands précurseurs de la psychologie moderne. À l'époque, on admettait déjà de plus en plus couramment que nos idées et modes de pensée pouvaient nous emprisonner ou nous libérer. James le formulait ainsi : « Voici la plus grande découverte de ma génération : l'être humain est capable de modifier sa vie en modifiant son attitude mentale [...] En changeant votre état d'esprit, vous pouvez changer votre vie. »

Voilà le véritable pouvoir de la créativité et la vraie promesse qu'offre la découverte de votre Élément.

CHAPITRE 4

DANS LA ZONE

Ewa Laurance née Svensson est la joueuse de billard la plus célèbre de la planète. Surnommée « The Striking Viking » (la Viking frappeuse), elle a été classée numéro un mondial, a remporté les championnats européens et américains, a fait la couverture du *New York Times Magazine* et l'objet d'articles dans *Forbes* ainsi que de nombreuses autres publications, s'exprime régulièrement à la télévision et intervient comme commentatrice sportive sur la chaîne américaine ESPN.

Durant son adolescence en Suède, Ewa découvrit ce jeu en suivant son grand frère.

« Je traînais toujours avec ma meilleure amie, Nina. Un jour, quand j'avais 14 ans, nous avons accompagné mon frère et son copain au bowling. Au bout d'un moment, nous avons commencé à nous ennuyer. Puis nous nous sommes aperçues que les garçons étaient partis dans la salle de billard. Je n'avais jamais entendu parler de ce jeu. Nous les avons rejoints, et je me souviens qu'à l'instant où je suis entrée dans la salle, ma réaction a été immédiate : j'ai adoré l'ensemble – cette salle dans la pénombre avec ses tables éclairées et le claquement des billes. J'ai été subjuguée sur-le-champ.

« Tous ces joueurs qui éprouvaient la même fascination pour le billard, ça m'a aussitôt emballée. Intimidées et intriguées, nous nous sommes juste assises pour regarder. Que vous observiez ou que vous jouiez, tout le reste disparaît d'autant plus facilement que chaque table est une scène. Je ne voyais plus qu'elles. Je me suis rendu compte qu'il ne s'agissait pas simplement de frapper les billes les unes contre les autres en espérant que certaines tombent dans une poche. Il y avait un gars qui poussait ses billes l'une après l'autre et qui pouvait en empocher soixante, soixante-dix, quatre-vingts d'affilée. Alors j'ai compris qu'il déplaçait la bille blanche de manière à préparer le coup suivant. Et je ne sais comment, tout est devenu clair. Leur savoir et leur habileté me stupéfiaient au plus haut point : comme aux échecs, le fait de prévoir trois ou quatre coups à l'avance et, qui plus est, de les réaliser. »

Dès cette épiphanie, Ewa sut qu'elle consacrerait sa vie au billard. Heureusement, ses parents la soutinrent, lui permettant de passer six à dix heures par jour à la salle de billard locale et de faire ses devoirs entre deux coups. « Là-bas ils savaient que le billard c'était du sérieux pour moi, alors ils me laissaient faire. Mais on riait aussi beaucoup. Quand vous trouvez un endroit où tout le monde s'intéresse à la même chose que vous, ça devient vraiment amusant. Si bien qu'avec toutes ces personnes, parce que nous avions le billard en commun, nous formions une espèce de famille. »

En 1980, à l'âge de 16 ans, Ewa remporta le championnat de Suède. L'année suivante, elle gagna le tout nouveau championnat d'Europe de billard féminin. Si bien qu'elle fut invitée à New York pour représenter l'Europe au championnat du monde. « Je me suis entraînée pendant tout l'été. La salle de billard n'ouvrait pas avant 17 heures, alors je prenais le bus le matin pour aller chercher la clé chez le propriétaire et je reprenais le bus jusqu'à la salle. J'ai fait ça tout l'été, et je jouais dix, douze heures par jour. Puis je me suis rendue à New York pour participer à la compétition. Mais je n'ai pas gagné, j'ai terminé septième. J'étais déçue de ne pas avoir fait mieux, et en même temps je me disais "Ouah, je suis quand même la septième du monde !" »

Bien que cela ne plût guère à ses parents de la voir partir si loin, Ewa décida de s'installer à New York pour continuer à s'entraîner. Elle savait en effet qu'aux États-Unis elle aurait l'occasion de se mesurer régulièrement aux meilleurs joueurs du monde. Outre les victoires remportées, elle devint le porte-parole féminin du billard. Grâce à son talent, à sa passion et à sa remarquable beauté, elle devint une vedette médiatique et contribua à accroître la popularité du jeu qu'elle adorait.

Célébrité et argent l'ont accompagnée tout au long de son ascension. Mais, pour elle, la plus grande charge émotionnelle a toujours résidé dans le jeu lui-même.

« Vous n'avez quasiment plus conscience de ce qui se passe autour. C'est vraiment le sentiment le plus étrange que je connaisse. C'est comme si vous étiez dans un tunnel et que vous ne voyiez rien d'autre. Vous voyez uniquement ce que vous êtes en train de faire. La notion de temps se transforme. Si quelqu'un vous demande depuis combien de temps vous jouez, vous pouvez répondre vingt minutes alors que ça fait neuf heures. J'ignore pourquoi. Je n'ai jamais ressenti cela dans aucun autre domaine, ni avant, ni depuis, alors que je me passionne pour bien d'autres choses. Ce que je ressens avec le billard est tout à fait unique.

« La beauté du jeu réside en partie dans le fait que vous n'avez jamais fini d'apprendre. Chaque disposition des billes étant différente, il y a toujours quelque chose d'intéressant. J'adore l'aspect physique et géométrique – apprendre et comprendre les angles, et trouver quel effet donner pour modifier l'angle de manière à envoyer la bille blanche où vous voulez. Et aussi, apprendre quelles sont les limites et les possibilités. Être capable de contrôler la blanche pour qu'elle avance de 6 cm au lieu de 7 procure un sentiment merveilleux. Au lieu de lutter contre les éléments, vous trouvez un moyen de les utiliser à votre avantage.

« La géométrie et la physique ne m'intéressaient absolument pas en classe, et je n'étais pas bonne dans ces matières. J'ignore pourquoi, mais quand je joue, je ne vois qu'elles. Je regarde la table et je vois plein de lignes et de figures. Je sais que je vais envoyer la 1 ici, la 2 là, la 3 en bas, je rebondirai sur trois bandes pour la 4, j'enverrai la 6 en bas, pas de problème, j'aurai la 7, la 8, la 9, et j'aurai fini. Je visualise tous les coups. Puis, si je me trompe un tant soit peu en frappant une bille, soudain une nouvelle figure surgit dans ma tête. Je dois résoudre le problème, car je ne suis pas là où je voulais. Si je suis 15 cm plus loin, je dois tout recalculer.

« À l'école, la géométrie ne m'attirait pas. Les choses auraient peut-être été différentes si j'avais eu un autre professeur – quelqu'un qui m'aurait simplement dit : "Ewa, réfléchis-y de cette manière", ou : "Considère le problème ainsi, et tu y arriveras." Ou encore, il aurait pu emmener la classe dans une salle de billard et nous dire : "Regardez un peu ça ! " Mais les cours étaient tellement ennuyeux. Vous savez quoi, je n'arrivais même pas à garder les yeux ouverts ! Maintenant, quand je donne des leçons, j'essaye de savoir le plus vite possible si mon élève a une bonne coordination œil-main, et aussi s'il s'intéresse juste au jeu ou bien à la géométrie et à la physique qui va avec. S'il est porté sur les maths. »

Ewa joue au billard professionnellement depuis près de trente ans. Pourtant, elle ressent toujours la même pression qu'à ses débuts. « Même quand je fais une démonstration, après toutes ces années, j'ai le trac. Les gens me disent : "Enfin, vous l'avez déjà fait tant de fois !" Mais cela ne fait rien, c'est de me retrouver dans cet état… »

Jouer au billard place Ewa Laurance « dans la zone ». Et le fait d'être dans la zone la met face à son Élément.

Dans la zone

Se trouver dans la zone revient à être au cœur de l'Élément. Faire ce que vous adorez peut impliquer toutes sortes d'activités essentielles à l'Élément : étudier, organiser, préparer, s'échauffer, etc. Et même pendant que vous faites la chose que vous aimez, vous pouvez rencontrer des obstacles, des déceptions et des moments où cela ne marche pas. En revanche, quand les choses fonctionnent, vous ressentez l'Élément d'une tout autre manière. Vous êtes alors déterminé et concentré. Vous vivez dans le moment présent. Vous êtes absorbé par l'expérience et vous êtes au summum de vos performances. Votre respiration change, votre esprit fusionne avec votre corps et vous vous sentez transporté sans effort au plus profond de votre Élément.

Aaron Sorkin a écrit deux pièces de théâtre pour Broadway, *A Few Good Men* et *The Farnsworth Invention* ; trois séries TV, *Sports Night*, *À la Maison Blanche* et *Studio 60 on the Sunset Strip* ; et de nombreux films, parmi lesquels *Des hommes d'honneur*, *Le Président et Miss Wade*, *La Guerre selon Charlie Wilson*, *The Social Network* et, bientôt sur les écrans, *Steve Jobs*. Il a été nominé treize fois aux Emmy Awards, huit fois aux Golden Globes et s'est vu décerner l'Oscar du meilleur scénario en 2011.

« Je n'ai jamais cherché à devenir écrivain, m'a-t-il confié. J'ai toujours pensé que je serais acteur. J'ai fait des études de comédie. Le théâtre me passionnait tellement que, encore au lycée, je prenais le train pour New York alors que j'étais fauché, et je profitais de l'entracte pour entrer discrètement et voir la deuxième partie de la pièce. L'écriture ne m'avait jamais été présentée comme une activité plaisante. Je considérais toujours cela comme une corvée. Un jour à la fac, j'écrivis un sketch pour une fête. Mon professeur, Gerard Moses, m'assura : "Tu sais, tu pourrais en faire ton métier si tu voulais." Mais je n'avais pas la moindre idée de ce qu'il voulait dire. "Faire mon métier de *quoi* ?" me dis-je, et je passai à autre chose.

« Quelques mois après l'université, un copain me confia la machine à écrire antédiluvienne de son grand-père parce qu'il quittait la ville. À l'époque, je donnais 50 dollars par semaine à un ami pour dormir par terre dans un minuscule appartement de l'Upper East Side à New York. Je travaillai auprès d'une troupe de théâtre pour enfants pendant un temps, ainsi que pour un feuilleton télé. C'était en 1984, je faisais le tour des auditions.

« Ce week-end-là, tous mes amis avaient quitté New York. C'était un de ces vendredis soirs où vous avez l'impression que tout le monde a été invité à une soirée sauf vous. J'étais à sec, la télé en panne, je n'avais plus qu'un bout de papier et cette machine pour m'occuper. Je m'assis devant, et j'écrivis de 21 heures à midi le lendemain. Ce fut un véritable coup de foudre.

« Je pris conscience que, durant toutes ces années passées à suivre des cours de théâtre et à prendre le train pour aller voir des spectacles, ce n'était pas vraiment le jeu qui m'avait intéressé, mais la pièce elle-même. J'étais un comédien culotté – je ne faisais jamais tapisserie – mais, jusqu'à cette nuit-là, l'écriture avait été chassée de ma conscience.

« La première pièce que j'écrivis, en un acte, s'appelait *Hidden in This Picture*. Elle fut bien reçue par le public et la presse. Puis ma sœur avocate me parla d'une affaire à Guantanamo, dans laquelle des marines étaient accusés d'avoir tué l'un des leurs. Cette histoire m'intrigua, et je passai les 18 mois suivants à écrire *A Few Good Men*.

« Lorsque la pièce fut montée à Broadway, je me souvins de la remarque de Gerard Moses. Je lui passai un coup de fil et lui demandai : "C'est cela que vous vouliez dire ?" »

J'ai demandé à Aaron ce qu'il ressent pendant qu'il écrit. « Quand ça se passe bien, m'a-t-il répondu, je suis complètement absorbé par le processus. Quand ça ne va pas, je cherche désespérément à atteindre la zone. Je suis là avec ma lampe torche à m'acharner à la chercher. Je ne sais pas pour les autres écrivains, mais moi je fonctionne comme un interrupteur. C'est tout ou rien. Quand j'ai l'impression que ce que j'écris est bon, tout se passe bien dans ma vie et les désagréments deviennent parfaitement gérables. En revanche, quand l'écriture ne va pas, Miss America pourrait me tendre le prix Nobel en petite tenue, ça ne me ferait pas le moindre plaisir. »

Faire ce que vous aimez ne vous assure pas d'être dans la zone à tout moment. Parfois, l'humeur n'y est pas, le moment n'est pas le bon et les idées ne viennent tout simplement pas. Certaines personnes élaborent leurs propres rituels pour entrer dans la zone. Mais cela ne fonctionne pas toujours. J'ai demandé à Aaron s'il avait une technique personnelle. Il m'a dit qu'il aimerait bien. En revanche, il sait qu'il doit cesser d'insister quand il n'y parvient pas.

« Quand ça ne marche pas, je laisse mon travail de côté et j'essaie à nouveau le lendemain ou le surlendemain.

J'ai un truc, je pars faire un tour en voiture avec la musique. Je choisis un endroit où je n'ai pas trop besoin de penser à la conduite, sur une autoroute par exemple, où je n'ai pas à m'arrêter aux feux rouges ou à changer de direction.

« Par contre, je ne regarde pas les films ou les séries TV des autres et je ne lis pas leurs pièces. S'ils s'avéraient très bons, je risquerais de me sentir encore plus mal, ou d'avoir la tentation de les imiter. »

Quand les choses se passent bien, Aaron est totalement pris dans le processus d'écriture. « L'écriture est une activité extrêmement physique pour moi. Je joue tous les rôles, je n'arrête pas de me lever et de me rasseoir à mon bureau, de marcher. Quand ça fonctionne bien, je me rends compte que j'ai fait dix fois le tour de la maison, bien loin de mon clavier. Autrement dit, j'ai écrit sans écrire. Ensuite il faut que je revienne où j'en étais sur la page et que je fasse attention de bien taper ce que je viens de jouer. »

Dans votre propre vie, il vous est sans doute déjà arrivé de vous retrouver « absorbé » par une activité de la même manière qu'Aaron Sorkin lorsqu'il est enfin en phase avec l'écriture. Vous commencez à faire une chose que vous aimez, et le reste du monde disparaît. Les heures passent, mais elles vous semblent des minutes. Pendant ce temps, vous êtes « dans la zone ». Ceux qui ont atteint leur Élément se retrouvent régulièrement dans un tel état. Non pas qu'ils éprouvent ce sentiment de plénitude à chaque fois qu'ils s'adonnent à leur activité de prédilection. Néanmoins, ils vivent cette expérience optimale à intervalles réguliers et ils savent qu'elle se reproduira.

Chaque personne trouve sa zone de manière différente. Pour certains, cela passe par une activité physique intense, par un sport très exigeant, par le risque, par la compétition, voire un sentiment de danger. Pour d'autres, cela nécessite une activité apparemment passive comme l'écriture, la peinture, les mathématiques, la méditation ou d'autres types de concentration intense. Comme je l'ai dit auparavant, nous avons droit à plus d'un Élément, et chacun de nous dispose de plusieurs chemins pour atteindre la zone. Nous pouvons en faire différentes expériences au cours de notre vie. Cependant, ce lieu magique a certaines caractéristiques communes pour tous.

Y êtes-vous déjà ?

L'un des signes les plus forts indiquant que l'on se trouve dans la zone est un sentiment de liberté et d'authenticité. Quand nous faisons une chose que nous adorons et pour laquelle nous sommes naturellement doués, nous avons bien plus de chances de nous sentir centrés sur notre véritable moi – c'est-à-dire d'être ce que nous avons véritablement l'impression d'être. Lorsque nous sommes dans notre Élément, nous avons le sentiment de faire ce à quoi nous sommes destinés et d'être la personne que nous sommes destinés à être.

Quand nous sommes dans la zone, nous ressentons également le temps de manière très différente. En phase avec nos intérêts profonds et notre énergie naturelle, le temps passe plus rapidement, de manière plus fluide. Pour Ewa Laurance, neuf heures paraissent durer vingt minutes. Nous éprouvons le contraire lorsque nous devons faire des choses qui ne nous passionnent pas particulièrement. Nous avons tous fait cette expérience – avoir l'impression que vingt minutes durent neuf heures. Dans ces moments-là, nous ne sommes absolument pas dans la zone.

Pour ma part, ce décalage temporel (le bon décalage, pas le mauvais) se produit le plus souvent lorsque je donne des conférences. Quand je suis en train d'explorer et de présenter des idées à un auditoire, le temps a tendance à s'écouler plus rapidement, avec davantage de fluidité. Que je me trouve face à dix, vingt ou plusieurs milliers de personnes, cela se passe toujours de la même manière. Durant les cinq ou dix premières minutes, je teste l'énergie de la salle et j'essaie des choses pour trouver la bonne longueur d'ondes. Ces premières minutes peuvent sembler longues. Mais ensuite, une fois que j'ai établi la connexion, je passe à un autre régime. Dès lors que je suis en phase avec le pouls de la salle, je ressens une énergie différente – et l'auditoire aussi, je pense – qui nous fait avancer à un rythme différent dans un espace différent. Si je regarde ma montre à ce moment-là, je m'aperçois qu'une heure est pratiquement déjà passée.

L'autre caractéristique de cette expérience est le passage à une sorte de « méta-état » dans lequel les idées viennent plus vite, comme si nous puisions à une source qui nous permet de réaliser notre tâche bien plus aisément. Nous développons une facilité à le faire parce que nous avons fusionné notre énergie avec notre processus et nos efforts. Aussi avons-nous véritablement l'impression que les idées se déversent à travers et hors de nous ; que, d'une certaine manière, nous les canalisons. Nous sommes leur instrument au lieu de leur faire obstruction ou de lutter pour les atteindre. Le célèbre rocker Eric Clapton dit avoir alors « le formidable sentiment d'être en harmonie avec le temps ».

Nous pouvons observer et ressentir ce décalage dans toutes sortes de disciplines comme la comédie, la danse, la musique et le sport. Nous voyons que la personne entre soudain dans un état différent. Nous la voyons se détendre, lâcher prise et devenir l'instrument de sa propre expression.

Le pilote de Grand Prix Jochen Rindt dit simplement de cette expérience : « Pendant la course, je fais abstraction de tout. Je ne fais que me concentrer. J'oublie le reste du monde. Je ne fais plus qu'un avec la voiture et la piste. C'est une sensation très particulière. Je suis à la fois complètement hors du monde et complètement dedans. Je ne connais rien de comparable. »

L'aviateur Wilbur Wright décrit ainsi ce qu'il ressent : « Quand je sais, au bout de quelques minutes, que la mécanique fonctionne parfaitement, j'éprouve une sensation si intensément merveilleuse qu'elle est presque au-delà des mots. Plus que tout, je ressens une paix profonde mêlée à une excitation qui stimule chacun de mes nerfs au plus haut degré, si vous pouvez imaginer une telle association. »

La superstar du tennis Monica Seles témoigne : « Quand je donne le meilleur de mon jeu en permanence, je reste également dans la zone en permanence. » Mais elle ajoute : « Si vous pensez que vous y êtes, vous en sortez aussitôt. »

Dans son célèbre ouvrage, *Vivre – la psychologie du bonheur*, le Dr Mihály Csíkszentmihályi (à prononcer « chic-sainte-mi-aïe », si vous voulez vous entraîner à la maison…) présente « quelques décennies de recherches sur les aspects positifs de l'expérience humaine : la joie, la créativité et le processus d'engagement total face à la vie que j'appelle *expérience optimale* ». Il définit cette dernière comme « un état d'esprit caractérisé par un ordre harmonieux dans la conscience, dans lequel la personne souhaite poursuivre son activité pour elle-même ». Ce que le psychologue appelle « expérience optimale » – quand de nombreux autres parlent d'« être dans la zone » – survient « lorsque l'énergie psychique, ou attention, est investie dans un but réaliste, et lorsque les aptitudes sont en rapport avec les opportunités d'action. La poursuite d'un objectif impose un ordre à la conscience, car la personne doit concentrer son attention sur la tâche en cours et oublier momentanément tout le reste ».

Csíkszentmihályi parle des « caractéristiques de l'enchantement » qui constituent une expérience optimale. Elles comprennent un défi à relever exigeant une aptitude particulière, l'engagement total dans une activité, un but clair et une rétroaction (feed-back) immédiate, une concentration sur la tâche faisant oublier tout le reste, la perte de la préoccupation de soi, et l'altération de la perception du temps durant l'expérience. « La caractéristique essentielle d'une expérience optimale, dit l'auteur, réside dans le fait qu'elle est une fin en soi. Même si elle a initialement été entreprise pour d'autres raisons, l'activité qui nous enflamme devient intrinsèquement gratifiante. »

Ce point est fondamental. Être dans votre Élément, et en particulier dans la zone, ne vous prend pas votre énergie, mais vous en donne. Quand j'observe les hommes politiques se battre pour remporter des élections ou conserver leur poste, je me demande comment ils tiennent. Ils parcourent le monde entier, subissent une pression permanente, prennent des décisions cruciales à chacune de leurs apparitions, mènent une vie déréglée et sont constamment sous le feu des projecteurs. Je me demande toujours comment ils ne tombent pas d'épuisement. Cependant, le fait est que, s'ils n'aimaient pas cela, ils ne le feraient pas. Les choses même qui m'exténuent leur servent de carburant.

Les activités que vous adorez vous remplissent d'énergie, même lorsque vous êtes physiquement à bout de forces. En revanche, celles que vous détestez peuvent vous vider en quelques minutes, même si vous les abordez au meilleur de votre forme. C'est l'une des clés de l'Élément, et l'une des principales raisons pour lesquelles il est vital pour chacun de trouver son Élément. Quand vous vous mettez dans une situation qui vous permet d'entrer dans la zone, vous puisez dans une source primitive d'énergie. Grâce à elle, vous êtes littéralement plus vif.

Lorsque vous êtes dans la zone, c'est comme si vous étiez branché sur une batterie – pendant tout le temps où vous y restez, vous recevez plus d'énergie que vous n'en dépensez. L'énergie commande toute notre vie. Il ne s'agit pas simplement de l'énergie physique que nous pensons avoir ou non, mais de notre énergie mentale ou psychique. L'énergie mentale n'est pas une substance figée. Elle augmente et diminue avec la passion et l'engagement que nous éprouvons pour ce que nous sommes en train de faire à un moment donné. Ce qui fait la différence, c'est notre attitude et notre sentiment de résonance avec une activité. Comme dit la chanson de *My Fair Lady*, « *I could have danced all night* » (j'aurais pu danser toute la nuit).

Être dans son Élément, éprouver cette expérience optimale rend plus fort : cela nous permet de fusionner nos énergies, de nous sentir en phase avec notre propre sentiment d'identité. Curieusement, cela passe par une sensation de détente. Nous trouvons parfaitement naturel de faire ce que nous sommes en train de faire. Nous avons le sentiment intense d'être dans notre corps, en phase avec notre propre pouls ou énergie interne.

Ces expériences extrêmes s'accompagnent de changements physiologiques – sécrétion d'endorphines dans le cerveau et décharge d'adrénaline dans le corps. Une augmentation des ondes cérébrales alpha peut survenir, ainsi qu'une modification du métabolisme de base, du rythme respiratoire et du rythme cardiaque. La nature de ces transformations physiologiques dépend du type d'activité qui nous a conduit dans la zone et de ce que nous faisons pour y rester.

Quelle que soit la manière dont nous atteignons la zone, c'est une expérience puissante et transformatrice. Si puissante qu'elle peut générer une dépendance, mais une dépendance salutaire à bien des égards.

Inspirer les autres

Quand nous sommes en phase avec notre propre énergie, nous sommes davantage ouverts à celle des autres. Plus nous nous sentons vivants, plus nous sommes susceptibles d'enrichir la vie des autres.

Le poète hip-hop Black Ice a appris très jeune que ses mots pouvaient éveiller des émotions en lui-même et chez les autres. « Ma maman me faisait écrire à tout propos, a-t-il confié à un journaliste. Quand j'avais des ennuis, quand j'étais heureux ou même quand j'étais terrifié. J'étais un gamin écervelé. À l'époque où j'ai commencé à m'intéresser aux filles, j'écrivais des lettres pour mes copains. Les miennes étaient plus chiadées que “Entourez oui, non ou peut-être”. J'ai découvert le langage oral à l'âge adulte. Je m'étais rendu dans un club de poésie dans l'espoir de rencontrer des femmes. Ce soir-là, c'était « scène ouverte » et quand ce type a merdé, le public a été adorable et l'a encouragé. J'ai été sidéré. Vu mon caractère agressif, j'ai été surpris de voir que je parvenais à parler sous forme de mots à propos de mes journées au salon de coiffure. J'étais capable de lâcher ce que j'avais sur le cœur et les gens comprenaient ce que je disais. »

Depuis ces modestes débuts, Black Ice, de son vrai nom Lamar Manson, s'est produit sur des scènes de plus en plus importantes. Il est passé à l'émission de slam *Def Poetry Jam* sur la chaîne HBO pendant cinq saisons consécutives, a été l'un des principaux poètes du spectacle *Def Poetry Jam on Broadway* qui lui valut un Tony Award, a enregistré son premier album chez un grand label, et a joué devant des millions de spectateurs lors du concert Live 8 à Philadelphie. Il transmet un message positif et motivant en parlant de l'importance de la famille et du pouvoir de la jeunesse. Joignant l'acte à la parole, il a créé le Hoodwatch Movement pour aider les enfants des quartiers défavorisés à rester sur la bonne voie et à prendre conscience de leur potentiel. La critique le couvre de louanges et le public réagit avec passion. Quand vous le voyez sur scène, vous sentez qu'il est tout à fait dans la zone.

Toutefois, pour Black Ice, cette capacité à entrer dans la zone provient d'une mission. « Ma vie est tellement riche que je dois écrire des textes qui touchent les gens, a-t-il expliqué lors d'une autre interview. Je dois me montrer à la hauteur de mon héritage. J'ai grandi auprès de grands hommes. Mon père, mes oncles et mon grand-père sont mes héros, et, rien que pour cela, il y a des choses que je ne pourrai jamais dire. Je ne pourrais jamais regarder mon père en face en sachant qu'à la radio j'ai un poème complètement nase qui passe.

« Ma voix est mon talent, dit Black Ice. Elle est inutile si je n'ai rien à dire. C'est hyper important. Je vois dans la société aujourd'hui à quel point c'est important. Parfois je suis découragé, mais je sais pertinemment quelle pierre je peux apporter. Nous sommes ce que nous sommes, mais je veux toucher les gamins et rester dans les oreilles des petits de 7 et 8 ans. En leur disant : “Vous serez quelque chose…

il n'y a pas de compromis à faire, il n'y a pas de si, ni de mais qui tienne. Vous deviendrez quelque chose." »

Être dans la zone recèle en effet un autre avantage – quand vous êtes inspiré, votre travail peut inspirer les autres. En étant dans la zone, vous puisez dans votre moi le plus naturel. Aussi pouvez-vous apporter bien davantage aux autres.

Comme nous l'avons déjà abordé – et nous reviendrons sur le sujet (il n'y a pas de raison de ne pas se répéter quand l'idée est bonne) –, l'intelligence est spécifique à chaque individu. Il est particulièrement important d'en tenir compte pour explorer le concept de la zone. Être dans la zone consiste à utiliser son propre type d'intelligence de manière optimale. C'est ce qu'évoque Ewa Laurance quand elle parle du billard et de la géométrie. C'est ce à quoi Monica Seles fait appel quand son intelligence physique et son acuité mentale ne font plus qu'un. C'est ce que Black Ice révèle quand il tisse ses mots, nés d'une observation attentive comme d'une oreille sensible au rythme.

Être soi-même

Quand vous vous trouvez dans la zone, vous adoptez spontanément le mode de pensée qui fonctionne le mieux pour vous. Selon moi, c'est ce qui explique que le temps prenne alors une nouvelle dimension. L'absence d'effort permet une immersion complète, au point que vous ne ressentez plus la durée de la même façon. Cette aisance est directement liée au style de pensée. Quand vous recourez à un mode de pensée qui vous est totalement naturel, tout vient plus facilement.

Il est évident que chacun réfléchit à une même chose de manière différente. J'en ai eu un exemple flagrant avec ma fille, il y a de cela quelques années. Kate a une façon très visuelle d'appréhender le monde. Elle est extrêmement brillante, cultivée et s'exprime bien, mais elle se désintéresse rapidement de tout discours (peu importe que vous tentiez de lui inculquer les origines du hip-hop ou la nécessité de ranger sa chambre). Peu après notre arrivée à Los Angeles, son professeur d'histoire aborda la guerre de Sécession. N'étant pas américaine, Kate ignorait à peu près tout de cette période, et elle ne retint pas grand-chose de la succession de dates et d'événements qu'énuméra son enseignant. Ce genre de listes à puces censé remplir la tête de l'élève n'avait guère d'impact sur elle. Toutefois, une interrogation écrite se profilant à l'horizon, elle ne pouvait se permettre de faire l'impasse sur le sujet.

Sachant ma fille dotée d'une forte intelligence visuelle, je lui suggérai de réaliser une *mind map*, ou carte mentale. Inventée par Tony Buzan, la technique du *mind mapping* consiste à créer une représentation visuelle d'un concept ou d'une information. Le thème principal figure au centre de la carte, d'où partent diverses ramifications et flèches agrémentées d'images et de couleurs, qui le relient aux idées secondaires. J'avais l'impression que Kate, étant donné sa tendance à penser visuellement, gagnerait à envisager la guerre de Sécession sous cet angle.

Quelques jours plus tard, alors que nous déjeunions ensemble en ville, je lui demandai si elle avait essayé la *mind map*. En fait, elle avait fait bien plus qu'essayer. Grâce à cette technique, elle avait élaboré dans son esprit une représentation visuelle si marquante de la guerre de Sécession que, durant quarante minutes, elle m'en relata les principaux événements et leurs conséquences. En appréhendant cette période de l'histoire américaine d'un point de vue différent – selon un de ses principaux modes de pensée –, Kate parvint à comprendre ce qu'elle n'aurait jamais retenu avec des listes à puces. Après avoir réalisé cette mind map, elle voyait clairement les images dans son esprit comme si elle les avait photographiées.

Tout le monde n'entre pas dans une case

La société a souvent tenté d'étiqueter les individus selon différents types de pensée, voire différents types de personnalité, afin de mieux les comprendre et les gérer. Les catégories ainsi définies peuvent être plus ou moins utiles, à condition de garder à l'esprit qu'elles ne sont qu'une manière de réfléchir aux choses. Ces classements sont souvent théoriques et peu fiables, car nos personnalités refusent généralement de se tenir tranquilles et ont tendance à papillonner sans cesse entre les cases définies par les tests.

S'il vous est déjà arrivé de passer un test Myers-Briggs, vous connaissez les différents outils de classification auxquels il fait appel. Les services de ressources humaines aiment bien le Myers-Briggs Type Indicator (MBTI) pour « classer » les gens. Plus de 2,5 millions de personnes le passent chaque année, et de nombreuses entreprises classées au Fortune 100 l'utilisent. Il s'agit principalement d'un test de personnalité, plus élaboré toutefois que ceux des magazines grand public. L'individu répond à une série de questions réparties en quatre groupes (orientation de l'énergie, perception, jugement et relation au monde extérieur), et ses réponses indiquent s'il est plutôt ceci ou plutôt cela pour chacune de ces catégories (par exemple, plutôt extraverti ou plutôt introverti pour la première). À partir de ces quatre familles et des deux préférences envisagées pour chacune, le test détermine seize types de personnalités. Ce qui sous-entend que vous et chacun des six autres milliards d'habitants de la planète entrent dans l'une de ces seize cases.

On objectera ceci. Premièrement, ni Mme Briggs ni sa fille, Mme Myers, n'avaient la moindre qualification en matière de tests psychométriques lorsqu'elles conçurent le MBTI. Deuxièmement, bien souvent les personnes testées ne correspondent pas exactement à une préférence. Elles penchent légèrement plus d'un côté que de l'autre (un peu plus extraverties qu'introverties, par exemple), mais pas de manière flagrante. Plus éloquent encore, nombreux sont les candidats qui, lorsqu'ils font le test une seconde fois, se retrouvent dans une case différente. Selon certaines études, cela se produit au moins dans un cas sur deux. Ce qui laisse à penser soit qu'une énorme proportion de la population souffre de sérieux troubles de la personnalité, soit que le test ne « classe » pas les individus de manière aussi fiable qu'il le prétend.

Je suppose que seize types de personnalités sous-estiment un peu la question. Ma propre estimation se rapprocherait plutôt de six milliards – mais il faudrait que je revoie ce chiffre à chaque nouvelle édition de ce livre, à mesure que la population augmentera !

Il existe un autre test appelé Herrmann Brain Dominance Instrument (HBDI). Je suis un peu plus rassuré avec cet outil, car il présente les préférences cérébrales dans des termes qui, selon moi, seraient acceptés par la plupart des gens. Comme le MBTI, le HBDI est un outil d'évaluation reposant sur les réponses des participants à une série de questions. Toutefois, il ne vise pas à mettre les individus dans des cases. Il cherche plutôt à leur montrer quel quadrant de leur cerveau ils ont tendance à utiliser le plus souvent.

Le quadrant A (espace cortical gauche) est lié à la pensée analytique (recueillir des informations, comprendre comment les choses fonctionnent, etc.). Le quadrant B (espace limbique gauche) est lié à la pensée séquentielle (gérer et suivre les instructions, par exemple). Le quadrant C (espace limbique droit) est lié à la pensée interpersonnelle (exprimer des idées, chercher une signification personnelle). Quant au quadrant D (espace cortical droit), il gère la pensée imaginative (avoir une vision d'ensemble, réfléchir par le biais de métaphores).

Le HBDI reconnaît que toute personne est capable d'utiliser ces modes de pensée, mais il tente d'indiquer lequel domine. Ce qui permet à cette personne d'être plus efficace dans un travail, un jeu ou toute autre activité, car elle comprend comment elle aborde chacune de ses tâches. Bien que je me méfie de l'idée de classer les gens de manière catégorique et que j'estime, là encore, que quatre modes de pensée sont vraisemblablement insuffisants, cette approche me semble plus ouverte que celle du MBTI.

En disant qu'il existe un nombre déterminé de types de personnalités et de modes de pensée, on risque davantage de fermer des portes que d'en ouvrir. Pour permettre à chacun de trouver son Élément, nous devons admettre que l'intelligence de chaque individu se distingue de l'intelligence de toute autre personne de la planète, et que chacun a une façon unique d'atteindre la zone et de parvenir à son Élément.

La preuve par neuf

À l'âge de 2 ans, Terence Tao apprit tout seul à lire en regardant l'émission *Rue Sésame*, et il tenta d'apprendre à compter à un enfant de 5 ans à l'aide de cubes numérotés. Moins d'un an plus tard, il réalisait des opérations à deux chiffres. Avant son neuvième anniversaire, il passa le SAT – examen généralement soumis aux candidats à l'entrée à l'université – en section mathématiques, et se classa parmi les 1 % des meilleurs. À 20 ans, il obtint son doctorat. Puis à 30 ans, il remporta la médaille Fields – l'équivalent du Nobel pour les mathématiques – ainsi que le prix MacArthur.

Surnommé le « Mozart des maths », le professeur Tao est extraordinairement doué. Les étudiants sont tellement nombreux à venir à ses cours que certains restent debout – pour apprendre les maths ! Son cursus scolaire donne à penser qu'il aurait pu réussir dans plusieurs disciplines. Mais sa véritable vocation, sa découverte de l'Élément, est née par le biais des mathématiques alors qu'il était encore haut comme trois pommes.

« Je me souviens que dès l'enfance j'étais fasciné par les modèles et problèmes faisant appel à la manipulation des symboles mathématiques, confia-t-il à un journaliste. Selon moi, le plus important pour s'intéresser aux mathématiques est d'avoir l'aptitude et la liberté de jouer avec – en se fixant de petits défis, en inventant des jeux simples, etc. Ma grande chance : j'ai eu de bons mentors avec qui j'ai pu discuter de ces récréations mathématiques. Bien sûr, la salle de cours traditionnelle est idéale pour apprendre la théorie et ses applications ainsi que pour apprécier le sujet dans son ensemble, mais ce n'est pas le bon endroit pour apprendre à expérimenter. Un trait de caractère utile est sans doute la capacité à se concentrer, et peut-être aussi un peu d'entêtement. Quand j'apprenais une chose en classe que je n'avais pas parfaitement comprise, je n'étais pas satisfait avant d'avoir réussi à démêler l'ensemble. Cela m'énervait que l'explication ne se goupille pas comme elle aurait dû. Si bien que je passais souvent beaucoup de temps sur des choses très simples, jusqu'à ce que je les comprenne à l'envers comme à l'endroit. Ce qui est très utile une fois qu'on passe à des parties plus complexes du sujet. »

« Je n'ai aucun don magique, assurait-il à un autre journaliste. J'observe le problème. Il ressemble un peu à un autre problème que j'ai déjà résolu. Je me dis, peut-être que l'idée de la fois précédente fonctionnera ici. Si rien ne marche, je trouve une astuce qui améliore un peu les choses, mais ce n'est pas encore la solution. Je joue avec le problème, et, au bout d'un moment, je finis par comprendre ce qui se passe. Si j'expérimente suffisamment, je saisis mieux les choses. Il ne s'agit pas d'être futé ou même rapide. C'est comme lorsque vous escaladez une falaise : si vous êtes très musclé, rapide et que vous avez une longue corde, ça aide, mais vous devez aussi trouver une voie appropriée pour monter jusqu'au sommet. Calculer à toute vitesse et connaître une flopée de formules, c'est comme un alpiniste qui a la force, la rapidité et le bon matériel. Il vous faut également un plan – c'est ça qui est difficile – et une vision d'ensemble. »

Terence Tao se trouve sans doute régulièrement dans la zone. S'il est né avec des aptitudes exceptionnelles, il a eu aussi la chance énorme de parvenir à sa version de l'Élément alors qu'il était extrêmement jeune. Il a trouvé l'endroit où convergent son intelligence et sa passion, et, depuis, il n'a jamais cessé d'aller de l'avant.

Sa vénération pour les maths et l'irrésistible attraction qu'elles exercent sur lui peuvent trouver une résonance en chacun de nous. Selon moi, il est important qu'il ait découvert sa passion si jeune et qu'il ait pu l'exprimer avant d'avoir quitté ses couches (d'ailleurs, je doute que le professeur Tao ait encore porté des couches à 2 ans ; c'était aussi sans doute un génie de l'apprentissage de la propreté !). Ainsi, il a pu devenir ce qu'il était naturellement destiné à devenir avant que le monde ne fasse pression sur lui (nous en dirons davantage sur ces pressions dans un autre chapitre). À cet âge, personne n'allait dire à Terence d'arrêter les maths sous prétexte qu'il gagnerait mieux sa vie en devenant avocat. De sorte qu'il a bénéficié d'une voie totalement dégagée pour se diriger vers son Élément.

En outre, ce génie des mathématiques nous montre l'utilité de se poser une question cruciale : si cela ne tenait qu'à moi – si je n'avais pas à me préoccuper de mon compte en banque ou de l'opinion des autres –, qu'est-ce que je préférerais faire ? Terence Tao n'a sans doute jamais eu besoin de se demander ce qu'il allait faire de sa vie. Il n'a sans doute jamais recouru au MBTI ou au HBDI pour déterminer les carrières qui pourraient éveiller son intérêt. Quant à nous autres, il ne nous reste plus qu'à regarder notre avenir et celui de nos enfants, de nos collègues et de notre société avec la simplicité enfantine dont les prodiges font preuve quand leurs talents apparaissent.

Il s'agit d'observer attentivement nos enfants et nos proches au lieu de leur soumettre un modèle de ce qu'ils pourraient être, et d'essayer de comprendre ce qu'ils sont vraiment. C'est ce que le psychologue a fait avec Gillian Lynne, et ce que les parents de Mick Fleetwood et d'Ewa Laurance ont fait avec leurs enfants. Si cela ne tenait qu'à eux, qu'est-ce qu'ils aimeraient faire le plus ? Dans quelles activités ont-ils tendance à se lancer d'eux-mêmes ? Quelles dispositions naturelles semblent-ils avoir ? Qu'est-ce qui les absorbe le plus ? Quels types de questions posent-ils, et quels types de remarques font-ils ?

Nous devons comprendre ce qui les fait entrer, et ce qui nous fait entrer dans la zone.

Enfin, nous devons déterminer les implications que cela peut avoir sur le reste de notre vie.

CHAPITRE 5

TROUVEZ VOTRE TRIBU !

Pour la plupart des gens, être dans son Élément consiste avant tout à être en relation avec d'autres personnes qui partagent la même passion et désirent donner le meilleur d'elles-mêmes à travers elle. Connue notamment pour ses rôles dans *Quand Harry rencontre Sally* et *Nuits blanches à Seattle*, Meg Ryan mène rondement sa carrière depuis plus d'un quart de siècle. Pourtant, elle n'aurait jamais imaginé, enfant, exercer ce métier. Elle m'a confié que, lors des spectacles d'école, elle aimait mieux rester dans la salle que monter sur scène. Néanmoins, elle fut bonne élève et termina même la première de sa classe de quatrième. Elle fut ravie de son exploit, jusqu'à ce qu'elle se rende compte qu'elle allait devoir prononcer un discours devant tout le collège.

Bien qu'elle se fût exercée pendant plusieurs semaines, la terreur la tétanisa, une fois sur l'estrade. Sa mère dut venir la chercher pour la ramener à son siège. Et pourtant, elle devint l'une des actrices les plus talentueuses de sa génération. Ce fut, en partie, grâce à la découverte de sa tribu.

Ayant brillamment réussi ses études secondaires, Meg obtint une bourse pour étudier le journalisme à l'université de New York. Elle avait toujours adoré écrire et voulait devenir écrivain. À l'époque, c'était ce qu'elle considérait comme sa véritable passion. Toutefois, pour payer ses frais de scolarité, elle joua de temps en temps dans des spots publicitaires.

Si bien que les producteurs la choisirent pour un rôle dans le feuilleton *As the World Turns*. Meg se rendit alors compte qu'elle adorait évoluer dans ce milieu.

« Ce monde me fascinait, m'a-t-elle dit. Je côtoyais des personnes extrêmement drôles. En un sens, le travail consistait à faire partie de cette vaste famille déjantée. C'était le pied ! Je faisais des journées de seize heures et le quotidien me plaisait de plus en plus. J'adorais le fait que nous discutions à chaque fois des raisons pour lesquelles tel personnage agissait de telle manière, que nous analysions les comportements humains. Je réalisais que j'avais plein d'idées sur ce que mon personnage aurait fait ou non. J'ignorais d'où je les tenais, mais j'en avais un paquet. Par exemple, je disais : "Bon, ça c'est ce qu'elle sous-entend. Alors pourquoi le dire explicitement ?" Je me retrouvais à réécrire les répliques et je m'impliquais vraiment dans le personnage et son univers. Chaque jour, on nous donnait un nouveau texte et je devais mémoriser toutes ces répliques. J'étais totalement absorbée par tout ça. Je n'avais pas le temps de penser à quoi que ce soit d'autre. J'étais en immersion complète. »

Néanmoins, après avoir cessé de participer à la série *As the World Turns* et terminé ses études, Meg ne mit pas aussitôt le cap sur Hollywood. Estimant qu'elle avait encore des choses à découvrir sur elle-même, elle passa quelque temps en Europe et envisagea même de rejoindre l'organisation humanitaire Peace Corps. Mais, lorsqu'une proposition de film la ramena à Los Angeles et qu'elle retourna dans le milieu du cinéma, elle constata à nouveau à quel point elle se trouvait dans un environnement unique lorsqu'elle faisait ce travail.

« J'ai rencontré cette prof formidable, Peggy Fury. Elle a commencé à m'expliquer l'art et la manière de jouer la comédie, et ce que cela signifiait pour elle d'être une artiste. Sean Penn était dans la classe supérieure, et dans la mienne il y avait Anjelica Huston, Michelle Pfeiffer et Nicolas Cage. J'étais entourée d'artistes qui allaient chercher très très profondément en eux-mêmes, qui s'intéressaient à la condition humaine et à l'idée de donner vie à l'écriture. Tout cela s'est mis à éclore dans mon esprit, dans mon cœur et dans mon âme. Alors je suis restée à Los Angeles et j'ai pris un appartement. Mon agent de New York m'a présenté un confrère à L.A., et c'est là que tout s'est mis en place.

« Les différents films que j'ai été amenée à faire m'ont appris tant de choses et permis de grandir en tant qu'être humain. Quand je décide de jouer dans un film, cela peut être parce que je le trouve drôle, ou que j'ai envie de travailler avec un acteur en particulier, mais en fin de compte cela a toujours une incidence profonde sur ma vie. Si ce n'est pas le thème, cela peut être un groupe de gens. Mon évolution se nourrit des différentes incarnations qui composent le moindre de ces films. »

Meg Ryan aurait pu suivre bien d'autres voies. Elle a un véritable talent d'écrivain. Elle possède d'immenses qualités intellectuelles. Elle s'intéresse et se passionne pour une quantité de choses. Cependant, lorsqu'elle joue, elle se retrouve entourée de personnes qui voient le monde de la même manière qu'elle, qui lui permettent de se sentir la plus naturelle possible, qui reconnaissent ses talents, qui l'inspirent, qui l'influencent et qui l'incitent à donner le meilleur d'elle-même. Elle approche son véritable « moi » quand elle évolue parmi les acteurs, les réalisateurs, les cadreurs, les éclairagistes et tous ceux qui composent le monde du cinéma.

Appartenir à cette tribu la conduit à son Élément.

Un univers à découvrir par soi-même

Les membres d'une tribu peuvent être des collègues ou des concurrents. Ils peuvent partager la même vision ou en avoir de très différentes. Ils peuvent appartenir à la même classe d'âge ou non. Mais ils sont reliés par un même engagement envers ce pour quoi il se sentent prédestinés. L'appartenance à une tribu peut être extrêmement libératrice, notamment pour ceux qui suivaient jusque-là seuls leur passion.

Don Lipski, l'un des sculpteurs les plus renommés des États-Unis, a toujours su qu'il avait un penchant pour l'art. Très tôt, certains signes témoignèrent chez lui d'une énergie créative peu commune. « Quand j'étais petit, m'a-t-il expliqué, je passais mon temps à faire des choses de mes mains. Je ne me voyais pas comme une personne créative, mais comme quelqu'un qui débordait d'énergie. Il fallait absolument que je griffonne et que j'assemble des choses. Je ne considérais pas cela comme un atout, mais plutôt comme une bizarrerie. » Cette énergie débordante le distinguait des autres enfants, ce qui le mettait parfois mal à l'aise. « À cet âge-là, ajoute-t-il, ce que vous souhaitez plus que tout, c'est d'être comme les autres gamins. Au lieu de considérer ma créativité comme quelque chose d'exceptionnel, j'avais plutôt l'impression qu'elle me séparait des autres. »

Tout au long de l'école élémentaire et jusqu'au collège, Lipski fut poussé dans plusieurs directions. Il était brillant, mais le travail scolaire l'ennuyait. « Je trouvais ça très facile. Je faisais mes devoirs à toute vitesse en faisant le moins d'efforts possible plutôt que d'aller au fond des choses. » Il était doué en maths, si bien que l'école le fit passer dans un groupe bénéficiant de cours intensifs. Mais, par ailleurs, les enseignants le considéraient comme un élève aux résultats décevants car il faisait juste le strict nécessaire pour réussir. Il passait davantage de temps à dessiner sur ses cahiers qu'à réfléchir à ce qu'il aurait dû y écrire : « Quand j'étais censé travailler, je dessinais ou je pliais du papier. Au lieu de m'encourager, on me réprimandait. »

Seul un de ses professeurs l'incita fortement à développer ses talents artistiques, mais Don ne prenait pas l'art au sérieux. L'enseignant en voulut tellement à son élève qu'il ne lui adressa plus la parole. Peu après, ce professeur d'arts plastiques quitta l'établissement. Ce fut son remplaçant qui apporta la révélation à l'adolescent. « Dans la salle de sculpture, il y avait un poste à souder très rudimentaire. Ce prof m'a appris à l'utiliser. Pour moi ce fut magique de prendre des morceaux d'acier et de les souder ensemble. J'eus l'impression que tout ce que j'avais fait auparavant en arts plastiques n'était qu'un jeu d'enfant. Souder de l'acier pour réaliser des sculptures, ça ressemblait enfin à ce qu'un adulte pouvait faire de ses mains. »

En découvrant la soudure, il avait atteint le Saint Graal. Cependant, il ne savait pas quoi faire de cette fascination. Il ne se considérait pas comme un artiste, car il n'était pas bon en dessin. Certains de ses amis dessinaient bien. « Pendant ce temps-là, je m'amusais avec des blocs ou je fabriquais des trucs avec mon jeu de construction. Tout cela ne me paraissait pas être de l'art. Les copains capables de dessiner un cheval ressemblant étaient, eux, de vrais artistes. »

Même après avoir remporté plusieurs prix pour ses sculptures dans le cadre d'expositions organisées dans son établissement, il n'envisagea à aucun moment d'intégrer une école d'art. À la fin de ses études secondaires, il entama un cursus commercial à l'université du Wisconsin. Il choisit ensuite l'économie comme matière principale, puis l'histoire, en évitant le département des beaux-arts alors que seuls ces cours-là l'inspiraient.

En dernière année, il choisit en option le travail sur bois et la céramique, disciplines dans lesquelles il n'était guère compétent. Il adora les deux et obtint d'excellents résultats. Plus important encore, il ressentit presque pour la première fois une véritable ivresse à faire un travail d'artiste selon sa propre acception du terme. Au cours de céramique, il rencontra en outre ce qui lui avait manqué depuis le début de l'université : un professeur stimulant. « C'était un gars très sensible et passionné. Tout ce qu'il faisait s'apparentait à une œuvre d'art. Lorsqu'il beurrait sa tartine, il se concentrait totalement dans ce qu'il faisait. Il a été un modèle pour moi. Grâce à lui, j'ai compris que je pouvais vraiment faire ma vie en fabriquant des choses. »

Pour la première fois, Lipski envisagea une carrière d'artiste comme quelque chose de possible et de valable. Il décida d'entrer en troisième cycle de céramique à la Cranbrook Academy of Art, dans le Michigan. Un obstacle surgit alors. Jusque-là, ses parents avaient encouragé sa créativité tant que cela restait un loisir. Lorsqu'il posa sa candidature pour Cranbrook, son père, un homme d'affaires, tenta de le ramener à la raison économique. Don reconnut qu'étudier la céramique n'avait aucun sens d'un point de vue pragmatique. Mais c'était la seule chose qu'il avait envie de faire. Son père le regarda, comprit que sa décision était prise, et n'insista pas. En arrivant à Cranbrook, Don découvrit une multitude de personnes et d'opportunités. « J'avais très peu fréquenté les étudiants en art, excepté dans les quelques cours que j'avais suivis, se rappelle-t-il. À Cranbrook, sur deux cents élèves, il y en avait peut-être cent quatre-vingt qui étaient en troisième cycle. Pour la première fois, je côtoyais une foule d'artistes très sérieux, cultivés, qui s'attachaient à réaliser des œuvres d'art. C'était fabuleux pour moi. J'assistais à toutes les séances critiques, pas seulement dans le département de céramique, mais aussi en peinture, en sculpture, en tapisserie, partout, j'absorbais tout. Je passais beaucoup de temps à observer les autres étudiants dans leur atelier, m'imprégnant de tout ce qu'ils faisaient. Pour la première fois, j'ai commencé à lire des revues d'art, à visiter les musées et à m'immerger complètement dans l'art. »

À Cranbrook, Don a trouvé sa tribu et emprunté une autre voie.

Trouver la tribu qui vous correspond peut s'avérer essentiel pour atteindre votre Élément. Inversement, si vous sentez en votre for intérieur que vous fréquentez la mauvaise tribu, c'est probablement le signe que vous devriez aller voir ailleurs.

C'est précisément ce que fit Helen Pilcher. Elle quitta le milieu des sciences pour sauter sur les planches en devenant l'une des premières comédiennes scientifiques. En fait, sauter d'un milieu à l'autre semble être le fil conducteur de sa vie professionnelle. « On ne m'a pas poussée à devenir scientifique, j'ai plutôt trébuché. » À la fin du secondaire, on lui a proposé une place à l'université pour étudier la psychologie, « boire du cidre et regarder la télé dans la journée ». Une fois son diplôme en poche, « une apathie généralisée et une très faible inclination à trouver un vrai boulot » l'incitèrent à faire une année de troisième cycle en neurosciences. C'est là qu'Helen commença à s'intéresser à la science. « Il y avait des expériences impressionnantes, des dissections du cerveau et des lunettes de protection peu flatteuses. »

Saisie par le virus des sciences à l'exclusion de pratiquement toute autre chose, elle poursuivit jusqu'au doctorat.

Elle apprit à raisonner scientifiquement, ainsi qu'à « jouer au billard comme une déesse ». Et elle apprit également autre chose : bien qu'elle aimât les sciences, les scientifiques ne constituaient pas sa tribu. Avec le temps, elle comprit que les sciences, contrairement au billard, ne se jouaient pas sur un terrain équitable. « J'ai appris que, dans la communauté scientifique, l'avancement était inversement proportionnel aux capacités de communication, mais en rapport direct avec la non-usure des fonds de pantalon. »

En outre, elle assimila les rudiments de son métier. « J'ai appris comment inculquer la mémoire à des rats sans cervelle. J'ai "fabriqué" et greffé des cellules souches génétiquement modifiées sur le cerveau de rongeurs distraits qui, peu après mes tripatouillages, développèrent les capacités cognitives d'un chauffeur de taxi londonien. Mais, dans le même temps, ma propre attention a commencé à s'égarer. »

Surtout, elle comprit que le monde scientifique tel qu'elle l'éprouvait ne correspondait pas à son utopie d'une recherche altruiste. C'était une entreprise. « Quand les entreprises mettent de l'argent et des heures de travail dans la recherche médicale, en contrepartie elles exigent un *business plan*. Les expérimentations sont moins motivées par la curiosité que par les retombées financières. J'étais déçue et me sentais enfermée. Je voulais transmettre les sciences. Je voulais écrire à propos des sciences. Je voulais sortir de là. »

Aussi créa-t-elle « un comité unipersonnel de libération » et se mit-elle à « creuser son tunnel ». Elle s'inscrivit à un diplôme de communication scientifique au Birkbeck College de Londres, où elle rencontra des « amis de même sensibilité ». Elle obtint une bourse de stage et « passa deux merveilleux mois à écrire et à produire des documentaires scientifiques amusants pour Einstein TV ». Puis elle trouva l'énergie de vendre ses propres textes scientifiques à tous ceux qui en voulaient : « J'ai proposé ma camelote à la radio, aux éditeurs et aux sites Web. » Finalement, elle quitta le laboratoire pour un poste à la Royal Society – l'Académie britannique des sciences. « Mon rôle était en fait de trouver le moyen de rendre les sciences plus sexy – bien entendu, ce n'est pas exactement ce qui figurait dans ma description de poste. »

Et puis un jour, elle reçut un mail inattendu lui proposant une scène de spectacle pour présenter un numéro comique sur la science dans le cadre du Cheltenham Science Festival. À peine eut-elle répondu oui qu'elle commença à paniquer. « Comme chacun sait, la science est quelque chose de sérieux. La théorie de la relativité ne se prête pas vraiment aux bons mots. J'ai fait appel à une amie comédienne et journaliste, Timandra Harkness. Quelques pintes de bière plus tard, le Comedy Research Project (CRP) était né. »

Puis elle se lança sur les planches londoniennes et, pendant les cinq années qui suivirent, « cultiva les cellules souches le jour, et le public le soir ». Le CRP devint un spectacle dans lequel Timandra et Helen énuméraient « les cinq inventions les plus géniales de tous les temps ». Les spectateurs « se retrouvaient à réciter la formule de l'oxyde d'azote, à se porter volontaire pour réceptionner un scientifique reproduisant les premières tentatives de vol humain, et à chanter avec Elvis la ballade des trous noirs ».

Helen explique que le CRP a pour objectif de démontrer de manière scientifique l'hypothèse selon laquelle les sciences peuvent être drôles. « Nous avons une méthodologie des plus sérieuse. À chaque représentation, un public témoin est enfermé dans une salle voisine identique, mais sans comédiens. Nous évaluons ensuite s'il rit moins ou davantage que le public exposé aux blagues sur la science.

Les premiers résultats obtenus lors de représentations données à travers tout le pays semblent prometteurs. »

Au lieu de continuer à pratiquer en tant que scientifique, Helen Pilcher a préféré écrire et communiquer sur les sciences. Elle raconte combien l'idée de quitter le labo l'a effrayée, « mais pas autant que la perspective de rester. Je conseillerais à toute personne qui envisage de sauter le pas de faire comme le lemming, de bondir ! ».

Domaines et cercles

Quand j'emploie le terme de tribu, je parle en réalité de deux choses différentes qui sont tout aussi importantes pour quiconque recherche son Élément. La première est le « domaine », et la seconde le « cercle ».

Le domaine fait référence à l'activité ou à la discipline à laquelle on s'adonne – théâtre, rock, commerce, danse classique, astrophysique, rap, architecture, poésie, psychologie, enseignement, coiffure, haute couture, cinéma, athlétisme, billard, arts visuels, etc.

Le cercle désigne les autres personnes qui sont impliquées dans ce domaine. Ainsi, le domaine découvert par Meg Ryan était l'audiovisuel, et plus particulièrement les séries TV. Son cercle était constitué des autres acteurs avec lesquels elle travaillait, qui comme elle, adoraient jouer la comédie et nourrissaient sa créativité. Par la suite, elle passa à une autre spécialité de son domaine, le cinéma, puis au sein de cette spécialité elle passa de la comédie à des rôles plus sérieux. Ce faisant elle étendit son cercle, notamment lorsqu'elle rencontra Peggy Fury et les autres élèves de sa classe d'interprétation.

En prenant conscience du domaine de Meg et de son rapport avec son cercle, on comprend comment la jeune fille timide qui était incapable de prendre la parole devant les autres collégiens a pu devenir une actrice de réputation internationale. « Quand je travaillais, il y avait juste moi et deux ou trois acteurs dans une salle noire avec une équipe de tournage. Le public ne m'inquiétait pas, puisqu'il n'y en avait pas. La plupart du temps, il y avait seulement le plateau noir, les caméras et la personne avec qui je jouais ma scène. Et j'étais tellement absorbée par ce que je faisais, ces gens étaient si formidables, que je me laissais emporter par l'action. »

L'assurance que lui procura cette expérience fut suffisante pour la faire progresser dans son domaine et se constituer de nouveaux cercles. Cependant, aujourd'hui encore, elle redoute de parler en public ou de participer à des débats télévisés. « Je le fais quand j'y suis obligée. Mais je préférerais y échapper. Je ne suis pas moi-même. Je ne me sens vraiment pas à l'aise sous le feu de ces projecteurs. »

Brian Ray est un guitariste de talent qui a joué avec Smokey Robinson, Etta James et Peter Frampton, et qui a fait les premières parties de concert des Rolling Stones et des Doobie Brothers. Il a trouvé tôt son domaine, qui l'a finalement conduit dans le cercle restreint d'un héros qu'il n'aurait jamais espéré rencontrer lorsqu'il était enfant.

Brian naquit à Glendale, Californie, en 1955, l'année où Alan Freed lança le terme de *rock'n'roll*. Il avait trois frères et sœurs, dont sa demi-sœur Jean qui avait quinze ans de plus que lui.

« Jean m'emmenait chez sa copine, où elles écoutaient Rick Nelson, Elvis Presley et Jerry Lee Lewis tout en admirant les photos des chanteurs. Quel effet viscéral les réactions de ces filles en entendant la musique déversée par la radio avaient sur moi ! Une part de mon être avait tout compris à ce moment précis, à l'âge de 3 ans. Mon père jouait du piano, et nous avions un phonographe. Il y avait un micro, on pouvait graver un disque puis changer d'aiguille pour l'écouter. Je me souviens qu'à 2 ou 3 ans j'étais assis près de mon père qui jouait des morceaux et gravait des disques.

« Juste après avoir quitté le lycée, Jean s'est lancée dans la musique et a intégré un groupe de folk, les New Christy Minstrels. Ils ont fait une tournée à travers tout le pays. Jean nous racontait des anecdotes et rayonnait grâce à sa nouvelle vie. Elle m'a transmis son amour pour la musique. Quand j'avais 9 ou 10 ans, elle m'emmenait dans des clubs et à des concerts. Je rencontrais des artistes que je vénérais.

« On avait offert à mon frère une superbe guitare Gibson ainsi que des cours. Il n'avait pas une énorme envie de faire de la musique et pendant qu'il s'appliquait à négliger ses cours, je m'appliquais à jouer sur sa guitare. Un jour, ma sœur Jean m'a donné une corde en nylon à 5 dollars qu'elle avait achetée à Tijuana. J'ai éclaté en sanglots. Ma passion pour la musique était telle que je croyais partir en croisade, sans toutefois vouloir consciemment répandre la bonne parole. J'ai formé un groupe avec des copains avant même de savoir accorder une guitare.

« Un dimanche soir dans l'émission *The Ed Sullivan Show*, j'avais 10 ou 11 ans, on a entendu ce nouveau groupe – les Beatles. C'était un style de musique si différent. Un mélange de ce rhythm & blues noir que j'aimais tant, et d'autre chose qui m'était inconnu. Ça venait de la planète Mars. Ça a tout changé.

« Je savais déjà que je voulais faire de la musique, mais là, ils avaient achevé de me convaincre. C'était le truc le plus excitant que j'avais jamais entendu. Jouer dans un groupe m'a paru quelque chose d'envisageable, d'attirant et avec lequel je pourrais gagner ma vie. Ils ont fait voler en éclats toutes les idées du genre "Je serai peut-être pompier plus tard". Désormais, je ne pouvais rien faire d'autre que ce qui a fini par être ma vie. »

Durant les vingt années qui suivirent, Brian joua avec les musiciens les plus remarquables de sa génération. Puis vint le coup de fil qu'il n'aurait jamais osé espérer – une audition pour le nouveau groupe de Paul McCartney ! Depuis, il joue et part en tournée avec son ancienne idole.

« Même dans mes rêves les plus fous, je n'aurais jamais imaginé qu'un jour le blondinet assis en tailleur devant la télé en 1964 finirait par jouer avec le gars qui chantait "*All My Lovin*" et "*I Saw Her Standing There*" dans *The Ed Sullivan Show*. Cette histoire a vraiment quelque chose de merveilleux, vous savez, le simple fait de figurer sur le tableau. »

Les personnes citées dans cet ouvrage ont trouvé leur Élément dans différents domaines et différents cercles. Personne n'est contraint de se limiter à un seul domaine. Nous pouvons tous évoluer dans plusieurs milieux. Souvent, les idées révolutionnaires surviennent lorsqu'une personne relie deux modes de pensée distincts, parfois dans des domaines différents. Tandis que Pablo Picasso explorait les limites de ses périodes bleue et rose, il commença à se passionner pour les collections d'art africain du musée d'Ethnographie du Trocadéro à Paris. Bien que très éloignées de son propre travail, ces œuvres firent jaillir en lui un nouveau degré de créativité. Il s'inspira des masques cérémoniels dogons dans son tableau *Les Demoiselles d'Avignon*, inaugurant ainsi le cubisme, style pour lequel il est le plus connu.

À mesure que les cultures et les technologies évoluent, de nouveaux domaines apparaissent, de nouveaux cercles de praticiens les investissent, et les anciens domaines s'effacent. Ainsi, les techniques numériques d'animation ont fait naître tout un nouveau secteur de créativité lié au cinéma, à la télévision et à la publicité. En revanche, peu d'artistes continuent à enluminer des manuscrits de nos jours.

La découverte de votre tribu peut transformer votre sentiment d'identité et votre motivation. En effet, trois dynamiques puissantes sont inhérentes à la tribu : la validation, l'inspiration et ce que nous appellerons l'alchimie de la synergie.

Vous n'êtes pas seuls

En tant que danseuse, actrice, chanteuse, productrice, auteur et chorégraphe, Debbie Allen a ébloui et ému des millions de personnes. Sa carrière a décollé en 1980 avec la série télévisée *Fame*. Elle a chorégraphié la cérémonie des Oscars six années de suite, et s'est elle-même vu remettre des distinctions telles que l'Essence Award en 1992 et 1995. Enfin, elle dirige la Debbie Allen Dance Academy, qu'elle a fondée. Cette école forme de futurs danseurs et des professionnels ; elle passe aussi des commandes auprès de jeunes chorégraphes et initie les élèves de tout âge à la danse.

« Quand j'étais très jeune, raconte Debbie, à 4 ou 5 ans, je me vois encore enfiler mon maillot de bain rose tout brillant, nouer une serviette autour de mon cou, grimper à un arbre et me mettre à danser sur le toit de la maison pour les oiseaux et les nuages. Je dansais sans arrêt quand j'étais petite. Je m'inspirais des magnifiques photos des danseuses de ballet. Étant noire et vivant au Texas, je n'avais jamais assisté à un spectacle de danse. Mais je regardais à la télévision les comédies musicales de Shirley Temple, de Ruby Keeler et des Nicholas Brothers.

« Un jour, le cirque des frères Ringling est passé dans la ville. Quand j'ai vu ce spectacle, les splendides costumes et les danseurs qui filaient dans les airs, pointes tendues, j'ai trouvé ça fabuleux ! J'étais tout aussi inspirée par les ballets filmés. Margot Fonteyn et Rudolf Noureev étaient les artistes les plus incroyables que j'avais jamais vus.

« Jeune fille, je ne pouvais intégrer aucune école de danse sérieuse à cause de la ségrégation. Je suis donc entrée aux Debato Studios. J'ai obtenu une bourse de scolarité complète et j'avais dix cours de danse par semaine. Je me souviens encore de mon premier gala – je portais une petite jupe blanche en satin brillant, une veste blanche et un corsage orange, des chaussures à claquettes, et je jouais du triangle. Lorsque je me produisais, j'étais aux anges ! Enfant, je portais un justaucorps en permanence. D'ailleurs, quand j'ai fêté mes cinquante ans, une tante m'a apporté une photo de moi en justaucorps à l'âge de 5 ans. J'ai su très tôt que j'étais une danseuse.

« À l'âge de 17 ans, j'ai assisté pour la première fois à une représentation de la compagnie Alvin Ailey. Ce jour-là, j'ai su que j'allais abandonner les chaussons à pointes, et mettre des talons hauts et de longues jupes blanches pour danser sur ce style de musique. Je me suis tellement identifiée à eux. C'était merveilleux !

« Un été, je me suis rendue au Spoleto Dance Festival en Caroline du Sud. C'est là que tout s'est mis en place. J'avais déjà des idées quand j'étais petite, mais il y avait la ségrégation. Si bien que cette occasion de suivre les cours de Dudley Williams a été fabuleuse. Alvin Ailey était là, sa compagnie en résidence enseignait la chorégraphie de "Revelations", et j'ai fait des étincelles. Ils voulaient que je rejoigne leur compagnie, mais Alvin a pensé que j'étais trop jeune. Je n'ai jamais intégré leur compagnie, mais j'ai compris à ce moment-là que je devais m'engager dans ce style de danse et enseigner.

« L'Academy est née du désir que j'avais de rendre à mon tour ce que j'avais reçu. L'école propose toutes sortes de styles, depuis le flamenco jusqu'au hip-hop en passant par la danse africaine, la danse moderne, la danse de caractère et les claquettes. Nous avons des professeurs formidables venant des quatre coins du monde. Tous les enfants ont le droit d'apprendre à danser. C'est un langage extraordinaire. Ce ne sont pas ces gamins qui poseront problème, croyez-moi. »

En contact avec des hommes et des femmes qui éprouvent la même passion, vous savez que vous n'êtes pas seul, qu'il y a d'autres personnes comme vous et que, si bien des gens ne comprennent pas votre passion, d'autres la partagent. Peu importe que vous les appréciiez en tant qu'individus, ou même que vous aimiez leur travail. Il est tout à fait possible que ce ne soit pas le cas. L'essentiel est de confirmer votre passion. Trouver votre tribu vous offre le luxe de parler boutique, de tester vos idées, de partager et de comparer vos techniques, et d'exprimer votre enthousiasme ou votre aversion pour les mêmes choses. Ce lien a joué un rôle important pour la plupart des célébrités avec lesquelles nous avons déjà fait connaissance – Matt Groening, Ewa Laurance, Meg Ryan, Black Ice, etc. – et pour celles que nous allons encore rencontrer.

Ainsi, la présence de Don Lipski à Cranbrook aux côtés d'autres artistes l'a conforté dans son impression : ce qu'il faisait avait son importance et valait la peine d'être réalisé. Le sculpteur témoigne : « En troisième cycle, j'ai commencé pour la première fois à prendre au sérieux mes petits gribouillis. Quand je trouvais un élastique dans la rue, je le ramassais et je me mettais à chercher sur quoi l'enrouler ou avec quoi l'associer. J'avais toujours fait ce genre de choses, mais, une fois à Cranbrook, j'ai réalisé que c'était effectivement de la sculpture. Bien qu'à un modeste niveau, je faisais vraiment de l'art, je ne me contentais pas de passer le temps. »

Certains sont davantage dans leur Élément lorsqu'ils travaillent seuls. C'est souvent le cas des mathématiciens, des poètes, des peintres et de certains athlètes. Toutefois, même eux ont implicitement conscience de l'existence d'un cercle – les autres écrivains, peintres, mathématiciens ou sportifs qui enrichissent leur domaine et remettent en cause leurs points de vue.

Selon le grand philosophe des sciences Michael Polanyi, l'échange d'idées libre et ouvert constitue le souffle vital de la recherche scientifique. Si les chercheurs aiment travailler sur leurs propres idées et questionnements, la science est aussi une aventure commune. « Bien qu'ils choisissent librement leurs problématiques et conservent leur entière autonomie de jugement, affirme-t-il, les scientifiques coopèrent en réalité en formant un ensemble solidement organisé. »

Polanyi s'oppose farouchement au contrôle des sciences par l'État, car celui-ci risque de compromettre les interactions spontanées sur lesquelles repose la science authentique. « Toute tentative pour coordonner [les efforts de l'équipe] selon des directives émanant d'une autorité supérieure mettrait fin aux initiatives individuelles et rendrait nécessairement la coopération inefficiente. » C'est d'ailleurs en partie à cause de cette pression exercée sur les chercheurs que Helen Pilcher a quitté les cellules souches pour la scène.

Interagir avec son cercle, en personne ou par le biais de son travail, est aussi essentiel à votre développement que le temps passé à réfléchir seul. Le physicien John Wheeler disait ainsi : « Si vous ne retournez pas les choses dans tous les sens avec d'autres gens, vous êtes foutu. Comme je le répète toujours, personne n'est rien sans quelqu'un à ses côtés. » Et cependant, la vie en société connaît des aléas aussi bien lorsque vous êtes dans votre Élément que dans la vie de tous les jours. À certains moments vous avez besoin de compagnie, à d'autres non. Le physicien Freeman Dyson raconte que, lorsqu'il écrit, il ferme sa porte. En revanche, lorsqu'il fait ses recherches, il la laisse ouverte. « Dans une certaine mesure, vous vous réjouissez d'être interrompu, car c'est uniquement en échangeant avec les autres que vous parvenez à faire quelque chose d'intéressant. »

Comment faire ?

Trouver sa tribu apporte davantage que la validation de votre choix et l'interaction avec autrui, aussi importantes soient-elles. La tribu procure également l'inspiration, en vous incitant à monter la barre plus haut. Dans n'importe quel domaine, les membres d'une communauté passionnée s'encouragent mutuellement à exploiter à fond leurs talents. Parfois, la stimulation vient non pas d'une collaboration étroite, mais de l'influence d'autres membres du cercle, qu'il s'agisse de contemporains ou de prédécesseurs, et qu'ils soient directement liés au domaine concerné ou seulement de façon marginale. Comme disait Isaac Newton, « si j'ai vu plus loin que les autres, c'est parce que je me suis juché sur les épaules de géants ». Et ce phénomène ne se limite pas aux sciences.

Bob Dylan naquit en 1942 à Hibbing, Minnesota. Dans son autobiographie intitulée *Chroniques*, il décrit le peu d'intérêt que lui inspiraient les habitants de sa ville, sa famille et la culture populaire de l'époque. Il savait qu'il devait les quitter pour devenir celui qu'il serait. Sa planche de salut était la folk music : « Elle était tout ce dont j'avais besoin pour existier. […] Rien ne m'occupait ou ne m'attirait comme la folk. J'ai axé ma vie autour d'elle. Et ceux qui ne partageaient pas cet intérêt m'étaient quasiment étrangers. »

Dès qu'il le put, il déménagea à New York en suivant son instinct. Il y trouva les artistes, les chanteurs, les écrivains et la « vraie scène » qui lui permirent de libérer ses propres talents. Il commença à trouver sa tribu. Mais, parmi tous les artistes qui inspirèrent et façonnèrent sa passion, une personne le conduisit vers un univers artistique dont il n'aurait jamais imaginé l'existence. Lorsqu'il entendit pour la première fois le musicien de country Woody Guthrie, ce fut « comme si une bombe d'un million de mégatonnes venait d'exploser ».

Dans les années 1960, une amie proposa à Dylan de lui montrer la collection de disques de son frère, parmi lesquels se trouvaient de vieux 78 tours regroupés en albums. L'un d'eux s'intitulait *From Spirituals to Swing*, reprenant les enregistrements de deux concerts qui avaient eu lieu au Carnegie Hall avec Count Basie, Meade Lux Lewis, Joe Turner et Pete Johnson, Sister Rosetta Tharpe et bien d'autres. Un autre album rassemblait une douzaine de disques de Woody Guthrie gravés sur leurs deux faces. Dylan avait déjà entendu quelques-uns de ces enregistrements lorsqu'il vivait à Hibbing, mais sans vraiment y prêter attention. Cet après-midi-là à New York, les choses se passèrent autrement.

Dylan posa le 78 tours sur la platine. « Dès les premières notes, j'étais sonné – je ne savais pas si j'étais défoncé ou pas », se rappelle-t-il. En extase, il écouta Guthrie chanter seul ses propres compositions : « *Ludlow Massacre* », « *1913 Massacre* », « *Jesus Christ* », « *Pretty Boy Floyd* », « *Hard Travelin'* », « *Jackhammer John* », « *Grand Coulee Dam* », « *Pastures of Plenty* », « *Talkin' Dust Bowl Blues* » et « *This Land Is Your Land* ».

« C'était le même vertige de sillon en sillon, poursuit Dylan. J'en haletais. J'avais déjà entendu Woody Guthrie, mais rien de plus qu'une chanson ici ou là – sa voix avec celle des autres, sans faire trop attention à lui, en survolant le tremblement de terre. Brusquement, le sol cédait sous mes pas, je n'arrivais pas à le croire. Cette emprise sur le monde, cette poésie, cette force. L'âpreté, l'intensité, la voix aiguisée comme une dague. »

Guthrie chantait comme personne, et il écrivait des chansons qui ne ressemblaient à rien d'autre. Tout dans Guthrie – son style, son texte, ses particularités – lui apparut comme une révélation de ce que la musique folk pouvait et devait être.

« Les mots roulaient hors de sa bouche comme des coups de poing. Le tourne-disque me prenait par le col et m'envoyait bouler. La diction était remarquable, le style personnel et parfaitement maîtrisé. Il appuyait, le moment voulu, sur la dernière lettre d'un mot, et l'effet était percutant. Quant aux chansons, inclassables, elles portaient le souffle entier de l'humanité. Pas une seule de médiocre. Woody Guthrie faisait place nette autour de lui. C'était pour moi une épiphanie. Une ancre d'un sérieux gabarit venait de soulever les eaux dans le port. »

Dylan écouta Guthrie jusqu'au soir comme s'il était en transe. Ce fut pour lui non seulement la révélation de cet artiste, mais aussi le moment de vérité. « C'était comme découvrir un des fondements de l'autonomie. J'étais dans une poche interne du système et je me sentais moi-même comme jamais. Dans ma tête, une voix me disait : "Voilà donc où on va". Je pouvais chanter toutes ces chansons, absolument toutes, et c'est tout ce que j'avais envie de faire. J'avais tâtonné dans le noir et, tout à coup, un éclair m'illuminait. »

En se rendant à New York pour rencontrer des artistes de même sensibilité, Dylan se cherchait lui-même. En découvrant le parcours de Woody Guthrie, il commença à imaginer le sien. À l'instar de Newton, il vit plus loin que les autres parce qu'il s'était juché sur les épaules de géants.

Cercles d'influence

Une tribu est un cercle d'influence qui peut prendre des formes très diverses. Ses membres peuvent être éparpillés aux quatre coins de la planète ou rassemblés en un lieu restreint. Ils peuvent se trouver dans votre tête ou dans la même pièce que vous. Ils peuvent encore être de ce monde, ou bien ne plus vivre qu'à travers leur œuvre. Ils peuvent appartenir à une seule génération ou en rassembler plusieurs.

Le prix Nobel de physique Richard Feynman parla de machines ultraminiaturisées bien avant que quiconque ait eu la moindre velléité de créer ce genre de choses. Des années plus tard, Marvin Minsky, s'inspirant de l'idée de Feynman, devint le père fondateur de l'intelligence artificielle et fit avancer le débat. Puis, au MIT, K. Eric Drexler demanda à Minsky, son estimé professeur, de diriger sa thèse de doctorat sur les machines miniatures. Cette recherche fut le point de départ du travail novateur que Drexler mena sur les nanotechnologies. Grâce à une tribu s'étendant sur plusieurs générations, ce concept qualifié de science-fiction par les contemporains de Feynman devint une réalité.

Quand les membres d'une tribu se rassemblent en un même lieu, les inspirations mutuelles s'intensifient. Dans tous les domaines, des groupes d'individus ont suscité l'innovation sous l'effet de leurs influences réciproques et de l'impulsion collective.

Selon le sociologue Randall Collins, la plupart des mouvements philosophiques sont issus de la dynamique des tribus. Dans la Grèce antique, on peut retracer l'histoire de la philosophie « comme une succession de groupes reliés entre eux : la confrérie pythagoricienne et ses ramifications ; le cercle socratique, qui engendra tant d'autres écoles ; les habiles dialecticiens de l'école de Mégare ; les disciples de Platon, qui fondèrent l'Académie ; le groupe dissident, qui donna naissance à l'école péripatéticienne d'Aristote ; Épicure et ses disciples, qui formèrent la communauté du Jardin, ainsi que leurs rivaux, les stoïciens d'Athènes et les cercles dissidents de Rhodes et de Rome ; et, enfin, les mouvements qui se succédèrent à Alexandrie ».

Si cela s'est produit dans la Grèce antique, c'est également possible à Hollywood. Le documentaire *Easy Riders, Raging Bulls – Comment la génération sexe, drogue et rock'n'roll a sauvé Hollywood* examine la révolution culturelle tapageuse, inspirée mais parfois sordide qui contribua à réinventer le cinéma hollywoodien dans les années 1960. En quelques petites années, les jeunes filles en jupe évasée et socquettes blanches qui caractérisaient la saine Amérique des années 1950 cédèrent la place au sexe, à la drogue et au rock'n'roll. Inspirée par la Nouvelle Vague française et le Nouveau Cinéma britannique, une nouvelle génération de réalisateurs et d'acteurs entreprit de révolutionner le cinéma américain avec des films exprimant leur vision personnelle.

Le succès retentissant de films comme *Easy Rider*, *Le Parrain* et *Taxi Driver* procurèrent à ces cinéastes une indépendance sans précédent, aussi bien sur le plan financier que créatif. Le triomphe que remportèrent ces films tant auprès de la critique que du public obligea la vieille garde des studios hollywoodiens à se dessaisir de leur pouvoir. Ce fut l'époque d'un nouveau type de réalisateurs emblématiques, tels que Francis Ford Coppola, Robert Altman, Martin Scorsese, Peter Bogdanovich et Dennis Hopper.

À chaque nouveau succès, ces cinéastes eurent davantage de maîtrise sur leur créativité. Chacun incitant les autres à explorer de nouveaux thèmes et de nouvelles formes de films populaires, ils créèrent une culture de l'innovation effrénée. Avec cette liberté nouvelle explosèrent l'excès, l'ego, les budgets démesurés et l'approvisionnement en drogue. Finalement, cet encouragement mutuel dégénéra en une concurrence acharnée et en âpres rivalités. De cette culture émergèrent des films à succès comme *Les Dents de la mer* et *La Guerre des étoiles*, qui transformèrent à nouveau le paysage du cinéma hollywoodien et rendirent aux studios la mainmise sur la créativité et les finances.

La puissance du rassemblement tribal fut également flagrante durant la période d'inventivité débordante que connut le secteur du logiciel avec l'avènement de l'ordinateur personnel. La Silicon Valley exerça une énorme influence sur la technologie numérique. Mais, comme l'ont remarqué les chercheurs Dorothy Leonard et Walter Swap, cette zone géographique est étonnamment restreinte : « Quand on s'approche de l'aéroport de San Francisco par avion, on est surpris par la surface réduite que représente cette vallée. Comme dit Craig Johnson de Venture Law Group, la Silicon Valley "réagit comme tout gaz que l'on comprime : il s'échauffe". Les tribus qui la composent se recouvrent partiellement sur le plan social et professionnel, selon le type de poste (ingénieurs en logiciel, par exemple), l'entreprise (Hewlett-Packard) ou l'origine (diplômés de Stanford ou immigrants d'Asie du Sud). Les personnes les plus habiles n'ont pas besoin d'aller loin pour conclure un marché, changer d'emploi ou trouver des associés. John Doerr, de la société de capital-risque Kleiner Perkins, aime à dire que dans la vallée du silicium, on peut changer d'employeur sans quitter son parking !

« En outre, des valeurs communes relient les occupants de longue date de la Silicon Valley. Les convictions personnelles de ses plus grands innovateurs, qui ont créé non seulement une entreprise, mais une industrie, se reflètent encore à travers la communauté. Bill Hewlett et David Packard ont influencé directement la première génération, constituée principalement par les premiers employés. Par l'intermédiaire de cette ancienne garde, la collégialité et les hauts niveaux de performance ont été transmis à la génération suivante d' entrepreneurs. »

Il existe de nombreux autres exemples de tribus qui ont incité des individus à atteindre de nouveaux sommets : les équipes sportives – en basket, les Knicks de New York en 1969 ; en football américain, les Dolphins de Miami, restés invaincus en 1972 grâce à leur « *No Name Defense* » ; et en baseball, les Twins du Minnesota en 1991 –, qui obtinrent collectivement des résultats plus extraordinaires qu'aucun de ses membres n'aurait pu le faire individuellement ; ou encore le mouvement architectural du Bauhaus durant les premières décennies du XXe siècle. À chaque fois, le regroupement physique d'une tribu d'individus créatifs a conduit à une innovation et à une évolution d'une ampleur étonnante.

L'alchimie de la synergie

Le pouvoir d'une tribu est illustré de manière spectaculaire par les réalisations de véritables équipes créatives. Dans leur ouvrage *Organizing Genius – The Secrets of Creative Collaboration*, Warren Bennis et Pat Ward Biederman définissent les « *Great Groups* » : des groupes exceptionnels d'individus dotés d'intérêts similaires, qui créent quelque chose de bien plus extraordinaire que ce qu'aucun d'eux n'aurait pu réaliser individuellement – qui deviennent davantage que la somme de leurs parties. « Un groupe exceptionnel peut faire office d'aiguillon, de contrôle, de caisse de résonance, de source d'inspiration, de soutien, voire de relation affective », expliquent-ils. L'association des énergies créatives et la volonté de faire le mieux possible afin de rester au niveau de ses pairs amène chacun à se surpasser. Voilà ce qu'est l'alchimie de la synergie.

L'un des meilleurs exemples de ce phénomène est l'enregistrement du célèbre album de Miles Davis *Kind of Blue*. Les passionnés de musique de toutes sortes le considèrent comme un disque incontournable, et d'innombrables fans de jazz (comme de rock et de musique classique) le connaissent par cœur. Pourtant, aucun des musiciens ne savait ce qu'il allait jouer en entrant dans le studio d'enregistrement.

Dans le livret de l'album original, le pianiste Bill Evans écrivit : « Miles a conçu ces arrangements seulement quelques heures avant les enregistrements et est arrivé avec une ébauche de ce que le groupe allait jouer. Vous entendrez donc sur ce disque un son qui se rapproche de la spontanéité à l'état pur. Le groupe n'avait jamais interprété ces morceaux auparavant, mais je crois qu'à chaque fois la première prise a été la bonne. » En effet, toutes les chansons de l'album furent enregistrées dès la première prise, à l'exception de « *Flamenco Sketches* » qui le fut à la seconde.

En 1959, quand le trompettiste Miles Davis réunit par deux fois dans le studio d'enregistrement Bill Evans, le saxo ténor John Coltrane, le saxo alto Julian « Cannonball » Adderley, le pianiste Wynton Kelly, le contrebassiste Paul Chambers et le batteur Jimmy Cobb, il posa ses gammes

– ce qui en soi était assez révolutionnaire, car le jazz de l'époque se basait plutôt sur une succession d'accords – et lança le magnétophone. À l'époque, chacun de ces musiciens jouait un rôle actif dans la tribu qui poussait le jazz dans de nouvelles directions, et ils avaient déjà travaillé ensemble auparavant. Néanmoins, les sessions d'enregistrement de *Kind of Blue* leur permirent d'affirmer leurs personnalités musicales et produisirent une tempête d'inspiration et de synergie. Ces artistes s'apprêtaient à renverser les barrières, ils avaient les capacités nécessaires pour prendre un nouveau cap, et ils avaient un meneur doté d'une vision audacieuse.

Leur travail d'improvisation résulta de forces créatives puissantes qui fusionnèrent et générèrent quelque chose de grandiose – le but ultime de la synergie. À l'instant où la bande se mit à défiler, la magie survint. Bill Evans témoigne : « L'improvisation collective représente un défi supplémentaire. À côté de la difficulté technique non négligeable de parvenir à une réflexion collective cohérente, il ne faut pas oublier le besoin véritablement humain, même social, de solidarité de la part de l'ensemble des membres pour que tous se consacrent au résultat commun. Je trouve que ce problème extrêmement complexe est abordé et résolu avec virtuosité sur cet enregistrement. » D'ailleurs, la musique qu'ils créèrent au cours de ces quelques heures – travaillant ensemble, rivalisant de virtuosité, se synchronisant les uns avec les autres, se défiant les uns les autres – allait fasciner plusieurs générations de mélomanes. *Kind of Blue* est l'album de jazz qui a connu le plus grand succès de tous les temps. Plus de cinquante ans après, il se vend encore à raison de plusieurs milliers d'exemplaires par semaine.

Pourquoi une équipe d'individus créatifs fait-elle mieux que chaque individu séparément ? Selon moi, c'est parce qu'ils rassemblent les trois caractéristiques essentielles de l'intelligence que j'ai décrites plus haut. D'une certaine manière, celles-ci sont également les principales composantes de l'esprit créatif.

Une équipe créative exceptionnelle est *diverse*. Elle est composée de personnes qui ne se ressemblent pas, qui possèdent des talents différents mais complémentaires. Le groupe qui enregistra *Kind of Blue* rassemblait des musiciens extraordinaires qui non seulement jouaient d'instruments différents, mais apportaient des sensibilités musicales et des personnalités distinctes. C'était également le cas des Beatles. Malgré tout ce qu'ils avaient en commun sur le plan culturel et musical, Lennon et McCartney ne se ressemblaient pas, de même que George Harrison et Ringo Starr. C'est précisément grâce à leurs différences que leur travail créatif commun fut supérieur à la somme de leurs apports individuels.

Une équipe créative est *dynamique*. Si la diversité des talents a son importance, elle ne suffit pas. Des façons de pensée contradictoires peuvent constituer un obstacle à la créativité. Une équipe créative parvient à transformer ces divergences en atouts, et non en faiblesses. Elle adopte un processus grâce auquel les atouts des différents membres se complètent et compensent les faiblesses de chacun. Les membres du groupe sont capables de se défier les uns les autres en se comportant d'égal à égal, et de considérer la critique comme une incitation à mettre la barre plus haut.

Une équipe créative est *spécifique*. Ainsi, une équipe exceptionnelle et un comité quelconque n'ont pas grand-chose à voir. La plupart des comités ont une activité routinière. Leurs membres sont théoriquement interchangeables et représentent généralement des intérêts particuliers. Le plus souvent, un comité fonctionne très bien même si la moitié des membres consultent leur BlackBerry ou contemplent le papier peint. Les comités sont souvent immortels ; ils semblent durer une éternité, à l'instar de leurs réunions ! Tandis qu'une équipe créative a une personnalité spécifique et se réunit pour réaliser quelque chose de précis. Ses membres restent ensemble seulement le temps qu'ils en ont envie ou jusqu'à ce que le travail soit terminé.

L'un des exemples les plus célèbres d'un travail d'équipe efficace fut le cabinet nommé par le président Abraham Lincoln. Dans son livre *Abraham Lincoln – L'homme qui rêva l'Amérique*, Doris Kearns Goodwin relate l'histoire du président des États-Unis et des quatre membres de son cabinet : Edwin M. Stanton, secrétaire à la Guerre, Salmon P. Chase, secrétaire au Trésor, William H. Seward, secrétaire d'État, et Edward Bates, procureur général. Ces cinq hommes appartenaient indubitablement à la même tribu, ayant à cœur de diriger et de faire progresser les États-Unis. Cependant, chacun des quatre membres appelés à former le cabinet s'étaient déjà opposés à Lincoln ouvertement et durement avant son accession à la présidence. Stanton l'avait même traité de « singe aux longs bras ». Chacun d'eux avait exprimé avec vigueur des opinions qui différaient parfois considérablement de celles de Lincoln. En outre, chacun d'eux était convaincu qu'il aurait davantage mérité la présidence que l'heureux élu.

Toutefois, Lincoln estima que chacun de ces rivaux possédait des atouts dont l'administration des États-Unis avait besoin. Avec une équanimité que l'on imaginerait difficilement dans le monde politique actuel aux États-Unis, il rassembla cette équipe. Les membres du cabinet ne cessèrent de se quereller, souvent avec virulence. Cependant, à partir de leurs opinions divergentes, ils parvinrent à forger une politique nationale énergique. Grâce aux efforts combinés de leurs sagesses respectives, ils firent traverser à leur pays une période des plus périlleuse.

Emportés par la foule

Il y a une grande différence entre appartenir à une tribu telle que je la définis et se mêler à une foule, même si ses membres sont réunis pour la même raison et ressentent la même passion. Les supporters sportifs viennent aussitôt à l'esprit. On rencontre ces partisans fanatiques et braillards dans toutes sortes de sports – les fans de football américain à Green Bay, les enragés du foot européen à Manchester, les fondus de hockey sur glace à Montréal, etc. Ils recouvrent leurs murs, leurs voitures et leurs pelouses avec les emblèmes de leur équipe. Ils se souviennent encore de la composition de leur équipe locale lorsque celle-ci a terminé quatrième en 1988. Ils sont capables de repousser la date de leur mariage pour ne pas manquer les World Series de baseball ou la Coupe d'Europe de football. Ils se dévouent entièrement à leur équipe, ne tarissent pas d'éloges sur elle, et leur humeur est susceptible de varier selon les scores qu'elle obtient. Toutefois, leur ferveur ne les rend pas membres d'une tribu, du moins dans l'acception que je donne à ce terme.

Les supporters sportifs adhèrent à une autre forme d'appartenance sociale. Les psychologues Henri Tajfel et John Turner parlent de théorie de l'identité sociale. Selon eux, les gens puisent une grande part de leur identité dans l'appartenance à un groupe et tendent à se rapprocher d'organisations susceptibles de renforcer leur estime de soi. Les équipes sportives donnent à leurs supporters le sentiment d'appartenir à un groupe puissant, d'autant plus lorsqu'elles gagnent. Regardez autour de vous à l'issue de n'importe quelle saison sportive : vous verrez les polos de l'équipe championne fleurir dans les rues, même dans des villes très éloignées de celle des vainqueurs. Les supporters proclament plus vigoureusement encore leur affiliation à une équipe après la victoire de celle-ci : en quelque sorte, ils croient que leur association à une telle équipe, de près ou de loin, leur donne davantage de prestige.

Le psychologue social Robert Cialdini a inventé un terme pour qualifier ce comportement : BIRG, l'acronyme de « *Basking in Reflected Glory* » (savourer la gloire par procuration). Dans les années 1970, il mena avec d'autres confrères une étude sur ce phénomène. Ils observèrent dans un certain nombre d'universités américaines que les étudiants avaient bien plus de chances de porter un vêtement lié à leur établissement le lundi suivant une victoire de leur équipe de football. En outre, ils constatèrent que les étudiants utilisaient davantage le pronom *nous* en parlant de l'équipe de leur université – par exemple, « nous avons battu les State à plate couture samedi dernier » – après la victoire de celle-ci. Dans le cas contraire, ils passaient généralement à la troisième personne : « comment est-ce qu'ils ont pu foirer à ce point ? »

Or il faut bien admettre que la personne qui s'adonne au BIRG n'est pas pour grand-chose dans la victoire savourée. J'accorde toutefois un léger mérite aux encouragements du supporter, si tant est qu'il assiste en personne à la rencontre. Bien que les supporters dignes de ce nom soient réputés pour leur caractère superstitieux, seuls les plus irrationnels croient vraiment que leurs actes (porter la même casquette à chaque match, ne pas bouger d'un millimètre sur son siège pendant un rallye, utiliser une certaine marque de charbon lors du barbecue d'avant-match) ont une influence sur les scores…

Faire partie d'un club de supporters – que ce soit les Cheeseheads à Green Bay ou les Red Sox Nation à Boston – n'a rien à voir avec l'appartenance à une tribu. Celle-ci, telle que je la conçois, permet aux gens d'être davantage eux-mêmes, car elle accroît leur sentiment d'identité. Tandis que, dans une foule, on perd facilement son identité. Être supporter, c'est prendre parti, acclamer ou huer, se réjouir de la victoire ou s'affliger de la défaite. Cela peut vous électriser, mais non vous amener à l'épanouissement personnel.

La ferveur du supporter s'apparente à la désindividualisation, comme les psychologues la désignent avec maladresse. En d'autres termes, en rejoignant ce groupe, ils perdent leur sentiment de responsabilité personnelle dans l'accomplissement de leurs actes. Les formes extrêmes de désindividualisation mènent au comportement de foule. S'il vous est déjà arrivé d'assister à un match de foot en Europe, vous savez comment ce phénomène peut se traduire dans le monde du sport. Toutefois, même sous des formes plus bénignes, il entraîne un sentiment d'anonymat qui mène les spectateurs à perdre leurs inhibitions. Ils commettent alors des actes qu'ils regretteront par la suite, ou plus généralement qui ne correspondent pas à leur personnalité habituelle. Autrement dit, cela peut les mener bien loin de ce qu'ils sont vraiment.

Mon plus jeune frère, Neil, jouait en professionnel pour Everton, l'une des meilleures équipes britanniques de football. À chaque fois que je me trouvais à Liverpool, j'assistais à ses matchs. C'était une expérience grisante, et souvent terrifiante. Le moins que l'on puisse dire, c'est que les supporters de cette ville sont extrêmement passionnés. Ils veulent absolument gagner et lorsque les choses ne se passent pas comme ils le souhaiteraient sur le terrain, ils fournissent volontiers leurs conseils tactiques depuis les gradins. Il s'agit d'une forme de coaching à l'attention des joueurs, et souvent de l'arbitre. Quand Neil ne tirait pas exactement là où ils auraient voulu, les supporters hurlaient pour l'encourager ou le dénigrer : « Mauvais tir, Robinson », « Allez, tu peux faire mieux que ça » ou d'autres messages de cet acabit.

Un jour, les supporters qui se trouvaient juste derrière moi, pris d'une crise d'hystérie, critiquèrent violemment la tactique adoptée par mon frère en des termes qui mettaient ma mère en cause, et par conséquent moi-même. Instinctivement, je me retournai pour réparer ce qui était clairement un affront à l'honneur de la famille. Mais lorsque je vis la carrure et l'expression de ces fous furieux, je me rangeai aussitôt à leur point de vue... Voilà comment fonctionne le comportement de foule.

Observez, écoutez et apprenez

Il existe pourtant une catégorie de critiques compétents parmi les spectateurs. Leurs commentaires lors d'un événement peuvent réellement apporter quelque chose aux protagonistes. Les domaines de la critique littéraire, musicale et sportive ont tous d'éminents représentants dont les paroles nous touchent profondément. Ils appartiennent à des tribus qui se vouent passionnément à élargir le débat. En cela, ils se distinguent du simple supporter. Leur action au service des fans témoigne d'une excellence notable et relève d'une véritable vocation. Bien que n'ayant jamais « joué le jeu », comme il l'indique dans le titre de l'une de ses autobiographies, *I Never Played the Game*, le commentateur sportif Howard Cosell fut ainsi, durant plusieurs décennies, la voix la plus influente du monde sportif américain.

Selon moi, Cosell, bien que non sportif, avait trouvé son Élément dans le sport. Il se savait capable de rehausser l'expérience du supporter moyen, et, ce faisant, parvenait à une meilleure connaissance de lui-même. Ainsi déclara-t-il : « J'étais contaminé par mon désir, ma volonté de réussir dans le commentaire sportif. Je savais exactement ce que je voulais faire, et comment. » Il fit partie d'un groupe de passionnés qui apportèrent quelque chose d'essentiel en établissant un lien entre les joueurs et le public.

Par ailleurs, dans toute foule et tout public, il peut se trouver une personne qui réagit différemment des autres, qui rencontre sa propre épiphanie, qui découvre sa tribu non pas dans les gradins, mais sur la scène même.

Billy Connolly est l'un des humoristes les plus originaux et les plus drôles au monde. Il naquit en Écosse en 1942, dans un quartier ouvrier de Glasgow. Il peina à l'école, qui lui déplut pour une grande part, et la quitta dès que possible pour faire son apprentissage comme soudeur dans les chantiers navals de Glasgow. Tout en apprenant son métier, il s'imprégna des us et coutumes du monde du travail sur les rives de la Clyde. Billy aimait la musique depuis son plus jeune âge, et avait appris tout seul à jouer de la guitare et du banjo. Comme Bob Dylan à la même époque de l'autre côté de l'océan, il était captivé par la folk music et passait tout son temps libre à écouter et à jouer dans tous les clubs d'Écosse. Il aimait aussi les pubs et la vie nocturne de Glasgow, fréquentait régulièrement les cinémas, les bals du samedi soir et, de temps à autre, les théâtres.

Un soir, Billy regarda l'humoriste Chic Murray à la télévision. Depuis plus de quarante ans, cette figure légendaire animait la scène comique et le music-hall. Son esprit drôle et caustique illustrait parfaitement le point de vue laconique sur la vie qui caractérise l'humour écossais. Billy s'assit, prêt à ce que cet homme extraordinaire lui offre une sacrée partie de fou rire. Ce qui fut le cas. Mais il vécut aussi autre chose – une épiphanie. Tout en se gondolant dans son fauteuil, il voyait que Murray faisait exploser autour de lui une joie convulsive, une émotion intense et des propos bouleversants. Pour Billy à Glasgow, ce fut un moment décisif, au même titre que pour Bob Dylan à Greenwich Village lorsqu'il écouta Woody Guthrie. Il comprit qu'il était possible de faire la même chose, et qu'il le ferait. Il commença alors à se détacher de la foule pour rejoindre sa tribu.

Dès le début, Billy parla à son modeste public entre chaque chanson. Au fil du temps, il s'aperçut qu'il parlait de plus en plus et chantait de moins en moins. Il s'aperçut également qu'il attirait de plus en plus de public. Pour bien des humoristes de sa génération, il devint la figure de référence du one-man show. Bien loin des chantiers navals de la Clyde, son travail lui a valu des salles combles à travers le monde, des films où il fut récompensé en tant qu'acteur, la mémoire et l'affection de millions d'hommes et de femmes.

Comme la plupart des personnes citées dans ce livre, il trouva sa voie non seulement en découvrant son Élément, mais aussi en rencontrant sa tribu.

CHAPITRE 6

QUE VONT-ILS PENSER ?

Divers obstacles peuvent mettre en péril votre quête de l'Élément. On a déjà évoqué plus haut certains d'entre eux. Parfois, le problème vient de vous-même, par manque de confiance ou par peur de l'échec. Parfois, le véritable frein vient de vos proches, de leurs attentes et de l'image que vous en avez. Parfois, la difficulté provient non pas de personnes précises, mais de la culture qui vous entoure.

Selon moi, ces obstacles sont de trois ordres : personnel, social et culturel.

Une question de personne

Étant donné la manière dont la vie de Chuck Close a tourné, il est intéressant de savoir que, lorsqu'il était petit, la plupart de ses camarades de classe le considéraient comme un bon à rien. En raison de problèmes physiques, il était mauvais en sport et ne réussissait pas les jeux les plus élémentaires de la cour de récréation. Les professeurs pensaient sans doute de même parce qu'il obtenait de mauvais résultats, semblait flemmard et terminait rarement ses devoirs sur table. Il s'avéra par la suite qu'il était dyslexique, mais ce diagnostic n'existait pas à l'époque. De l'extérieur, on avait l'impression que Chuck ne se fatiguait pas beaucoup, et qu'il ne ferait jamais d'étincelles.

Outre ses troubles d'apprentissage et ses maux physiques, le garçon connut plus d'une tragédie durant son enfance. Son père fit déménager sa famille à plusieurs reprises, puis mourut lorsque Chuck avait 11 ans. Au même moment, sa mère, pianiste, développa un cancer du sein. Submergée par les frais médicaux, la famille Close perdit sa maison. Et, pour couronner le tout, sa grand-mère tomba gravement malade.

Chuck traversa toutes ces épreuves grâce à sa passion pour l'art. « Je crois que, très tôt, mon aptitude artistique m'a distingué des autres, confia-t-il lors d'une interview. C'était un domaine dans lequel je me sentais capable et sur lequel je pouvais compter. » Afin de surmonter les obstacles dus à sa situation, il trouva des moyens ingénieux de se servir de l'art. Il monta des spectacles de marionnettes et des numéros de magie (il appelait cela « divertir les troupes ») pour que les autres enfants passent du temps avec lui. Il agrémentait ses devoirs de projets artistiques élaborés pour montrer à ses enseignants qu'il n'était pas un tire-au-flanc.

Au bout du compte, son intérêt pour l'art et ses dons innés lui permirent de devenir l'un des talents les plus extraordinaires de la culture américaine. Après avoir fait son premier cycle à l'université de Washington et obtenu son diplôme de beaux-arts à Yale – alors que ses précédents enseignants lui avaient dit qu'il n'entrerait jamais à l'université –, Chuck entama une carrière qui l'amena à devenir l'un des artistes les plus célèbres des États-Unis. Son style caractéristique repose sur un quadrillage à partir duquel il crée d'immenses représentations photoréalistes de visages animés par leur texture et leur expression. Sa technique attira largement l'attention des médias, et ses tableaux furent exposés dans les plus grands musées du monde. En se consacrant inlassablement à sa passion et à son métier, Chuck Close surmonta des contraintes considérables pour atteindre son Élément et s'élever au sommet de sa profession.

Mais ce n'est que le début de l'histoire…

En 1988, tandis qu'il faisait un discours lors d'une remise de prix à New York, Chuck sentit quelque chose d'anormal dans son corps. Il se rendit à l'hôpital, mais quelques heures plus tard il était devenu quadraplégique, victime d'un caillot sanguin au niveau de la moelle épinière. L'un des plus grands artistes de sa génération ne pouvait même plus saisir un pinceau. Les tentatives de rééducation échouèrent. Ce dernier obstacle dans une vie semée d'embûches aurait pu définitivement étouffer ses ambitions.

Un jour, cependant, Chuck s'aperçut qu'il parvenait à tenir un pinceau entre les dents et à le manipuler suffisamment bien pour réaliser de minuscules images. « Soudain le courage revint, raconta-t-il. J'essayai d'imaginer quel genre de micropeintures je pourrais obtenir avec des mouvements de cette envergure. J'essayai d'imaginer à quoi ressembleraient ces peintures. Ce léger mouvement du cou suffit pour me faire comprendre que je n'étais peut-être pas totalement impuissant. Peut-être serais-je capable de faire quelque chose par moi-même. »

Et en effet, il sut créer un type d'art entièrement nouveau. Lorsque Chuck recouvra un peu de mobilité dans le haut du bras, il se mit à utiliser des couleurs riches pour réaliser de petites peintures qui s'assemblaient pour former une grande mosaïque. Ce nouveau style, au moins aussi apprécié que l'ancien, lui valut un surcroît de louanges et de notoriété.

Tout au long de sa vie, cet homme eut d'innombrables raisons de capituler face à ses problèmes et d'abandonner sa vocation d'artiste. Au lieu de cela, il choisit de repousser toutes les limites qu'il rencontra et de rester dans son Élément, quels que soient les nouveaux obstacles qui se dressèrent sur son chemin. Rien ne l'empêcha de faire ce pourquoi il se sentait prédestiné.

Chuck Close n'est pas le seul à avoir surmonté des déficiences physiques pour suivre sa passion. Nous rencontrerons d'autres personnes qui l'ont fait, et qui vous surprendront sans doute. Leurs problèmes ne sont pas uniquement physiques, même si l'infirmité est déjà abominable en elle-même. À cela s'ajoutent leur façon de considérer leur handicap et le regard des autres. Afin de surmonter ces difficultés physiques et psychologiques, les handicapés de toutes sortes doivent mobiliser d'énormes réserves de confiance en eux et de détermination pour réaliser des choses que les autres font sans la moindre hésitation.

Can*do*Co est une compagnie de danse contemporaine basée en Grande-Bretagne qui rassemble des professionnels handicapés et valides. Au fil des ans, la troupe a compté des amputés de un ou deux membres, des paraplégiques en chaise roulante et des danseurs souffrant de diverses infirmités. L'objectif de la compagnie, fondée en 1982, consiste à enthousiasmer le public tout en permettant à ses membres « de réaliser leurs rêves dans le cadre de la philosophie de la compagnie, selon laquelle la danse est accessible à tous ». Par le biais de ses spectacles et de ses formations, Can*do*Co contribue à élargir la perception que nous avons de la danse. Selon les dirigeants de la compagnie, Can*do*Co a toujours visé haut – « aussi bien en termes de qualité de mouvement et d'intégrité de la danse comme forme artistique que des objectifs que nous nous fixons comme interprètes. Nous donnons la priorité à la danse et non au handicap, au professionnalisme et non à la thérapie ». Parmi les compagnies « handivalides », qui sont de plus en plus nombreuses dans les domaines de la danse, du théâtre et de la musique, Can*do*Co semble avoir été à la hauteur de ses ambitions, si l'on en juge par les nombreuses récompenses qu'elle a reçues à travers le monde.

« Afin d'apprécier véritablement la compagnie Can*do*Co, témoigne un critique, on a dit qu'il fallait écarter toutes les idées conventionnelles sur le corps dansant. Pourquoi parler d'un jeu de jambes souple et rapide quand les jambes ont si peu d'importance ? Dans leurs spectacles, la représentation du corps parfait et intact est jetée par-dessus bord, remplacée par des personnes incomplètes qui n'ont pas moins de talent que leurs homologues valides. [...] Si certains s'attendaient à ce que, armés de leurs béquilles et de leurs chaises roulantes, les danseurs de Can*do*Co réalisent des acrobaties défiant les lois de la gravité, ils ont été cruellement déçus. Au lieu de cela, leur performance constitue une confrontation visuelle et psychologique qui ne fait pas tant l'effet d'une gifle que d'une idée persistante, qui réchauffe le cœur et caresse l'esprit. »

Que vous soyez handicapé ou non, votre attitude revêt une importance primordiale pour trouver votre Élément. Avec la ferme volonté d'être vous-mêmes, vous possédez une force irrésistible. Sans elle, même une personne en parfaite forme physique se retrouve en position de faiblesse. D'après mon expérience, la plupart des gens doivent faire face aux pressions internes du doute et de la peur autant qu'à celles venant de l'extérieur.

L'ampleur de ces appréhensions se reflète clairement dans le marché des séminaires et livres de développement personnel, qui est des plus florissant. À mon sens, l'illustration la plus flagrante est le livre bien connu de Susan Jeffers intitulé *Tremblez mais osez !* Traduit en trente-cinq langues, il s'est vendu à plusieurs millions d'exemplaires. Avec passion et éloquence, l'auteur y décrit les craintes dévorantes qui empêchent tant de personnes de vivre pleinement et de trouver leur place dans le monde : peur de déplaire, de ne pas être à la hauteur, peur de l'échec, de la désapprobation, de la pauvreté et de l'inconnu.

La peur est sans doute l'obstacle qui s'oppose le plus fréquemment à la recherche de votre Élément. Demandez-vous combien de fois elle a influé sur votre vie en vous empêchant de faire des choses que vous aviez une terrible envie d'essayer. Le Pr Jeffers propose un ensemble de méthodes et d'exercices simples pour passer de la crainte à l'épanouissement, dont la plus efficace est résumée dans le titre du livre.

Pression sociale : c'est pour ton bien

La peur d'être désapprouvé et de ne pas se montrer à la hauteur est souvent indissociable des relations que vous avez avec vos proches. Vos parents, vos frères et sœurs, votre conjoint et vos enfants si vous en avez, ont sans doute des idées bien arrêtées sur ce que vous devez et ne devez pas faire de votre vie. Ils peuvent avoir raison, bien sûr. Ils peuvent avoir un rôle positif en encourageant vos véritables talents. Cependant, ils peuvent aussi faire beaucoup de mal.

Votre entourage peut avoir de multiples raisons pour essayer de vous rogner les ailes. Le fait que vous empruntiez une nouvelle voie risque de ne pas cadrer avec leurs intérêts, ou de leur compliquer la vie. Quelles que soient ses motivations, la personne qui vous empêche de faire la chose que vous aimez – ou même de la rechercher – peut être une grande source de frustration.

Il se peut qu'il n'y ait aucune intention consciente de la part de votre entourage. Il suffit que vous soyez empêtré dans un filet de responsabilités et d'attentes sociales qui mettent implicitement un frein à vos ambitions. Bien des individus ne trouvent pas leur Élément parce qu'ils ne bénéficient pas de l'encouragement ou de la confiance nécessaire pour sortir de leur cercle de relations.

Parfois, vos proches croient sincèrement que vous gâcheriez votre vie et vos talents en choisissant une voie qu'ils désapprouvent. C'est ce qui arriva à Paulo Coelho. Notez que ses parents allèrent très loin pour essayer de le dissuader. À plusieurs reprises, ils le firent interner dans un établissement psychiatrique afin qu'il subisse un traitement par électrochocs *parce qu'ils l'aimaient*. La prochaine fois que vous vous sentirez coupable d'avoir grondé vos enfants, rassurez-vous en vous disant que vous n'en êtes pas encore arrivé aux pratiques éducatives des Coelho…

La raison pour laquelle les parents de Coelho firent interner leur fils était que celui-ci, à l'adolescence, était passionné par l'idée de devenir écrivain. Pedro et Lygia Coelho pensaient que ce serait gâcher sa vie. Ils lui suggérèrent d'écrire à ses moments perdus s'il éprouvait le besoin de tâter d'une telle activité, mais décrétèrent que son véritable avenir résidait dans la profession d'avocat. Cependant, voyant que leur fils continuait à approfondir son art favori, ils estimèrent ne pas avoir d'autre choix que de le confier à une institution psychiatrique pour lui ôter ses idées destructrices de la tête. « Ils voulaient m'aider, a expliqué Coelho. Ils avaient leurs propres rêves. Je voulais faire ceci et cela, mais mes parents avaient d'autres projets pour moi. Si bien qu'à un moment ils ne furent plus capables de me contrôler et devinrent prêts à tout. »

Ses parents le firent interner à trois reprises. Ils savaient que leur fils était extrêmement brillant, pensaient qu'il avait une carrière prometteuse devant lui, et firent ce qu'ils estimaient devoir faire pour le mettre sur la bonne voie. Pourtant, cette méthode des plus interventionniste n'empêcha pas Paulo Coelho d'atteindre son Élément. En dépit de cette violente opposition familiale, il continua à s'adonner à l'écriture.

Les parents de Paulo avaient raison de penser qu'un avenir prometteur attendait leur fils, mais cet avenir n'avait rien à voir avec une carrière juridique. Son roman *L'Alchimiste* s'est vendu à plus de 40 millions d'exemplaires à travers le monde. Ses ouvrages ont été traduits dans plus de 60 langues. Et il est l'écrivain de langue portugaise à avoir vendu le plus d'exemplaires de tous les temps. En outre, sa créativité s'étend à la télévision, à la presse et même à la musique populaire – il a écrit les paroles de plusieurs chansons à succès de rock brésilien.

Paulo Coelho aurait certainement pu devenir un excellent avocat. Mais son rêve était d'écrire. Et bien que ses parents aient fait tout ce qui était en leur pouvoir pour le mettre « sur le droit chemin », il ne s'est jamais détourné de son Élément.

Rares sont ceux que l'on incite avec autant de fermeté à se conformer aux espérances de leur famille. Toutefois, beaucoup subissent des pressions de la part de leurs parents et amis : « Ne t'embarque pas dans des études de danse, tu ne pourras jamais en vivre », « Tu es bon en maths, tu devrais devenir comptable », « Je ne te nourris pas pour que tu fasses des études de philosophie », et j'en passe.

Quand vos proches vous dissuadent d'emprunter telle ou telle voie, ils croient généralement le faire pour votre bien. Même si certains ont des motivations moins honorables, la plupart pensent savoir ce qui est le mieux pour vous. Et le fait est que l'employé de bureau moyen dispose sans doute d'une plus grande sécurité financière que le trompettiste de jazz moyen. Cependant, vous vous épanouirez difficilement si vous n'accomplissez pas ce qui est important pour vous. Faire quelque chose « pour votre bien » vous sera rarement bénéfique si cela vous amène à être en dessous de ce que vous êtes réellement.

Jouer la sécurité et opter pour la solution de facilité peuvent sembler l'unique solution, notamment si vous éprouvez vous-mêmes des doutes et des craintes quant aux autres possibilités. Pour certains, il peut sembler plus facile de ne pas faire de vagues et d'avoir l'assentiment des parents, frères, sœurs et époux. Mais pas pour tout le monde.

Parmi les personnalités citées dans ce livre, certaines ont dû prendre leurs distances avec leur famille, du moins pour un temps, afin de devenir la personne qu'elles souhaitaient être. Leur choix d'une voie moins confortable, moyennant des relations orageuses, des fêtes familiales tendues et, dans le cas de Coelho, la perte de quelques neurones les a amenées à un niveau d'épanouissement et d'accomplissement considérable. Chacune d'elles a su mettre en balance ce qu'il lui coûtait de passer outre l'avis de ses proches et ce qu'il lui coûtait de renoncer à son rêve.

Adolescente en Grèce dans les années 1960, Arianna Stassinopoulos découvrit soudain le rêve de sa vie. En feuilletant un magazine, elle tomba sur une photographie de l'université de Cambridge en Angleterre. Elle avait seulement 13 ans, mais elle décida sur-le-champ qu'elle y ferait ses études. Tous ceux à qui elle parla de son projet, y compris ses amis et son père, se moquèrent de son idée. Elle était une fille, cela coûtait trop cher, elle ne connaissait personne là-bas, et c'était l'une des universités les plus prestigieuses au monde. Personne ne la prit au sérieux. Excepté Arianna elle-même, bien sûr. Et une autre personne.

Sa mère décida de vérifier si le rêve d'Arianna avait quelque chance de se réaliser. Elle se renseigna, et apprit que sa fille pouvait demander une bourse. Elle dénicha même des billets d'avion bon marché « pour aller en Angleterre voir Cambridge en personne. C'était un parfait exemple de ce que l'on appelle aujourd'hui la visualisation ». Le voyage jusqu'à Londres fut long, et il plut tout le temps qu'elles passèrent à Cambridge. Arianna et sa mère ne rencontrèrent personne à l'université. Elles se contentèrent de se promener sur le campus et d'imaginer la vie là-bas. Tenant plus que jamais à son rêve, Arianna postula dès qu'elle le put.

À sa grande joie et à la surprise de tous (excepté sa mère), elle fut admise à Cambridge et obtint une bourse. Âgée de 16 ans, elle partit pour l'Angleterre et décrocha quelques années plus tard son master d'économie. À 21 ans, elle devint la première présidente de la prestigieuse association d'étudiants Cambridge Union Society.

Vivant maintenant aux États-Unis, Arianna Huffington a publié 11 livres sur la culture et la politique, est journaliste dans une agence nationale et co-anime l'émission radio de débat politique *Left, Right & Center* sur NPR. En mai 2005, elle a lancé le *Huffington Post*, un site Web d'informations qui est devenu « l'un des sites d'actualités les plus visités et les plus fréquemment cités sur le Web ». En 2006, le magazine *Time* l'a citée dans sa liste des 100 personnes les plus influentes du monde.

Nonobstant tous ces succès, Huffington sait que les plus gros obstacles à la réussite peuvent être le manque de confiance en soi et la crainte de la désapprobation des autres. Selon elle, c'est d'autant plus vrai pour les femmes : « Quand je demande à des femmes de contribuer au blog du *Huffington Post*, je suis frappée de voir à quel point elles ont du mal à croire que leur témoignage est digne d'intérêt, même lorsqu'il s'agit d'écrivains reconnus. [...] Bien souvent, je pense qu'en tant que femmes nous refusons d'essayer parce que nous ne voulons pas risquer l'échec. Nous accordons tellement d'importance à l'opinion des autres que nous hésitons à prendre des risques.

« Nous autres femmes sommes encore mal à l'aise avec la puissance et les traits de caractères propres aux leaders. Nous avons intégré cette peur selon laquelle, si nous sommes véritablement puissantes, nous serons considérées comme des personnes impitoyables, arrogantes ou véhémentes – épithètes qui frappent notre féminité de plein fouet. Nous travaillons encore à surmonter la crainte que la puissance et la féminité ne soient incompatibles. »

Selon elle, deux facteurs l'ont aidée à poursuivre son rêve initial. Premièrement, elle ne saisissait pas vraiment l'ampleur de l'aventure dans laquelle elle s'engageait. « Quand j'ai goûté aux responsabilités de leader pour la première fois, j'étais une bienheureuse ignorante en la matière. J'étais étudiante quand je suis devenue présidente de la Cambridge Union. Ayant grandi en Grèce, je n'avais jamais entendu parler de la Cambridge Union ni de l'Oxford Union. Je ne connaissais par leur place dans la culture anglaise, si bien que je n'étais pas influencée par les idées intimidantes qui auraient pu dissuader les jeunes filles britanniques d'oser soumettre leur candidature. [...] À cet égard, cela a été une chance pour moi de commencer ma carrière loin de mon pays. Certes, cela m'a valu d'être tournée en ridicule à cause de mon accent. Mais cela m'a aussi appris qu'il est plus facile de surmonter le jugement des autres que celui que l'on a sur soi-même, la peur que nous intériorisons. »

Deuxièmement, elle bénéficia du soutien infaillible de sa mère. « Je pense que rien de ce que j'ai fait dans ma vie n'aurait été possible sans ma mère. Elle m'a procuré cette sécurité, ce sentiment qu'elle serait là quoiqu'il arrive, peu importe que je réussisse ou que j'échoue. Elle m'a donné ce que j'espère être capable de transmettre à mes propres filles, c'est-à-dire le sentiment que je pouvais viser la lune tout en sachant que, si je ne l'atteignais pas, elle ne m'en aimerait pas moins. Elle m'a permis de comprendre que l'échec faisait partie de la vie de chacun. »

Pensée de groupe

Que ce soit de manière positive ou négative, notre famille exerce une forte influence sur nous. Toutefois nos amis, surtout quand nous sommes jeunes, nous influencent encore davantage. Nous ne choisissons pas notre famille, mais nous choisissons nos amis. Et nous les choisissons souvent de manière à étendre notre sentiment d'identité au-delà de la famille. Par conséquent, l'incitation à se conformer aux valeurs et aux attentes des amis et autres groupes sociaux peut s'avérer très forte.

Spécialiste en psychologie du développement de l'enfant, Judith Rich Harris a étudié comment les jeunes étaient influencés par leurs amis et leurs pairs. Selon elle, trois facteurs principaux agissent sur le développement des enfants : leur propre tempérament, leurs parents et leurs pairs. Par ailleurs, l'influence des pairs est bien plus importante que celle des parents. Le monde que les enfants partagent avec leurs pairs façonne leur comportement et modifie les caractéristiques avec lesquelles ils sont nés. C'est donc lui qui détermine le style de personne qu'ils deviendront en grandissant.

La psychologue explique : « Les enfants se font une idée de la manière dont ils doivent se comporter en s'identifiant avec un groupe, dont ils adoptent les attitudes, les comportements, le langage et le style vestimentaire. Presque tous les enfants le font automatiquement et volontairement : ils *veulent* ressembler à leurs pairs. Et si, par hasard, il leur venait l'idée de se distinguer, les autres auraient vite fait de leur rappeler ce qu'il en coûte d'être différent. [...] Le clou qui dépasse doit être enfoncé à coups de marteau. »

Étant donné que la transgression des règles est le meilleur moyen pour se faire exclure du groupe, nous sommes prêts à renier nos passions les plus profondes pour rester en relation avec nos pairs. À l'école, nous dissimulons notre intérêt pour la physique car notre cercle d'amis trouve que cette matière n'est « pas cool ». Nous passons des après-midis entiers à jouer au basket alors que nous préférerions largement apprendre à préparer les cinq sauces mères d'Escoffier. Nous ne mentionnons jamais notre fascination pour le hip-hop, car les gens avec qui nous voyageons associent cette activité à la « racaille ». Pour trouver notre Élément, il se peut que nous ayons besoin de sortir de notre cercle habituel.

Shawn Carter naquit à New York dans une cité de Brooklyn. Désormais connu sous le nom de Jay-Z, il est l'un des musiciens et hommes d'affaires de sa génération qui ont le mieux réussi, et il a plusieurs millions de fans à travers le monde. Pour en arriver là, il a d'abord dû faire face à la désapprobation et au scepticisme des amis et pairs aux côtés desquels il a grandi dans les rues de Brooklyn. « Quand j'ai quitté le quartier, tout le monde disait que j'étais cinglé, a-t-il rapporté suite à ses premiers succès. Je me débrouillais bien dans la rue, et les gars autour de moi disaient : "Les rappeurs sont rien que des putes. Ils enregistrent, font des tournées, sont loin de leur famille, et pendant ce temps-là y'a un blanc qui récupère le flouze." Mais j'avais bien l'intention de faire en sorte que les choses se passent autrement. »

Il a pris pour modèle le producteur Russell Simmons. Comme lui, il est aujourd'hui à la tête d'un empire provenant de son succès en tant que musicien, mais qui inclut aussi une marque de vêtements et un label de disques. Ce faisant, le rappeur a accumulé une immense fortune personnelle et regagné le respect de la plupart de ses amis de Brooklyn, dont il avait dû s'éloigner pour faire son chemin.

Dans des cas extrêmes, un groupe de pairs peut se laisser piéger par ce que le psychologue Irving Janis appelle « groupthink » (la pensée de groupe, ou pensée collective), un mode de pensée « adopté par les gens qui sont profondément impliqués dans un cercle fermé, où la recherche de l'unanimité prime sur la volonté de ses membres d'envisager de manière réaliste d'autres lignes de conduite ». La croyance qui prévaut alors est la suivante : le groupe est le meilleur juge, et une décision qui semble représentative de la majorité de ses membres ne nécessite nullement un examen attentif, même si elle va à l'encontre de votre propre instinct.

Un certain nombre d'études célèbres (parfois tristement) ont été menées sur les effets de la pensée de groupe, parmi lesquelles l'expérience sur le conformisme, de Solomon Asch.

En 1951, ce psychologue répartit des étudiants en groupes de huit à dix, en leur disant qu'il conduisait une étude sur la perception visuelle. Tous les étudiants sauf un étaient « dans le coup » : ils connaissaient la véritable nature de l'expérience, et Asch leur avait donné pour consigne de fournir des réponses fausses la plupart du temps. Le sujet « naïf », non prévenu, répondait à chaque question après avoir entendu les réponses de la majorité des autres membres du groupe.

Asch montra aux étudiants une carte avec un trait dessus. Puis il leur présenta une autre carte sur laquelle figuraient trois traits de longueurs différentes, et il leur demanda lequel avait la même longueur que le trait de la première carte. La réponse était flagrante, mais Asch avait recommandé aux étudiants complices de désigner l'un des deux mauvais traits. Lorsque vint le tour du sujet naïf, le phénomène de pensée collective entra en action. Dans la plupart des cas, le cobaye répondit au moins une fois par séance comme le reste du groupe, alors que la bonne réponse s'imposait.

Interrogés par la suite, la plupart des sujets naïfs reconnurent qu'ils avaient sciemment donné la mauvaise réponse, pour ne pas se singulariser. Asch écrivit : « La tendance au conformisme est si forte dans notre société que des jeunes gens relativement intelligents et bien intentionnés sont prêts à dire que le noir est blanc. Ce phénomène est préoccupant. Il nous pousse à nous interroger sur nos méthodes d'éducation et les valeurs qui guident notre conduite. »

Dans l'un de ses ouvrages, le spécialiste en sciences du management Jerry B. Harvey cite un autre exemple célèbre, qualifié de paradoxe d'Abilene. Par un torride après-midi d'été à Coleman, au Texas, une famille joue tranquillement aux dominos sur la véranda lorsque le beau-père propose d'aller dîner à Abilene, qui se trouve à 85 km au nord. L'auteur décrit la scène ainsi : « La femme répond : "Ça me semble une bonne idée." Le mari, malgré ses réserves car il fait chaud et que c'est loin, pense que ses préférences doivent diverger de celles du groupe et dit : "Ça me paraît bien. J'espère seulement que ta mère voudra y aller." La belle-mère réplique alors : "Bien sûr que je veux y aller. Ça fait longtemps que je n'ai pas été à Abilene." Le trajet s'avère effectivement chaud, poussiéreux et long. Une fois arrivés à la cafétéria, ils mangent mal. Ils rentrent à la maison quatre heures plus tard, épuisés. L'un d'entre eux dit en toute mauvaise foi : "C'était vraiment sympa, cette virée, vous ne trouvez pas ? "

« La belle-mère répond qu'en fait elle aurait préféré rester à la maison, mais qu'elle les a accompagnés parce qu'ils paraissaient tous les trois tellement enthousiastes. Le mari rétorque : "Je n'avais pas envie d'y aller. C'était juste pour vous." Puis la femme : "Je suis venue pour vous faire plaisir. Je n'aurais jamais eu l'idée de sortir par une chaleur pareille." Enfin le beau-père réplique qu'il avait juste proposé ça de peur qu'ils s'ennuient.

« Les quatre membres du groupe en restent bouche bée, embarrassés d'avoir décidé ensemble une sortie dont personne n'avait envie. Chacun d'eux aurait préféré rester tranquillement dans son fauteuil, mais aucun ne l'a avoué pendant qu'il était encore temps de profiter de la fin de l'après-midi. »

Cette histoire anodine mais frappante illustre bien les conséquences éventuelles de la pensée collective. Chaque membre du groupe a accepté de faire une chose dont il n'avait pas envie, car il pensait que les autres y tenaient. Résultat des courses, personne n'a été content.

Laisser la pensée de groupe influer sur nos choix d'avenir peut avoir des conséquences tout aussi désagréables – et bien plus graves. En nous rangeant à l'opinion générale selon laquelle la physique n'est pas cool, que le basket vaut mieux que la grande cuisine ou que le hip-hop est indigne de nous, nous ne rendons service ni à nous-mêmes, ni au groupe. Peut-être que, comme les dîneurs d'Abilene, d'autres membres du cercle désapprouvent également en secret mais n'osent pas tenir tête au groupe. Aussi la pensée collective risque-t-elle d'amoindrir le groupe dans son ensemble.

Les principaux obstacles à la découverte de notre Élément surgissent souvent à l'école. Parmi ceux-ci, la hiérarchisation des matières : de nombreux élèves ne trouvent jamais leurs véritables talents et centres d'intérêt. En outre, la société se divise en différentes sous-cultures. Pour certaines, la règle veut qu'il ne soit tout simplement pas cool d'étudier. Si vous faites des sciences, vous êtes une tronche. Si vous faites de l'art ou de la danse, vous êtes un bouffon. Pour d'autres groupes, ces disciplines sont essentielles.

La force du groupe est de valider les intérêts partagés par ses membres. Mais la pensée collective risque d'émousser le jugement individuel. Le groupe pense à l'unisson et agit ensemble. Comme disait Georges Brassens,

« Le pluriel ne vaut rien à l'homme et sitôt qu'on
Est plus de quatre, on est une bande de cons ».

L'union fait la force

Vous avez sans doute déjà vu ces images où un gigantesque banc de poissons nageant en formation serrée changent instantanément de direction comme un seul homme. Vous avez peut-être vu ces nuages d'insectes descendre du ciel en piqué et tournoyer, comme s'ils obéissaient à la baguette d'un chef. Cet impressionnant spectacle nous apparaît comme un comportement maîtrisé et intelligent. Mais chaque hareng ou moustique n'agit pas de sa propre initiative, comme nous, humains, pourrions le penser. Nous ignorons ce qu'ils ont à l'esprit tandis qu'ils suivent leurs congénères, mais nous savons qu'ils agissent presque comme une seule créature. Aujourd'hui, les scientifiques comprennent mieux comment les choses se passent.

Il est fort probable que les poissons procèdent à ces spectaculaires changements de direction en suivant les mouvements du congénère qui se trouve dans son champ de perception. Ce qui nous semble un chef-d'œuvre chorégraphique n'est sans doute guère plus qu'une version particulièrement élégante du jeu du chef d'orchestre. Pour illustrer ce phénomène, il existe des logiciels qui simulent avec une remarquable précision les déplacements des essaims d'insectes et des bancs de poissons.

Il semble qu'un principe similaire régisse le comportement de l'une des créatures les plus anciennes et efficaces de la terre : la fourmi. Si vous regardez l'une d'elles errer sur le sol de votre cuisine à la recherche d'une bouchée de nourriture, vous n'avez guère l'impression qu'une intelligence particulièrement développée soit à l'œuvre. Pourtant, l'activité des colonies de fourmis constitue un miracle d'efficacité. Elle repose sur ce que l'on appelle l'intelligence en essaim, qui fait actuellement l'objet de recherches intensives. S'ils n'ont pas encore totalement compris comment les fourmis ont développé un travail d'équipe aussi sophistiqué, les scientifiques savent que celles-ci atteignent leurs objectifs en remplissant chacune leur rôle très spécifique avec une précision militaire.

Par exemple, lorsqu'il s'agit de trouver de la nourriture, une fourmi ménage une piste en déposant une traînée de phéromones. Puis la fourmi suivante suit cette piste en déposant ses propres phéromones. Ainsi, un large groupe atteint la source de nourriture et rapporte, telle une équipe, son butin à la colonie. Chaque fourmi agit dans un but global, mais aucune ne prend la tête des opérations. En effet, il semble qu'il n'y ait pas la moindre hiérarchie dans une colonie de fourmis. Même la reine a pour seule fonction de pondre des œufs. Cette coordination que l'on observe chez les poissons, les fourmis, les moustiques et la plupart des animaux concerne essentiellement la protection et la sécurité, la reproduction et la survie, la recherche de nourriture et le fait d'éviter de servir de nourriture à d'autres.

Le phénomène est à peu près identique chez les êtres humains. Nous nous rassemblons pour atteindre les mêmes objectifs primordiaux. Avec un avantage : le groupe procure un extraordinaire soutien. Et un inconvénient : il encourage l'uniformisation de la pensée et des comportements. Trouver son Élément consiste à se découvrir soi-même, et vous ne pouvez le faire si vous devez vous conformer aux autres. Vous ne pouvez être vous-même au milieu d'un essaim.

Pression culturelle : string ou feuille de vigne ?

En plus des pressions sociales spécifiques que familles et amis peuvent exercer sur nous, il en est d'autres qui font implicitement partie de notre culture en général. Par culture, je veux dire les valeurs et les types de comportements qui caractérisent différents groupes sociaux. La culture est un ensemble de comportements qui sont autorisés ou non dans une communauté donnée. Faute de connaître les codes d'une culture, vous risquez de faire sensation.

Je me souviendrai toujours de cet homme qui s'est ridiculisé sur une plage de Malibu, en Californie. Il se promenait tranquillement, d'un air suffisant, dans un accoutrement si inattendu qu'une connivence s'établit aussitôt entre les nombreux quidams qui jonchaient la plage. L'homme avait la quarantaine. Sans doute un cadre dynamique qui, dans d'autres contextes, devait avoir une certaine prestance. Mais ici, pas la moindre. Dans un pays où l'on pratique la culture physique et le tapis de course à outrance, il était blafard, velu, et occupait un corps avachi qui passait manifestement ses journées derrière un bureau et ses soirées sur un tabouret de bar. On aurait encore pu lui pardonner tout cela. Mais pas de porter un string léopard.

Ledit string se plaquait sur ses parties intimes tel un masque à oxygène. Un cordon élastique le maintenait en place, qui ceignait sa taille et filait entre ses fesses nues. Il paradait le long de la plage, visiblement ravi que tous les yeux ébahis se tournent vers lui, en une majestueuse ola digne d'un stade de foot. Tel un symbole autoproclamé d'attirance physique et de sex-appeal, il semblait s'abandonner au rayonnement intense de l'ovation populaire. Cependant, tout le monde n'était pas de cet avis. « Il aurait pu au moins s'épiler ! » s'exclama mon voisin.

Pourquoi avons-nous tous trouvé cette scène aussi drôle et fascinante ? Pas uniquement à cause de la haute opinion qu'il avait de son charme. Mais aussi parce qu'il était en complet décalage. Sa tenue et son attitude seraient sans doute passées sur la côte d'Azur, mais à Malibu, pour différentes raisons, il avait tout faux. Sur les plages californiennes, il existe un code implicite pour les hommes ;

un curieux mélange d'ostentation et de pudeur. On admet les torses huilés et les muscles saillants, mais pas les fesses nues. D'un bout à l'autre des États-Unis, on trouve une combinaison complexe de sensualité et de pudibonderie.

Peu de temps après, je me trouvais à Barcelone avec ma femme Terry. Le port du centre-ville est bordé de plages. Tous les midis durant l'été, les jeunes employés des bureaux voisins se ruent sur le sable pour bronzer pratiquement nus, en string tout au plus. En Espagne, c'est tout à fait admis. Il paraîtrait même curieux d'y voir quelqu'un en T-shirt et bermuda. La culture locale admet que l'on se balade sur la plage dans le plus simple appareil.

Toutes les cultures sociales favorisent ce que j'appelle le caractère contagieux du comportement. L'un des meilleurs exemples est la langue parlée, et plus particulièrement les accents et les dialectes, qui illustrent à merveille la propension au mimétisme et au conformisme. Il paraîtrait étrange qu'une personne née et élevée dans les Highlands d'Écosse ou les Badlands du Montana ne parle pas le dialecte local avec l'accent idoine. Les habitants seraient stupéfaits d'entendre un enfant du cru se mettre à parler en français ou en hébreu. Mais ils seraient tout aussi étonnés s'il se mettait à parler la langue locale dans un patois ou avec un accent totalement différent de celui de son entourage. D'instinct, les enfants imitent ce qu'ils perçoivent. Au fur et à mesure qu'ils grandissent, ils assimilent non seulement les sons, mais également la sensibilité que ceux-ci expriment et la culture qu'ils véhiculent. La langue est détentrice des gènes culturels. Quand nous apprenons une langue, un accent ou une manière de parler, nous apprenons aussi une manière de penser, de ressentir et d'établir des relations.

La culture dans laquelle nous baignons n'affecte pas uniquement nos valeurs et notre conception des choses. Là encore, la langue fournit un excellent exemple. Quand nous apprenons à parler, notre bouche et notre appareil phonatoire s'adaptent afin d'émettre les sons de notre langue maternelle. Si nous grandissons avec seulement une ou deux langues, par la suite nous serons physiquement en peine de former les sons que nécessitent d'autres langues – le « v » de l'espagnol, le « r » du russe ou les tons de certaines langues asiatiques. Pour apprendre une autre langue, sans doute devrons-nous exercer de nouveau notre corps à prononcer et à entendre les nouveaux sons. Toutefois la culture peut avoir des effets plus profonds encore, jusque dans la structure du cerveau.

Ces dernières années, on a mené des recherches fascinantes sur les différences de perception visuelle en Occident et en Asie orientale. Elles donnent à penser que notre culture affecte les processus fondamentaux de notre perception du monde. Dans le cadre de l'une de ces études, on a demandé à des Occidentaux et à des Asiatiques de regarder une série de photographies et de décrire ce qu'ils voyaient. Des différences frappantes en sont ressorties. De manière schématique, les Occidentaux ont tendance à se concentrer davantage sur le premier plan de l'image et sur ce qu'ils considèrent comme son sujet. Tandis que les Asiatiques s'intéressent plutôt à l'ensemble de l'image, et aux relations entre ses différents éléments. Par exemple, l'une des photographies représentait un paysage de jungle avec un tigre. Les observateurs occidentaux y ont vu « un tigre ». Pour le lecteur occidental que vous êtes, cela semble sans doute assez pertinent. Cependant, les observateurs asiatiques ont vu « une jungle dans laquelle se trouve un tigre » ou « un tigre dans une jungle ». La différence est significative, et renvoie à des différences culturelles plus larges entre Occidentaux et Asiatiques concernant leur vision du monde.

De façon générale, l'art asiatique met beaucoup moins l'accent sur le portrait et les autres sujets individualisés que l'art occidental. Les cultures asiatiques accordent moins d'importance à l'individuel, et davantage au collectif. Depuis l'Antiquité grecque, la philosophie occidentale privilégie le raisonnement critique, l'analyse logique et la répartition des idées et des choses en catégories. En revanche, la philosophie chinoise ne repose pas autant sur la logique et le raisonnement déductif ; elle accorde une place plus grande aux relations et au holisme. Cette perception entraîne sans doute une mémoire et un jugement différents. Enfin, une étude suggère qu'avec le temps la structure neuronale se modifie.

Dans l'Illinois et à Singapour, des chercheurs ont contrôlé l'activité cérébrale de volontaires jeunes et âgés tandis qu'ils regardaient une série d'images constituées de différents sujets et arrière-plans. En recourant à l'imagerie par résonance magnétique fonctionnelle, ils se sont concentrés sur la partie du cerveau appelée « complexe occipital latéral », qui traite les informations visuelles relatives aux objets. Alors que tous les jeunes participants ont présenté une activité cérébrale similaire, les sujets âgés ont eu des réactions neuronales très différentes selon leur origine. Chez les Occidentaux, le complexe occipital latéral restait actif, tandis que chez les Asiatiques il présentait une activité restreinte.

Le Pr Michael Chee, chercheur du Laboratoire de neurosciences cognitives de Singapour et coauteur de l'étude, en a conclu : « Les parties du cerveau impliquées dans le traitement de l'arrière-plan et des objets sont sollicitées différemment parmi les personnes âgées en fonction de leur origine géographique, et par conséquent culturelle. » Denise Park, professeur de psychologie à l'université de l'Illinois, est le second chercheur en charge du projet. D'après elle, cette différence est probablement due au fait que les cultures d'Asie orientale « sont plus interdépendantes et que les individus passent davantage de temps à observer leur environnement et leurs congénères. En revanche, les Occidentaux se concentrent sur les personnages et les objets principaux parce que, de par leurs cultures, ils ont tendance à être indépendants et à se concentrer davantage sur eux que sur les autres ». Selon elle, ces études donnent à penser que la culture est capable de façonner le cerveau.

Afin de prouver ce phénomène et d'envisager son ampleur, de plus en plus de scientifiques s'intéressent à la question. En attendant, il semble déjà clair que notre culture n'affecte pas uniquement la façon dont nous pensons, mais aussi la manière dont nous percevons le monde. La culture conditionne chacun de nous de manière imperceptible.

Nager à contre-courant

Selon l'anthropologue Clotaire Rapaille, chaque culture a son « code de survie ». Bien que non écrites, ses règles et préconisations sont transparentes pour la plupart d'entre nous (excepté l'homme au string !), et ceux qui passent d'une culture à une autre repèrent assez vite les différences qui les distinguent. Ce code de survie est le fruit de plusieurs générations d'adaptation au contexte spécifique à chaque culture. Mais, bien qu'il permette aux membres de cette culture de se développer, il pose un certain nombre de contraintes. Or ces contraintes peuvent nous freiner dans la recherche de l'Élément si notre passion semble aller à l'encontre de notre culture.

Les plus grands mouvements sociaux sont ceux qui enfreignent les limites. Le rock, le mouvement punk, le hip-hop et autres révolutions culturelles tiennent en règle générale leur énergie de jeunes gens qui recherchent une nouvelle manière d'être. La révolte des jeunes s'exprime souvent à travers des styles de langage et d'habillement, qui s'avèrent aussi conformistes et traditionnels au sein de leur sous-culture qu'ils détonnent avec la culture dominante dont ils tentent de se démarquer. Vous aurez du mal à passer pour un hippie en arborant un costume Armani...

Toute culture, ou sous-culture, implique un ensemble de contraintes qui pourrait empêcher une personne d'atteindre son Élément si sa passion entrait en conflit avec son milieu. Certains individus nés au sein d'une culture finissent par en adopter une autre, dont la sensibilité et le mode de vie leur conviennent mieux, tels des travestis culturels. Ainsi, un Français peut devenir anglophile, ou un Américain francophile. À l'instar de ceux qui changent de religion, ils s'avèrent parfois plus zélés vis-à-vis de leur culture d'adoption que ceux qui sont nés avec.

La culture urbaine n'est pas forcément l'idéal pour celui qui veut tenir une boutique où il connaîtra tous ses clients par leur nom. La culture de l'Amérique profonde ne favorise pas toujours celui qui souhaite devenir un humoriste politique décapant. Voilà pourquoi Bob Dylan a dû partir de Hibbing, et pourquoi Arianna Stassinopoulos a voulu quitter la Grèce. Trouver son Élément nécessite parfois de rompre avec sa culture natale afin de parvenir à son but.

Première femme à avoir obtenu le prix d'architecture Pritzker, Zaha Hadid grandit à Bagdad dans les années 1950.

À l'époque, l'Irak était bien plus laïque et ouvert à la pensée occidentale. De nombreuses Irakiennes menaient alors des carrières ambitieuses. Cependant, Zaha Hadid souhaitait devenir architecte et n'avait aucun modèle féminin dans ce domaine en Irak. Poussée par sa passion, elle partit d'abord pour Londres, puis aux États-Unis, où elle étudia auprès des plus grands architectes de son temps et se forgea un style révolutionnaire. Malgré des débuts difficiles – son travail impliquait des changements conceptuels considérables auxquels bien des clients répugnèrent dans un premier temps –, elle finit par construire quelques-unes des structures les plus originales au monde.

Parmi ses réalisations figure le centre d'art contemporain Rosenthal de Cincinnati, dans l'Ohio, qui, selon le *New York Times*, fut « le bâtiment le plus fabuleux construit depuis la guerre froide ». En quittant sa culture pour un environnement qui prônait l'inventivité, Hadid put prendre son essor. En Irak, elle aurait sans doute réalisé une bonne carrière, du moins jusqu'à ce que le contexte politique transforme la condition féminine. Toutefois, elle n'aurait pas trouvé son Élément dans le domaine de l'architecture, car sa culture natale ne le lui aurait sans doute pas permis.

Au sein d'un banc de poissons, d'un essaim d'insectes ou d'une foule de gens, le caractère contagieux du comportement découle de la proximité physique. À travers l'histoire de l'humanité, les identités culturelles se sont également formées par le biais d'un contact direct avec les individus les plus proches, qui se trouvaient dans le village même ou les bourgs voisins. Jadis, les grands mouvements de population se limitaient aux colonisations, aux conquêtes militaires et aux échanges commerciaux, principaux biais par lesquels les notions culturelles se diffusaient et les langues et modes de vie s'imposaient à d'autres communautés.

Tout cela a changé de manière irréversible au cours des deux derniers siècles, avec l'essor des communications. Dorénavant, les comportements se propagent à grande échelle par l'intermédiaire de la Toile. Avec le jeu en ligne *Second Life*, des millions d'internautes aux quatre coins du monde influent sur leurs modes de pensée respectifs et revêtent de nouvelles identités virtuelles.

Telles des poupées russes, la plupart d'entre nous possèdent aujourd'hui de multiples couches d'identité culturelle. Ainsi, j'ai souri en lisant récemment qu'à l'heure actuelle, être britannique signifie « rentrer à la maison dans une voiture allemande, s'arrêter en route pour acheter de la bière belge et un kebab turc ou un plat indien, puis passer la soirée sur un canapé suédois à regarder des séries américaines sur une télé japonaise ». Et quel est le comportement le plus typique des Britanniques ? « Se méfier de tout ce qui est étranger. »

La complexité et la fluctuation des cultures contemporaines permettent plus facilement de changer d'environnement et d'échapper aux pressions de la pensée collective et des stéréotypes. Mais elles peuvent également susciter un sentiment de confusion et d'insécurité. Mon message n'est pas aussi simpliste que d'affirmer : « Ne laissez rien se mettre en travers de votre chemin. » Votre famille, vos amis, votre culture et votre place dans la société contribuent tous à votre épanouissement, et vous avez certains devoirs envers eux. Voici le véritable message : à la recherche de votre Élément, vous devrez probablement faire face à un ou plusieurs de ces trois types de pression – personnelle, sociale et culturelle.

Pour atteindre votre Élément en dépit d'extraordinaires obstacles, vous devrez parfois trouver des solutions inventives, comme cela a été le cas de Chuck Close. Parfois, comme Paulo Coelho, vous devrez vous tenir à votre vision en dépit d'une résistance des plus violente. Ou encore, à l'instar de Zaha Hadid, vous devrez quitter votre pays et votre famille pour trouver un environnement plus propice à votre évolution.

En définitive, la question sera toujours de savoir : « Quel prix êtes-vous prêt à payer ? » L'Élément présente des avantages considérables mais, pour en bénéficier, il se peut que vous ayez à repousser une forte opposition.

CHAPITRE 7

VOUS ESTIMEZ-VOUS CHANCEUX ?

Pour trouver son Élément, il est essentiel d'avoir un don et une passion. Mais cela ne suffit pas. Compte avant tout le point de vue que nous avons sur nous-mêmes et sur les événements de notre vie : c'est une question d'attitude.

À l'âge de 12 ans, alors qu'il fréquentait le collège de garçons de Scarborough en Angleterre, John Wilson entra dans la salle de chimie par un jour pluvieux de la fin du mois d'octobre 1931. Il ne se doutait pas le moins du monde que sa vie allait changer du tout au tout. Ce jour-là, l'expérience visait à montrer que, lorsqu'on chauffe un tube à essai rempli d'eau, l'oxygène s'échappe à la surface sous forme de bouillonnement. Ce que les élèves de cet établissement et de tous les collèges du monde faisaient depuis des temps immémoriaux. Cependant, le tube à essai que le professeur donna à John n'était pas tout à fait semblable à ceux utilisés habituellement : à la suite d'une erreur, celui-ci contenait un produit plus volatile que l'eau. Il s'avéra plus tard que le laborantin, par distraction, avait collé la mauvaise étiquette sur le récipient. Lorsque John chauffa la solution à l'aide d'un bec Bunsen, le tube à essai explosa, fit voler en éclats les flacons alentour, détruisit une partie de la salle et projeta des tessons de verre acérés sur les élèves. Plusieurs d'entre eux furent blessés.

John Wilson perdit la vue et passa les deux mois qui suivirent à l'hôpital. Lorsqu'il rentra chez lui, ses parents s'efforcèrent de surmonter la catastrophe qui s'était abattue sur la famille. Cependant, John ne considérait pas cet accident comme une catastrophe. « Cela ne m'apparut nullement comme une tragédie », confia-t-il au *Times*. Il savait qu'il avait encore la vie devant lui, et il n'avait pas l'intention de la vivre à moitié. Il apprit rapidement le braille et continua sa scolarité à l'école pour aveugles de Worcester, qui avait très bonne réputation. Non seulement il y excella dans les matières principales, mais il devint également un rameur, un nageur, un comédien, un musicien et un orateur hors pair.

Après avoir quitté Worcester, Wilson fit des études de droit à Oxford. Loin de l'environnement protégé d'un établissement conçu pour les aveugles, il se retrouva aux prises avec l'animation du campus et des rues alentour. Mais, au lieu de se servir d'une canne blanche, il s'en remit à la finesse de son ouïe et à ce qu'il appelait son « sens de l'obstacle » pour rester à l'abri du danger. Après avoir obtenu son diplôme de droit, il trouva un emploi au Royal National Institute for the Blind (Institut national britannique pour les aveugles). Cependant, sa véritable vocation l'attendait encore.

En 1946, il participa à une mission d'inspection des territoires britanniques en Afrique et au Moyen-Orient. Il découvrit que la cécité y était endémique. Et, contrairement à l'accident qui lui avait coûté ses yeux, on pouvait dans bien des cas éviter les maladies qui provoquaient ce handicap. Pour Wilson, c'était une chose d'accepter son propre sort, et tout autre chose de laisser perdurer une situation à laquelle on pouvait aisément remédier. Aussi passa-t-il à l'action.

Le rapport qu'il rédigea à son retour déboucha sur la création de la British Empire Society for the Blind, aujourd'hui appelée Sight Savers International. Wilson lui-même en assura la direction pendant plus de 30 ans, avec des résultats remarquables.

Il parcourait souvent plus de 80 000 km par an, car il considérait ces déplacements comme une part essentielle de sa mission. En effet, il estimait devoir être sur les lieux mêmes où œuvrait l'association. En 1950, il habita avec sa femme une hutte de terre dans une région du Ghana surnommée « le pays des aveugles », parce qu'une maladie transmise par les piqûres d'insectes avait fait perdre la vue à 10 % de la population. Il demanda à son équipe de chercher un traitement préventif contre l'onchocercose, communément appelée « cécité des rivières ». Dans les années 1980, en traitant au Mectizan les enfants de sept pays africains, l'association parvint à maîtriser la maladie. Sans exagérer, on peut dire que des générations d'enfants africains doivent la vue aux efforts de John Wilson.

Sous la direction de cet homme, l'association procéda à 3 millions d'opérations de la cataracte et soigna 12 autres millions de patients susceptibles de devenir aveugles. Elle administra plus de 100 millions de doses de vitamine A pour prévenir la cécité infantile et distribua des kits d'apprentissage du braille à travers l'Afrique et l'Asie. Au total, des dizaines de millions de personnes ont conservé la vue grâce à la volonté de John Wilson d'éviter l'évitable !

Une fois à la retraite, lui et sa femme consacrèrent leur formidable énergie au programme Impact de l'OMS, qui a pour but de prévenir toutes les maladies invalidantes. Fait chevalier de l'Ordre de l'Empire britannique en 1975, il se vit également décerner le prix Helen Keller, le prix Albert Schweitzer et le Prix mondial humanitaire. Jusqu'à sa mort, survenue en 1999, il continua à militer en faveur de la prévention de la cécité et de toutes les infirmités évitables.

Dans la biographie qu'il lui a consacrée, John Coles écrit : « Sans conteste, ses exploits sont comparables à ceux d'autres grands humanitaires. » Certains ont comparé son action à celle de Mère Teresa.

Confrontés à la même situation que sir John Wilson, d'autres auraient pleuré sur leur propre sort. Ils auraient considéré que la mauvaise fortune les avait frappés, et condamnés à ne rien faire de significatif de leur vie. Wilson, lui, soutint que la cécité était « une sacrée barbe, mais pas une affliction paralysante », et donna le meilleur exemple qui soit par son attitude.

Il perdit la vue mais trouva une vision. Il montra de manière spectaculaire que ce n'est pas l'événement qui détermine notre vie, mais ce que nous en faisons.

États d'esprit et talents personnels

Donner des exemples de personnalités qui ont trouvé leur Élément présente un inconvénient. Certes, leur histoire peut stimuler le lecteur, mais elle peut aussi le déprimer. Car, après tout, ces personnes semblent être nées sous une bonne étoile : par un heureux hasard, elles ont pu faire ce qu'elles adorent et elles y excellent. On pourrait aisément assimiler ce hasard à de la chance. D'ailleurs, les individus qui aiment ce qu'ils font disent souvent qu'ils ont eu de la chance – tout comme ceux qui sont dans le cas contraire prétendent qu'ils n'en ont pas eu. Bien sûr, certains privilégiés ont eu la veine de découvrir leur passion et l'occasion de s'y adonner, tandis que d'autres ont toujours connu la guigne. Mais nous subissons tous de bonnes et de mauvaises choses. Ce n'est pas ce qui nous arrive qui fait la différence dans notre vie, mais la manière dont nous appréhendons ces événements. La notion de chance est idéale pour illustrer à quel point notre comportement naturel peut influer sur notre recherche de l'Élément.

Quand nous nous qualifions de chanceux ou de malchanceux, nous donnons à penser que nous sommes simplement les bénéficiaires ou les victimes de circonstances fortuites. Mais si la découverte de votre Élément ne tient qu'au hasard, alors croisez les doigts et attendez... Or avoir de la chance, c'est bien plus que cela. Les recherches et l'expérience montrent que les personnes chanceuses suscitent la chance par leur attitude.

Au chapitre 3 consacré à la créativité, j'expliquais comment nous créons et modelons tous dans une grande mesure la réalité de notre propre vie. Ceux qui se contentent d'attendre que de bonnes choses leur arrivent auraient vraiment beaucoup de chance si cela se réalisait. Toutes les personnes que je présente dans ce livre ont joué un rôle actif pour que la chance leur sourie. Différentes attitudes et comportements leur ont permis de bénéficier d'occasions favorables et leur ont procuré la confiance nécessaire pour les saisir.

L'une de ces attitudes consiste à envisager chaque situation sous divers angles. Il y a une différence entre ce que nous sommes capables de percevoir – notre champ de perception – et ce que nous percevons vraiment. Comme je l'ai mentionné au chapitre précédent, il y a des différences culturelles significatives dans la manière dont les gens perçoivent le monde qui les entoure. Toutefois, deux personnes de même culture peuvent aussi envisager une même situation de façon totalement différente selon leurs idées préconçues et la mission dont elles se sentent investies. Auteur à succès et orateur exceptionnel, Anthony Robbins l'a démontré par une expérience très simple.

Au cours de ses séminaires de trois jours, il confie aux milliers de participants la tâche de compter le nombre de vêtements verts qu'ils voient dans l'assistance. Il leur laisse quelques minutes pour le faire, avant de leur demander ce qu'ils ont trouvé. Puis il leur demande combien ils ont vu de vêtements rouges. La plupart sont incapables de répondre. Robbins les ayant interrogés sur le nombre de vêtements verts, ils se sont concentrés uniquement sur cette couleur.

Dans son ouvrage *Notre capital chance*, le psychologue Richard Wiseman décrit l'étude qu'il a réalisée sur quatre cents personnes particulièrement « chanceuses » ou « malchanceuses ». Il constate que celles qui se considèrent comme chanceuses ont tendance à faire preuve d'attitudes et de comportements similaires, tandis que les personnes malchanceuses révèlent des traits de caractère opposés.

Wiseman identifie quatre principes caractérisant les personnes chanceuses. Premièrement, elles tendent à exploiter au maximum les occasions : elles sont particulièrement aptes à les susciter et à les repérer, et à agir lorsque celles-ci se présentent. Deuxièmement, elles excellent à écouter leur intuition et pratiquent des activités (comme la méditation) qui visent à renforcer leurs capacités intuitives. Troisièmement, elles s'attendent à avoir de la chance, ce qui suscite une série de prophéties autoréalisatrices car elles abordent le monde en prévoyant un résultat positif. Enfin, les personnes chanceuses ont une attitude qui leur permet de retourner la malchance. Elles ne se laissent pas submerger par la déveine, et réagissent rapidement pour prendre le contrôle de la situation lorsque les choses tournent mal.

Par ailleurs, le Pr Wiseman a étudié l'influence de notre perception du monde sur notre chance. Dans le cadre de cette expérience, il a installé dans un café un groupe de comédiens qui devait se comporter comme des clients ordinaires, puis il a laissé un billet de cinq livres sur le trottoir juste devant. Ensuite, il a demandé à l'un de ses volontaires « chanceux » de se rendre au café. Celui-ci a vu le billet, l'a ramassé, est entré et a commandé un café pour lui-même et l'inconnu qui se trouvait à la place voisine. Ils ont engagé la conversation et fini par échanger leurs coordonnées.

Puis Wiseman a envoyé l'un de ses volontaires « malchanceux ». Celui-ci a enjambé le billet de cinq livres, est entré, a pris un café et n'a parlé à personne. Plus tard, le psychologue a demandé aux deux volontaires s'ils avaient eu de la chance ce jour-là. Le premier a parlé du billet et de sa nouvelle connaissance, tandis que le second n'a rien trouvé à mentionner.

Afin de rester ouvert aux occasions qui se présentent, nous pouvons essayer d'envisager autrement notre situation actuelle. Nous percevrons alors un monde qui regorge de possibilités et saisirons celles qui nous paraissent en valoir la peine. Robbins et Wiseman nous montrent qu'à trop limiter notre point de vue, nous passons à côté du monde qui tourbillonne autour de nous.

Pour favoriser ce que beaucoup appellent la chance, on peut aussi recadrer les choses, c'est-à-dire tourner à notre avantage une situation qui ne se déroule pas comme prévu.

Si les choses s'étaient passées autrement, je ne serais sans doute pas en train d'écrire ce livre et vous n'auriez donc aucune chance de le lire. Je serais probablement le patron d'un café des sports en Angleterre, et j'abreuverais ceux qui voudraient l'entendre du récit de ma brillante carrière de footballeur. En effet, j'ai grandi à Liverpool dans une famille nombreuse composée de plusieurs frères et d'une sœur. Mon père pratiquait le foot et la boxe en amateur.

Comme tous les membres de ma grande famille, il ne jurait que par l'équipe de foot locale, Everton. Tous les foyers du quartier rêvaient de voir l'un de ses enfants jouer dans cette équipe.

Jusqu'à mes 4 ans, toute ma famille était persuadée que je serais le joueur d'Everton de notre clan. J'étais fort, très actif, et possédais une aptitude naturelle pour le foot. C'était en 1954, l'année où les épidémies de polio battirent leur plein en Europe et aux États-Unis. Un jour, alors qu'elle venait me chercher à l'école, ma mère me trouva hurlant de douleur à cause d'un violent mal de tête. Comme j'étais un enfant qui criait rarement, ma détresse l'inquiéta. Notre médecin vint à la maison et décréta que j'avais la grippe. Mais dès le lendemain matin, son diagnostic ne tenait plus. Lorsque je me réveillai, j'étais complètement paralysé – je ne pouvais plus bouger.

Je passai les semaines qui suivirent en soins intensifs dans une unité d'isolement réservée aux victimes de la polio. J'avais totalement perdu l'usage de mes jambes et d'une grande partie de mon corps. Pendant 8 mois à l'hôpital, je fus entouré d'autres enfants frappés de paralysie soudaine. Certains étaient enfermés dans un poumon d'acier. D'autres ne survécurent pas.

Très lentement, je commençai à recouvrer un peu de mobilité au niveau de la jambe gauche, puis, par chance, l'entier usage de mes bras et du reste de mon corps. Seule ma jambe droite resta complètement paralysée. Âgé de 5 ans, je quittai enfin l'hôpital en fauteuil roulant avec deux appareils orthopédiques.

Ma carrière de footballeur était fort compromise – quoique, étant donné la manière dont Everton a joué ces derniers temps, je pourrais éventuellement tenter d'intégrer l'équipe.

Cette épreuve foudroya mes parents et tous les membres de ma famille. Durant mon enfance, l'un de leurs principaux soucis fut de savoir comment je ferais pour gagner ma vie. Mes parents comprirent aussitôt que je devais exploiter au mieux mes autres talents, même si à l'époque on ne savait pas encore très bien en quoi ils consistaient. Ils eurent pour priorité de me procurer la meilleure éducation possible. Tout au long de ma scolarité, ils mirent davantage la pression sur moi pour que j'étudie et obtienne de bons résultats. Ce ne fut pas une mince affaire. Car notre famille très nombreuse s'entassait dans une maison qui regorgeait en permanence de visiteurs, de bruit et de rires.

Qui plus est, nous vivions dans le comté de Merseyside au début des années 1960. La musique rock – bien forte – fusait partout. Mon frère Ian jouait de la batterie dans un groupe qui répétait toutes les semaines chez nous, dans la chambre voisine de celle où j'essayais de trouver quelque intérêt à l'algèbre et au latin. De cette bataille entre les livres et la musique endiablée, les premiers ressortaient perdants.

Néanmoins, comme tout autre garçon, j'avais conscience qu'il fallait envisager l'avenir et que je devais faire au mieux avec ce que j'avais. Le football était désormais hors de question. Quant à la musique, que j'aimais beaucoup, je n'avais pas de véritable talent pour me diriger dans cette voie. Sous la pression bienveillante de mon père, je parvins au bout de mes études secondaires. Ce fut seulement à l'université que commencèrent à prendre forme les centres d'intérêt qui façonnèrent ma vie.

J'ignore quel genre de footballeur j'aurais pu devenir. Mais je sais que, si la polio m'a irrémédiablement fermé une porte, elle m'en a ouvert bien d'autres. Ni moi ni aucun membre de ma famille ne l'a réalisé à l'époque. Mais la capacité de mes parents à recadrer la situation en faisant tout leur possible pour que je me concentre sur mon travail scolaire, et ma capacité à envisager les choses sous un autre angle, ont transformé une catastrophe en un ensemble de perspectives totalement inattendues qui continuent à évoluer et à se multiplier.

Une autre personne dont la carrière de footballeur fut tuée dans l'œuf a emprunté une voie très différente. Vidal Sassoon est l'un des plus grands noms de la coiffure. Dans les années 1960, sa clientèle comptait les plus grandes stars et les plus célèbres mannequins de son temps, dont le modèle Jean Shrimpton, la styliste Mary Quant, qui inventa la minijupe, et l'actrice Mia Farrow. Parmi ses créations révolutionnaires figurent la coupe au carré, la coupe à cinq pointes et le style de la déesse grecque, qui remplacèrent les choucroutes des années 1950.

Alors que Vidal était enfant dans les quartiers populaires de l'est de Londres, son père abandonna sa famille. Une tante les recueillit avec son frère et sa mère, et le garçon se retrouva avec quatre autres enfants dans un appartement de deux pièces. Les choses se passèrent si mal que sa mère finit par placer ses deux enfants dans un orphelinat. Elle ne put les reprendre que près de 6 ans plus tard. Adolescent, Vidal souhaita passionnément devenir footballeur. Mais sa mère insista pour qu'il se forme au métier de coiffeur, plus sûr.

« J'avais 14 ans, raconte-t-il, et, en Angleterre, à moins d'être né dans un milieu privilégié, c'était l'âge où l'on quittait l'école pour commencer à gagner sa vie. J'ai fait mon apprentissage sur la Whitechapel Road, avec un homme formidable qui s'appelait Adolph Cohen. Qu'est-ce qu'il était strict ! C'était en 1942, pendant la guerre. Les bombes tombaient pratiquement toutes les nuits, la Luftwaffe faisait vivre un enfer à la ville de Londres mais nous devions arriver au salon les ongles propres, le pantalon repassé et les chaussures cirées. Ces deux années auprès de lui m'ont vraiment apporté la structure dont j'avais besoin – les contraintes de la discipline.

« Puis j'ai arrêté de travailler pendant quelque temps, car je n'étais pas encore certain de vouloir devenir coiffeur. J'adorais tellement le football. Finalement, je pense que la perspective de fréquenter toutes ces jolies filles et, bien sûr, l'influence de ma mère ont eu raison de mes doutes. Au début, je ne parvins pas à décrocher une bonne place dans l'ouest de Londres, dans des grands salons comme Raymond's, à cause de mon accent cockney. C'était ainsi en ce temps-là. »

Pendant trois ans, il prit des cours de diction afin d'améliorer sa prononciation et d'obtenir un emploi dans l'un des meilleurs salons de coiffure de la capitale. « Je savais que je devais apprendre à m'affirmer. Alors je me suis fait embaucher comme formateur le soir dans différents salons. Avec mes pourboires, je me rendais en bus dans le West End pour aller au théâtre. J'assistais aux matinées avec de grands comédiens shakespeariens comme Laurence Olivier et John Gielgud, et j'essayais d'imiter leur voix. »

Vidal se rendit régulièrement dans les musées d'art de Londres. Il commença à apprendre l'histoire de la peinture et de l'architecture et à s'en inspirer. « C'est vraiment ça qui m'a permis de trouver ma voie. J'élaborais ma propre vision de la coiffure. Dans ma tête, les coupes étaient toujours géométriques. J'ai toujours recherché une ossature, de manière à définir une femme plutôt que de me contenter de la rendre "mignonne". Je savais que la coiffure pouvait être différente, mais il a fallu beaucoup de travail et neuf années pour mettre au point le système que nous utilisons dans nos salons. »

En 1954, il ouvrit avec un associé un tout petit salon de coiffure au troisième étage d'un immeuble de Bond Street, une rue chic de Londres. « Cette rue avait quelque chose de magique pour moi, elle représentait le West End. C'est dans ce quartier qu'auparavant je n'arrivais pas à trouver d'emploi. J'étais décidé à changer les choses, ou à quitter la coiffure. Pour moi, ce n'était pas une affaire de bouffant et de mise en plis. C'était une question de structure et de manière d'exercer l'œil. »

La première semaine, ils gagnèrent seulement 50 livres sterling. Mais, deux ans plus tard, leur salon marchait si bien qu'ils purent déménager du bon côté de Bond Street et rivaliser avec les grands noms de la coiffure.

« Dans les années 1960, Londres était un endroit fascinant. Avec une énergie fabuleuse. Pas question de faire comme nos parents. Je cherchais toujours une manière différente de faire les choses. Tout changeait autour de nous : la musique, les vêtements et l'art. Aussi était-il évident pour moi que l'on pouvait faire de la coiffure autrement. »

Un jour, il remarqua une chose qui allait transformer sa vision de la coiffure et le métier dans son ensemble. « Un samedi, j'ai vu un de nos gars sécher une cliente juste avec une brosse et un sèche-cheveux, sans aucun rouleau. J'y ai repensé pendant le week-end, et le lundi je lui ai demandé pourquoi il avait fait ainsi. Il m'a répondu qu'il était pressé, qu'il n'avait pas le temps d'attendre que la cliente passe sous le casque. "Pressé ou pas, ai-je répliqué, tu as découvert quelque chose et nous allons y regarder de plus près." Voilà comment nous nous sommes mis au brushing. »

Vidal Sassoon allait révolutionner la coupe et le coiffage, métamorphosant ainsi le métier et l'apparence des femmes à travers le monde.

« J'avais tout le temps des coupes en tête. Je me rappelle le jour où j'ai réalisé la coupe à cinq pointes sur notre mannequin Grace Coddington avant que nous nous envolions tous les deux pour Paris, en 1964. Je voulais la montrer aux magazines. Je savais que nous avions inventé quelque chose, mais il fallait le voir, observer comment les cheveux bougeaient. Tout était dans les ciseaux. Notre devise consistait à "éliminer le superflu". Nous avons rempli des pages et des pages dans *Elle.* Ils s'attendaient à faire un article sur les boucles, mais ils ont adoré ce que nous avions fait. Ensuite il y a eu d'autres séances photos et d'autres voyages. Puis en 1965, on m'a proposé de faire un défilé à New York, qui a été couvert par cinq journaux. Le lendemain, on nous a consacré la première page de la section « Beauté » du *New York Times*. Nos nouvelles coupes géométriques figuraient dans tous les journaux et revues. On avait réussi ! On avait apporté le "carré" aux États-Unis ! »

En 1967, Vidal ouvrit sa première école de coiffure à Londres. Il en existe aujourd'hui dans le monde entier. « J'ai toujours eu pour philosophie de partager les connaissances. Notre école et nos centres de formation fourmillent d'énergie. C'est ce qui permet aux jeunes de repousser les limites de leur créativité. Je leur dis, si vous avez une idée, allez-y, faites-le à votre façon. Demandez des conseils, assurez-vous qu'ils sont bons, puis faites à votre manière. Nous sommes là depuis longtemps et selon moi, "la longévité est un instant fugace qui dure à jamais". »

Vidal Sassoon a créé un nouveau look et une approche totalement inédite de la mode et de la coiffure. Non seulement il a saisi les occasions qui se sont présentées à lui, mais il en a suscité un million d'autres par la manière dont il a réagi aux premières.

Pour cultiver sa chance, il faut avant tout de la persévérance. Parmi les personnes mentionnées dans cet ouvrage, nombreuses sont celles qui ont dû surmonter des obstacles considérables et sont parvenues à trouver leur Élément grâce à une obstination sans faille. Toutefois, aucune ne s'est acharnée autant que le Canadien Brad Zdanivsky.

À l'âge de 19 ans, Brad avait pour passion l'escalade. Il grimpait aux arbres et aux rochers depuis sa plus tendre enfance, et il avait déjà escaladé quelques-uns des plus hauts sommets du Canada. Un jour, lors d'un long trajet alors qu'il rentrait d'un enterrement, il s'endormit au volant de sa voiture et plongea du haut d'une falaise de 60 mètres.

Il se retrouva tétraplégique, mais resta grimpeur dans l'âme. Même lorsqu'il attendait qu'on lui porte secours au bas de la falaise, voyant qu'il ne pouvait plus bouger, il se rappelle s'être demandé si un tétraplégique pourrait gravir une montagne. Après 8 mois de rééducation, il commença à envisager auprès de ses amis grimpeurs un mécanisme qui lui permettrait de retourner en montagne. Aidé de plusieurs personnes, dont son père, il créa un appareil doté de deux grandes roues en haut et une plus petite en bas. Assis sur la nacelle, grâce à un système de poulies qu'il actionnait avec ses épaules et ses pouces, il s'élevait d'une trentaine de centimètres à chaque fois. Cette technique était terriblement lente, mais l'obstination de Brad fut récompensée. Avant son accident, il avait pour objectif d'escalader le Stawamus Chief, l'un des plus gros monolithes de granite au monde, d'une hauteur de 600 mètres. Dix ans plus tard en juillet 2005, il y parvint.

Nous modelons tous les circonstances et la réalité de nos vies, et nous avons tous la capacité de les transformer. Ceux qui trouvent leur Élément cernent mieux leurs ambitions et les solutions pour les réaliser. Ils savent que la passion et le talent sont indispensables. Mais ils savent aussi que notre attitude vis-à-vis des événements et de nous-mêmes est cruciale pour parvenir à vivre dans son Élément.

CHAPITRE 8

À L'AIDE !

Après avoir contracté la polio, j'entrai dans une école pour enfants handicapés, selon la procédure habituelle en Grande-Bretagne à l'époque. L'administration retirait de l'enseignement public traditionnel tout enfant qui souffrait d'un handicap, pour le placer dans une école spécialisée. Si bien qu'à compter de l'âge de 5 ans je pris chaque jour un bus spécial qui m'emmenait de notre quartier ouvrier à une petite école située à l'autre bout de Liverpool, dans une zone plutôt aisée. L'école Margaret-Beavan accueillait une centaine d'élèves de 5 à 15 ans présentant des infirmités dues à diverses maladies – poliomyélite, paralysie cérébrale, épilepsie, asthme, et hydrocéphalie dans le cas de l'un de mes meilleurs camarades de classe.

Même si beaucoup d'entre nous portaient des appareils orthopédiques, utilisaient des béquilles ou se déplaçaient dans un fauteuil roulant, nous ne prêtions guère attention à nos handicaps respectifs. Dans un tel environnement, la nature de l'infirmité de chacun importait peu. Comme la plupart des enfants, nous forgions nos liens d'amitié en fonction de nos personnalités. L'un de mes camarades de classe souffrait d'infirmité motrice cérébrale et de paralysie spasmodique sévère. La seule manière pour lui d'écrire était de saisir un crayon entre les orteils et de passer la jambe au-dessus du bureau. Malgré tout, ce garçon s'avérait drôle et agréable une fois que vous étiez habitué à ses difficultés d'élocution et que vous parveniez à comprendre ce qu'il voulait dire. J'ai apprécié les années passées dans cette école, où j'ai connu les mêmes excitations et frustrations de l'enfance que mes frères et sœur dans leur école « normale ». D'ailleurs, je crois que j'aimais davantage mon école.

Un jour, alors que j'avais 10 ans, un visiteur entra dans notre classe. C'était un homme bien habillé, au visage affable et au langage cultivé. Il parla un moment à notre professeur, qui semblait le considérer avec le plus grand sérieux. Puis il fit le tour de nos bureaux en adressant la parole à chaque élève. Nous devions être une douzaine dans la salle. Je me rappelle lui avoir parlé un petit moment, et que peu après il était sorti.

Un ou deux jours plus tard, on me demanda d'aller voir le directeur à son bureau. Lorsque je frappai à l'imposante porte moulurée, une voix m'invita à entrer. À côté du directeur se trouvait l'homme venu dans ma classe. On me le présenta sous le nom de M. Strafford. J'appris plus tard qu'il s'agissait de Charles Strafford, un haut fonctionnaire du Royaume-Uni, inspecteur d'académie de Sa Majesté. Ce pédagogue chevronné avait mission de contrôler de manière indépendante la qualité des établissements scolaires de notre pays. Il s'occupait plus particulièrement des écoles spécialisées du nord-ouest de l'Angleterre, dont faisait partie Liverpool.

Nous eûmes une brève conversation au cours de laquelle M. Strafford me posa quelques questions générales sur ma scolarité, mes centres d'intérêt et ma famille. Quelques jours plus tard, je fus à nouveau convoqué par le directeur. Cette fois, je me retrouvai dans une autre pièce où je rencontrai un autre homme. Il me posa une série de questions qui, je l'appris par la suite, correspondaient à un test de QI. Je m'en souviens très clairement, car j'avais fait une erreur qui m'avait terriblement agacé. L'homme me lut une série de phrases en me demandant de les commenter. Voici l'une d'elles : « Les scientifiques américains ont découvert un crâne qui, selon eux, serait celui de Christophe Colomb à l'âge de 14 ans. » Il me demanda ce que j'en pensais. Je répondis qu'il ne pouvait pas s'agir du crâne de Christophe Colomb, puisqu'il n'était pas allé aux États-Unis à 14 ans.

Au moment où je quittai la pièce, je réalisai la stupidité de ma réponse et je m'apprêtai à frapper à la porte pour dire au monsieur que j'avais compris où se trouvait le problème. Mais je l'entendis parler à quelqu'un d'autre, et décidai de ne pas l'interrompre. Le lendemain, je le vis traverser la cour de récréation et faillis l'aborder pour lui donner ma réponse. Mais il aurait pu croire que mon père m'avait soufflé la bonne réponse la veille. Je décidai que cela ne servirait à rien d'essayer de rectifier mon erreur. Cinquante ans après, elle me tracasse encore. Je sais pourtant bien que je devrais tourner la page...

Sans doute, mon erreur ne fut pas rédhibitoire aux yeux des examinateurs. Peu de temps après, on me transféra dans une autre classe où les élèves avaient quelques années de plus que moi. À ce qu'il paraît, M. Strafford avait dit au directeur qu'il percevait chez moi une intelligence particulière que l'école ne développait pas suffisamment. Il estimait que l'on pouvait placer la barre plus haut, et que j'avais la capacité de passer l'examen dit « *Eleven-Plus* ». À l'époque, on le passait généralement à l'âge de 11 ans pour accéder à l'enseignement secondaire.

En Grande-Bretagne en ce temps-là, il y avait deux types d'établissements secondaires : la *grammar school* et la *secondary modern school*. La première dispensait un enseignement académique général et donnait accès aux professions prestigieuses et aux carrières universitaires, tandis que la seconde dispensait un enseignement plus pratique débouchant sur des emplois manuels et subalternes. Ce système d'ingénierie sociale avait délibérément été conçu pour fournir à l'économie industrielle britannique la main-d'œuvre dont elle avait besoin. L'*Eleven-Plus* consistait en une série de tests de QI permettant d'identifier les aptitudes académiques nécessaires pour intégrer une *grammar school*. Pour un enfant d'origine modeste, réussir cet examen ouvrait la voie à une bonne situation professionnelle qui lui éviterait de faire un travail manuel toute sa vie durant.

L'enseignante de ma nouvelle classe était la formidable Mlle York. Dans sa quarantaine, cette petite femme gentille avait néanmoins une réputation de rigueur intellectuelle et d'exigence. Dans cette école, certains enseignants ne se faisaient guère une haute idée de notre avenir. Selon moi, ils considéraient surtout l'enseignement spécialisé comme une sorte d'assistanat. Pas Mlle York. Elle attendait la même chose de ses élèves « spéciaux » que de n'importe quel élève : qu'ils travaillent dur, qu'ils apprennent et qu'ils donnent le meilleur d'eux-mêmes. Mlle York m'enseigna avec acharnement les maths, l'anglais, l'histoire et autres matières. Régulièrement, elle me donnait d'anciens sujets d'examen afin que je m'entraînc pour l'*Eleven-Plus*, cn m'incitant à mc surpasser. Elle demeure l'enseignante la plus impressionnante que j'aie jamais rencontrée.

Le jour vint enfin où je passai le fameux examen avec d'autres élèves de mon établissement et de certaines écoles spécialisées des environs. Puis, des semaines durant, Mlle York, M. Strafford, mes parents et moi-même attendîmes impatiemment l'arrivée de l'enveloppe brune dont le contenu pouvait changer le cours de ma vie. Un matin du début de l'été 1961, nous entendîmes le claquement de la boîte aux lettres et ma mère se précipita à la porte. Tout excitée, elle apporta l'enveloppe dans la petite cuisine où nous prenions le petit déjeuner, et me la tendit pour que je l'ouvre. En retenant mon souffle, je retirai le feuillet plié sur lequel figurait le message dactylographié. J'avais réussi !

Nous avions peine à y croire. La maison explosa de joie. J'étais le premier membre de la famille à réussir cet examen, et le seul de mon école cette année-là. À partir de ce jour, ma vie s'orienta dans une direction totalement nouvelle. J'obtins une bourse pour faire mes études à la Liverpool Collegiate School, l'un des meilleurs établissements d'enseignement secondaire de la ville. D'un seul coup, je passai de l'école spécialisée à la frange supérieure de l'éducation publique. Je pus alors développer les centres d'intérêts et les capacités qui allaient façonner le reste de ma vie.

Devenu un ami proche de la famille, Charles Strafford vint souvent nous rendre visite dans notre maison pleine à craquer et généralement très agitée. Cet homme raffiné et discret avait une passion : aider les autres à saisir les opportunités qu'ils méritaient. En pédagogue féru de littérature et de musique classique, il jouait des timbales, chantait dans plusieurs chœurs et dirigeait des ensembles instrumentaux dans le comté de Merseyside. Grand connaisseur des bons vins et brandys, il vivait dans le nord de l'Angleterre dans une maison de ville superbement meublée. Pendant la Seconde Guerre mondiale, il avait participé à la bataille de Normandie en tant qu'officier. Il possédait une résidence secondaire à Ranville, dans le Calvados, où il était devenu une personnalité au sein de la communauté française locale. D'ailleurs, la commune a baptisé une allée en son honneur.

Je lui ai rendu visite là-bas lorsque j'étudiais à l'université. Il me présenta à la société locale et m'initia aux plaisirs de la gastronomie française et du calvados, ce dont je lui suis tout aussi reconnaissant.

Pour moi, Charles Strafford ouvrit une fenêtre sur un autre monde. Par son aide pratique, il facilita le début de mon parcours du dernier rang d'une école spécialisée à mon inépuisable passion pour une véritable réforme de l'enseignement. Il stimula de nombreuses personnes : il percevait leur potentiel et leur permettait de montrer ce dont ils étaient vraiment capables. Mes parents mis à part, ce fut mon premier véritable mentor. En outre, il m'apprit le rôle inestimable des mentors dans la recherche de notre Élément.

Quand une rencontre change votre vie

Trouver son Élément nécessite souvent l'aide et les conseils de tiers. Parfois, quelqu'un verra en nous ce que nous n'avions pas remarqué, comme ce fut le cas pour Gillian Lynne. Parfois, la personne mettra en valeur le meilleur de nous-mêmes, à l'instar de Peggy Fury avec son élève Meg Ryan. Dans mon cas, Charles Strafford comprit que j'atteindrais mon potentiel uniquement si mes enseignants me proposaient des défis plus importants. Et il fit en sorte que cela se passe ainsi.

Je l'ignorais à l'époque, mais la personne qui allait me guider pendant la plus grande partie de ma vie adulte faisait sa scolarité à Liverpool en même temps que moi, quelques kilomètres plus loin. Je rencontrai Terry des années plus tard, alors que j'approchais la trentaine et travaillais à Londres. J'étais venu à Liverpool pour une semaine afin d'assurer une formation d'enseignants. Terry enseignait le théâtre dans un quartier pauvre et difficile de la ville. Le courant est aussitôt passé entre nous – sans que cela ait rien à voir avec l'enseignement, l'éducation ou l'Élément – et nous sommes toujours ensemble. Terry est l'un des meilleurs mentors que je connaisse, non seulement pour moi, mais pour ses amis, sa famille et tous ceux qui travaillent avec et pour elle. De manière intuitive, elle connaît l'importance des mentors parce qu'ils lui ont tellement apporté dans sa propre vie. Tandis que j'étais guidé par Charles, elle eut aussi son mentor durant l'enfance. Voici comment elle raconte son expérience :

« Je fréquentais un collège catholique pour filles tenu par les Sœurs de la Miséricorde – qualificatif on ne peut plus usurpé. On avait beau être dans les “*swinging sixties*”, on ne swinguait pas du tout là-bas. On priait beaucoup, et moi je priais Dieu de me laisser partir au plus vite. À 17 ans, ma seule ambition était de quitter la maison, de laisser la banlieue derrière moi et d'atteindre les lumières de Londres. Ensuite, je prévoyais de rallier les États-Unis et de me marier avec Elvis Presley.

« Ma scolarité fut une suite ininterrompue d'échecs, mais j'adorais le théâtre et la lecture. Lors de ma dernière année, j'eus pour la première fois une prof d'anglais enthousiasmante, sœur Mary Columba. Cette toute petite jeune femme se passionnait pour William B. Yeats et pour l'enseignement. Au tout premier cours, elle me désigna pour lire un poème à la classe. Celui-ci me fit frissonner de la tête aux pieds. Je n'ai jamais rien lu d'aussi fort et magnifique :

> Si j'avais les voiles brodés des cieux
> Ouvrés de lumière d'or et d'argent
> Les voiles bleus, diaphanes et sombres
> De la nuit, de la lumière et de la pénombre

J'étendrais ces voiles sous tes pieds :
Mais je suis pauvre et je n'ai que mes rêves ;
J'ai étendu mes rêves sous tes pieds ;
Marche doucement car tu marches sur mes rêves.

« Pour la première fois, j'eus véritablement envie d'en apprendre davantage. Pendant les deux ans qui suivirent, sœur Mary me fit adorer aussi bien Charles Dickens que E. M. Forster, Wilfred Owen, William Shakespeare et John Synge. Elle nous faisait cours en petit groupe et chacune d'entre nous s'impliquait intensément. Elle m'encourageait à écrire. Grâce à elle, je donnai le meilleur de moi-même. Avec ses conseils, je parvins à rivaliser avec les autres sur le plan intellectuel et à briller.

« Ces livres m'ouvrirent une multitude de perspectives. Ce qui m'intrigua le plus fut l'ouverture d'esprit dont témoignait cette enseignante. Car enfin, c'était une religieuse catholique et elle discutait avec nous d'amour, de sexe et de sciences occultes. Pas de sujet tabou. Nous débattions pendant des heures sur n'importe quel thème, depuis le complexe d'Œdipe dans *Coriolan* de Shakespeare jusqu'à l'infidélité dans *Retour à Howards End* de E. M. Forster. Pour une fille qui avait rarement quitté Liverpool, c'était grisant.

« Je fus sa meilleure élève cette année-là, et je passai mes examens d'anglais avec mention. Sur son conseil, j'entrepris des études de théâtre et de littérature à l'université. Dès lors, je ne doutai plus jamais de mon aptitude à débattre. J'avais trouvé des amis pour la vie chez les auteurs que nous avions étudiés. Sans les merveilleux conseils de cette femme, je serais toujours en train d'attendre Elvis. »

Souvent, le mentor apparaît au moment opportun dans la vie d'une personne. Mais, comme nous l'avons vu avec Eric

Drexler et Marvin Minsky, c'est parfois l'élève qui prend l'initiative en choisissant lui-même son mentor. Avant d'inspirer à son tour une multitude d'investisseurs, Warren Buffett eut pour mentor Benjamin Graham, considéré comme le père de l'analyse financière moderne. Lorsque celui-ci enseignait à l'université de Columbia, il décerna à Buffett le seul A+ qu'il ait jamais accordé en 22 ans de carrière. Puis il embaucha son élève dans sa société d'investissement. Buffett conserva ce poste quelques années, avant de voler de ses propres ailes. Dans sa biographie *Buffett – The Making of an American Capitalist*, Roger Lowenstein écrit : « Ben Graham ouvrit la porte à Buffett, et le fit d'une façon qui lui parla intimement. Il fournit à son élève les outils nécessaires pour explorer les multiples possibilités du marché, ainsi qu'une méthode correspondant à son tempérament. Armé des techniques de Graham, Buffett put se détacher de sa figure tutélaire et tirer parti de ses talents naturels. Fortifié par l'exemple de son mentor, il fut capable de travailler avec l'assurance qu'on lui connaît. »

Dans un tout autre domaine, le remarquable talent musical du chanteur Ray Charles et sa capacité à faire face à l'adversité furent un exemple pour une quantité de gens. Or sa propre histoire commença grâce à un homme qui lui apprit à puiser dans la musique qu'il avait en lui.

Lors d'un entretien réalisé par le Harvard Mentoring Project qui a été publié sur le site www.WhoMentoredYou.org, Ray Charles raconta : « Wiley Pittman était un sacré bonhomme. Sans lui, je ne serais pas musicien aujourd'hui. Nous étions voisins. Il tenait un petit café-épicerie où il avait un piano. Tous les après-midis, vers 14-15 heures, il commençait à travailler son piano. J'avais 3 ans à l'époque – j'adorais ce gars, je ne peux pas expliquer pourquoi – mais, à chaque fois qu'il se mettait à jouer ce boogie-woogie (je raffolais de ce rythme), j'arrêtais mes jeux d'enfant. Peu importe avec qui je me trouvais dans la cour, mes copains ou n'importe qui, je les laissais, je rentrais dans le magasin, je m'asseyais près de lui et je l'écoutais.

« De temps en temps, je me mettais à frapper les touches de mes deux poings et il finissait par me dire : "Écoute, mon petit gars, on ne frappe pas les touches avec tout son poing quand on aime autant la musique." Et il savait à quel point j'adorais la musique, car j'arrêtais tout ce que j'étais en train de faire pour l'écouter.

« Alors il a commencé à m'apprendre à jouer de petites mélodies avec un doigt. Maintenant je me rends compte qu'il aurait pu me dire : "Petit gars, laisse-moi tranquille, tu ne vois pas que je m'exerce ?" Mais il ne l'a pas fait. Il a pris le temps. Il devait penser au fin fond de lui : "Ce gosse aime tellement la musique, je vais faire tout ce que je peux pour l'aider à apprendre." »

Marian W. Edelman, fondatrice et présidente de l'association Children's Defense Fund, découvrit son mentor lorsqu'elle partit faire ses études supérieures à Spelman College, qu'elle décrit comme « une université guindée formant des jeunes filles respectables destinées à épouser un diplômé de Morehouse College, à élever ses enfants et à ne jamais faire de vagues ». Elle y rencontra son professeur d'histoire, Howard Zinn. Cela se passait dans le sud des États-Unis à la fin des années 1950. Zinn estimait important d'inciter ses étudiantes à s'engager dans la lutte pour les droits civiques.

Aussi Marian W. Edelman participa-t-elle aux premières manifestations qui ouvrirent la voie au mouvement d'envergure nationale en faveur des droits civiques. Son rôle essentiel de porte-parole pour le changement et la justice, et le travail extraordinaire qu'elle accomplit en faveur des enfants pendant plus de trente ans, furent le fruit de l'influence de Howard Zinn.

J'ai découvert les parcours de Ray Charles et de Marian W. Edelman en me documentant sur le Mois du mentorat : une manifestation nationale organisée par le Harvard Mentoring Project de l'École de santé publique de Harvard. Né en 2002, ce projet bénéficie des financements de nombreuses grosses entreprises. De plus, beaucoup de médias s'y associent en offrant des centaines de millions de dollars d'annonces publicitaires ou en intégrant des histoires vécues de mentorat dans les intrigues de leurs séries TV.

Début 2004, Public/Private Ventures, association américaine à but non lucratif qui vise à accroître « l'efficacité des politiques, programmes et initiatives locales engagés dans le domaine social, notamment ceux qui concernent les enfants et les jeunes adultes », a réalisé une étude d'impact très intéressante sur le mentorat. Après avoir attribué au hasard un volontaire de l'association Big Brothers Big Sisters of America à chacun des 1 100 élèves de 9 à 16 ans provenant de 70 établissements scolaires, les chercheurs sont parvenus à des conclusions encourageantes sur la valeur du mentorat. Les élèves dotés d'un mentor ont vu s'améliorer leurs résultats scolaires globaux, la qualité de leur travail en classe et des devoirs faits à la maison. Par ailleurs, ils ont commis moins d'actes de délinquance au collège et au lycée et ont eu moins tendance à manquer les cours.

Ces résultats m'ont ravi, mais guère surpris. Parmi ces jeunes, la plupart ont sans doute mieux travaillé simplement parce qu'ils ont apprécié que quelqu'un s'intéresse à eux. C'est un point essentiel sur lequel je reviendrai quand j'aborderai les problèmes et défis auxquels l'enseignement doit faire face. À tout le moins, un bon mentorat accroît l'amour-propre et le sentiment d'avoir un but dans la vie. Mais il joue un rôle plus important encore lorsqu'il oriente et motive la personne dans sa quête de l'Élément. Ce que le psychologue vit en Gillian Lynne, ce que Wiley Pittman perçut chez Ray Charles, c'était l'accomplissement futur de l'enfant. Ce que Howard Zinn observa chez Marian W. Edelman, ce que Ben Graham reconnut chez Warren Buffett, c'était un talent rare qui, s'ils le cultivaient, pouvait s'épanouir en quelque chose d'extraordinaire. Lorsqu'un mentor remplit cette fonction – qu'il révèle un monde nouveau ou qu'il attise les flammes d'une passion authentique –, il fait un grand œuvre.

Les différents rôles du mentor

Nos mentors communiquent avec nous de diverses manières et restent auprès de nous sur des périodes de temps variables. Certains jouent à nos côtés durant plusieurs décennies un rôle de professeur, qui peu à peu deviendra un ami proche. D'autres entrent dans nos vies à un moment critique, nous accompagnent suffisamment longtemps pour susciter un changement essentiel, puis poursuivent leur propre chemin. Néanmoins, un mentor remplit généralement plusieurs des quatre rôles suivants, voire tous.

Premier rôle du mentor : *identifier les aptitudes* de son protégé. C'est la fonction que Charles Strafford a remplie dans ma vie : il a décelé les talents naturels que mes enseignants n'avaient pas encore repérés en moi. L'Élément se caractérise par l'extraordinaire diversité de nos aptitudes individuelles.

Comme nous l'avons déjà évoqué plus haut, il existe des tests constitués d'une série de questions standardisées qui donnent aux individus une indication générale sur leurs forces et leurs faiblesses. Mais aucun test ne peut détecter la véritable subtilité et la complexité des talents individuels.

Certaines personnes possèdent une prédisposition générale pour la musique, la danse ou les sciences. Mais, le plus souvent, leur talent s'avère bien plus spécifique au sein d'une discipline donnée. Un individu pourra être doué pour un style particulier de musique ou un instrument précis : la guitare, et non le violon ; ou bien la guitare acoustique, et non électrique. Je ne connais aucun test ou logiciel suffisamment subtil pour faire la différence entre un centre d'intérêt et une passion potentiellement dévorante. En revanche, un mentor qui a déjà trouvé son Élément dans une discipline particulière le peut. Le mentor sait repérer l'étincelle d'intérêt ou de ravissement, et il peut aider la personne à identifier les composantes spécifiques de la discipline qui correspondent à ses propres capacités et passions.

Lou Aronica, qui a rédigé ce livre avec moi, a passé les 20 premières années de sa vie professionnelle dans des maisons d'édition. Dès la fin de ses études, il commença à travailler chez Bantam Books, l'un des plus gros éditeurs new-yorkais. Peu après son arrivée, il remarqua un petit homme ratatiné qui errait dans les couloirs. Apparemment sans tâche précise. Mais tout le monde semblait lui prêter attention. Lou finit par se renseigner. Il apprit qu'il s'agissait d'Ian Ballantine, qui avait non seulement fondé les éditions Bantam puis Ballantine, mais en outre introduit le livre de poche aux États-Unis dans les années 1940. Pendant les deux ans qui suivirent, Lou croisa Ballantine à de nombreuses reprises ; il le saluait poliment, quelque peu intimidé par la présence de cet homme, une légende dans la profession qu'il s'était choisie.

À peu près à cette époque, Lou décrocha enfin un « vrai » poste d'éditeur : on le chargea de constituer une collection de science-fiction et de littérature fantastique. Peu de temps après, Lou était assis à son bureau lorsque Ian Ballantine entra nonchalamment et s'installa. Lou fut déjà passablement surpris. Mais les minutes qui suivirent achevèrent de le stupéfier. « Ian parlait d'une manière très particulière, m'a-t-il raconté. On avait l'impression que chaque idée formait une véritable perle, mais son discours prenait des chemins si tortueux que la perle semblait encore bien enchâssée dans l'huître. » Toutefois, à mesure que Ballantine parlait, Lou comprit à son grand étonnement que la légende vivante de l'édition voulait le prendre sous son aile. « À aucun moment il n'annonça "Je serai votre mentor". Ian ne faisait pas de telles déclarations. Toutefois il émit l'idée qu'il aimerait passer régulièrement, et je lui fis comprendre qu'il pouvait venir quand il voulait et que je serais même ravi de le retrouver à l'autre bout du monde s'il n'avait pas envie d'aller jusqu'à moi. »

Durant les années qui suivirent, Lou et Ian passèrent d'innombrables heures ensemble. Le mentor apprit beaucoup de choses à son protégé sur l'histoire de l'édition et, plus important encore, sur sa philosophie. Notamment « de faire zig quand tous les autres faisaient zag » – sa manière à lui de suggérer que le chemin le plus rapide vers le succès consiste souvent à nager à contre-courant. Ce qui toucha une corde sensible chez Lou. « Depuis mes débuts dans ce secteur, j'avais toujours entendu parler des "conventions" qui avaient cours dans l'édition. Il me semblait qu'il y avait beaucoup de règles sur tout ce qu'il fallait faire ou ne pas faire. Mais cela me paraissait ne pas avoir de sens, puisque les lecteurs ne connaissaient pas ces règles. Ian ne croyait pas à tout ça, et il avait bien mieux réussi que tous ces gens qui brandissaient leurs conventions. Dès lors, je décidai que je publierais les livres que j'aimais en observant les "règles" seulement d'un œil distrait. »

Cette méthode lui porta chance. Il créa sa première collection à 26 ans, devint éditeur chez Bantam, puis directeur éditorial chez Berkley Books et Avon Books avant de se tourner vers l'écriture. Avant qu'Ian Ballantine ne décide de le prendre sous son aile, Lou savait qu'il voulait faire sa carrière dans les livres. Mais, bien qu'il lui enseignât les subtilités du secteur, Ballantine l'aida à identifier le domaine précis de l'édition qui lui permit véritablement d'atteindre son Élément.

Deuxième rôle du mentor : *encourager*. Il nous convainc de notre capacité à réaliser une chose qui nous semblait improbable ou impossible avant de le rencontrer. Il ne nous laisse pas douter de nous-mêmes trop longtemps, ni céder à l'idée que nos rêves sont trop ambitieux. Il est là pour nous rappeler les talents que nous possédons déjà et l'objectif que nous pourrons atteindre en continuant à travailler dur.

Quand Jackie Robinson vint à jouer en première division de baseball à Brooklyn pour les Dodgers, il subit des injures et souffrances dignes d'une tragédie grecque de la part de ceux qui estimaient qu'un Noir n'avait pas le droit de jouer dans une équipe de Blancs. Robinson ne se laissa pas abattre pour autant, jusqu'au jour où les attaques furent si virulentes qu'il peinait à jouer. Les railleries et les menaces le déconcentrèrent tellement qu'il chancela sur le marbre et sur le carré. À la suite d'une attaque particulièrement violente, Pee Wee Reese, l'arrêt-court de son équipe, demanda un temps mort, alla trouver Robinson et l'encouragea en ces termes : c'était un joueur fabuleux, destiné à entrer au Hall of Fame, le panthéon du baseball. Des années plus tard, lors de la cérémonie d'intronisation audit panthéon, Robinson rappela cet épisode : « Il a sauvé ma vie et ma carrière, ce jour-là, déclara-t-il du haut de l'estrade à Cooperstown. J'avais perdu toute confiance en moi, et Pee Wee m'a remis sur pied avec ses paroles d'encouragement. Il m'a donné de l'espoir alors que tout espoir était perdu. »

Troisième rôle du mentor : *faciliter la tâche* de son protégé. Le mentor peut nous aider à nous rapprocher de notre Élément : il donne des conseils, nous enseigne des techniques, prépare le terrain, voire nous laisse vaciller tout en restant à nos côtés afin que nous nous redressions et tirions les leçons de nos erreurs. Ce type de mentor peut même appartenir à notre génération, comme ce fut le cas pour Paul McCartney.

« Je me souviens du week-end où John et moi avons traversé la ville en bus pour aller voir un gars qui savait jouer le Si 7 à la guitare, m'a raconté Paul. Les trois accords de base qu'il fallait connaître étaient le Mi, le La et le Si 7. Nous ne savions pas jouer le Si 7e de dominante, mais lui oui ! Alors nous sommes allés chez lui en bus, il nous a montré l'accord, puis nous sommes rentrés. Ensuite nous avons pu le faire. Au fond c'était simple, les copains vous montraient comme jouer tel ou tel riff. Je me souviens d'un soir où je regardais l'émission *Oh Boy!* à la télé. C'était Cliff Richard et les Shadows qui jouaient « *Move It* ». Il y avait un superbe riff que j'adorais, mais je ne savais pas le jouer. Alors j'ai trouvé comment le faire et j'ai couru chez John pour lui dire "Ça y est, je l'ai !" C'était notre unique formation – se montrer les uns aux autres comment faire.

« Au début, nous nous contentions de copier tout le monde. J'imitais Little Richard et Elvis. John imitait Jerry Lee Lewis et Chuck Berry. Chez les Everly Brothers, j'imitais Phil, et John copiait Don. Nous nous contentions d'imiter les autres musiciens et de nous apprendre mutuellement ce que nous trouvions. Ce point a été essentiel quand par la suite nous avons établi la politique du Liverpool Institute for Performing Arts – il est important que les élèves côtoient des professionnels ayant déjà fait ce qu'ils sont en train d'apprendre. Ils n'ont pas besoin de dire grand-chose, juste de montrer ce qu'ils font. »

Quatrième rôle du mentor : *obtenir le maximum* de son protégé. Un mentor efficace nous pousse au-delà de ce que nous percevons comme nos limites. Tout comme il ne nous laisse pas douter de nous-mêmes, il nous empêche de rester en dessous de ce que nous sommes capables de faire de nos vies. Un vrai mentor nous rappelle qu'au grand jamais notre objectif ne doit consister à être « dans la moyenne ».

James Earl Jones est connu comme un acteur exceptionnel et l'un des grands doubleurs du cinéma américain. Cependant, la plupart d'entre nous n'aurions jamais entendu parler de lui s'il n'avait trouvé son mentor. Essayez seulement d'imaginer à quoi aurait ressemblé la voix de Dark Vador si Donald Crouch n'était entré dans la vie de Jones.

Lorsqu'il était enfant, Jones souffrait d'une timidité maladive, notamment parce qu'il bégayait et trouvait ainsi difficile de s'exprimer devant les gens. Quand il entra au collège, il eut comme professeur d'anglais Donald Crouch, qui avait enseigné à l'université et travaillé avec le poète Robert Frost. Crouch découvrit que Jones écrivait des poèmes, mais les gardait pour lui de peur de paraître ridicule auprès de ses camarades. « Il me demanda pourquoi, si j'aimais tant les mots, je ne les prononçais pas à haute voix ? » témoigne Jones dans l'ouvrage *The Person Who Changed My Life*.

« Un jour que je montrai l'un de mes poèmes à M. Crouch, il le trouva trop bon pour que je l'aie écrit moi-même. J'avais sans doute copié sur un vrai poète. Pour lui prouver que ce n'était pas du plagiat, il me demanda de le réciter par cœur devant toute la classe. Je déclamai mon poème d'un bout à l'autre sans bégayer. Dès lors, M. Crouch me fit écrire davantage et réciter tant et plus. Ce qui eut un effet extraordinaire sur moi. En apprenant à m'exprimer sans difficulté à haute voix, je pris confiance en moi.

« Le dernier jour de l'année, M. Crouch nous fit cours sur la pelouse et m'offrit un exemplaire de *La Confiance en soi* de Ralph Waldo Emerson. Ce cadeau était d'autant plus précieux que son titre résumait ce qu'il m'avait enseigné – compter sur moi-même. L'influence qu'il exerça sur moi fut si fondamentale qu'elle s'étendit à tous les domaines de ma vie. C'est grâce à lui que je suis devenu acteur. »

Le mentor joue un rôle inestimable en aidant ses protégés à atteindre leur Élément. J'exagérerais peut-être si je disais que le seul moyen de trouver son Élément est de faire appel à un mentor, mais pas tant que ça. Nous rencontrons tous de nombreux obstacles sur le chemin qui mène à ce que nous sommes destinés à accomplir. Sans la présence d'un guide averti qui nous aide à identifier nos talents, nous encourage à poursuivre nos passions, nous facilite la tâche et nous pousse à tirer le meilleur parti de nos capacités, le voyage est beaucoup plus difficile.

Bien sûr, le mentorat va dans les deux sens. Aussi crucial que soit un mentor dans sa vie, il importe de remplir à son tour ce rôle pour d'autres personnes. Vous pouvez même vous apercevoir que votre propre Élément consiste à guider les autres.

L'un des coachs personnels les plus célèbres au monde, Anthony Robbins, est souvent considéré comme le fondateur de cette profession. Ce secteur connaît une croissance exponentielle aux quatre coins de la planète et représente un chiffre d'affaires de plusieurs millions de dollars. Cela témoigne avec éloquence du goût que certains éprouvent pour le mentorat et le coaching, et du rôle essentiel qu'ils peuvent jouer dans nos vies. De plus en plus de gens découvrent qu'en guidant les autres ils sont dans leur Élément.

C'est ce qui est arrivé à David Neils. Son propre mentor fut M. Clawson, un voisin qui mit au point de nombreuses inventions. Quand Neils était petit, il rendait souvent visite à son voisin dans son atelier. Au lieu de chasser le gamin, Clawson lui demandait ce qu'il pensait de son travail, accueillait ses conseils et ses critiques. Il procura ainsi à l'enfant le sentiment que son opinion avait de l'importance et il lui donna confiance en lui. Parvenu à l'âge adulte, Neils fonda l'International Telementor Program, destiné à faciliter le mentorat par voie électronique entre les professionnels et les étudiants. Depuis 1995, ce programme a permis à plus de 15 000 étudiants à travers le monde de bénéficier des conseils de professionnels. David Neils a littéralement fait du mentorat l'œuvre de sa vie.

Plus que des héros

Je suis certain que plusieurs des mentors présentés ici, y compris nombre de volontaires de Big Brothers Big Sisters, sont devenus des héros pour ceux qu'ils ont guidés. Nous avons tous nos propres héros – un parent, un professeur, un entraîneur, voire un camarade de classe ou un collègue – dont nous idolâtrons les actes. Par ailleurs, des héros que nous n'avons jamais rencontrés stimulent notre imagination par leurs hauts faits. Nous considérons comme des héros Nelson Mandela pour le rôle crucial qu'il a joué dans l'abolition de l'apartheid en Afrique du Sud, Rosa Parks pour sa lutte contre la ségrégation, Neil Armstrong pour son premier pas sur la Lune.

Ces personnalités nous inspirent et suscitent notre émerveillement devant les prodiges dont l'homme est capable. Elles nous ouvrent les yeux sur d'autres perspectives et éveillent en nous de nouvelles ambitions. Elles peuvent même donner l'exemple, et nous inciter à consacrer notre vie à l'égalité civique, à l'exploration spatiale, à faire tomber les barrières ou à réduire l'injustice. À cet égard, les héros ont une fonction similaire à celle des mentors.

Toutefois dans notre quête de l'Élément, le mentor fait quelque chose de plus que le héros. Ce dernier est souvent loin de nous, inaccessible, vivant dans un autre monde. Il peut même être mort. Ou, si nous le rencontrons, nous serons trop impressionnés pour échanger véritablement avec lui. Un héros peut s'avérer un mauvais mentor, avoir l'esprit de compétition ou refuser d'avoir affaire à nous. Le mentor est différent. Il occupe une place unique et personnelle dans notre vie. Il nous ouvre des portes et s'implique directement dans notre évolution. Il nous montre la voie et nous encourage à l'emprunter.

CHAPITRE 9

EST-IL TROP TARD ?

Susan Jeffers a écrit *Tremblez mais osez !* ainsi que de multiples succès de librairie. Pourtant, elle n'entama pas sa carrière d'écrivain avant d'avoir une bonne quarantaine d'années. Son parcours est assez incroyable.

Petite, Susan adorait lire. Pour elle, le meilleur moment de la journée venait quand elle se pelotonnait tranquillement dans sa chambre avec un livre. « J'étais curieuse de tout, et mon père n'avait pas son pareil pour expliquer les choses. Parfois, il entrait tellement dans les détails que cela m'exaspérait. Je me souviens d'avoir entendu un jour à la radio un mot que je ne comprenais pas : *circoncision*. Fidèle à lui-même, il me l'a expliqué en long, en large et en travers ! C'était une sorte de professeur. Selon moi, il avait manqué sa vocation. Il aurait voulu avoir un garçon, et j'ai eu droit à tout ce qu'il aurait fait avec un fils. J'ai dû assister à une quantité de combats de boxe ! »

Susan entra à l'université, où elle rencontra et épousa rapidement son premier mari. Elle abandonna ses études lorsqu'elle attendit le premier de leurs deux enfants. Après quatre ans à la maison, elle décida de retourner à l'université. Toutefois, cette résolution suscita en elle beaucoup d'inquiétude : « Ces années avaient brisé mon assurance, je n'étais pas sûre d'y arriver. » En fin de compte, elle s'adapta parfaitement et obtint même son diplôme avec une mention très honorable. Lorsqu'elle l'apprit, elle se mit à téléphoner à tout son entourage. « J'ai fini par raccrocher, et je me suis mise à pleurer. Je venais de comprendre que la personne que je cherchais à joindre était mon père, qui avait disparu quelques années auparavant. Il aurait été si fier ! »

Encouragée par l'un de ses professeurs, Susan entreprit un troisième cycle et obtint son doctorat en psychologie. Puis, par un concours de circonstances, elle se vit proposer la direction du Floating Hospital de New York. Elle hésita d'abord, car c'était un poste très important. Elle ne savait pas si elle en serait capable. Mais finalement, elle accepta.

Entretemps, son mariage battait de l'aile, et Susan demanda le divorce. Alors s'ouvrit une période difficile pour elle. « Mon doctorat en psychologie ne m'était d'aucune aide. Malgré un travail gratifiant au-delà de mes espérances, je me sentais malheureuse. J'en eus assez de m'apitoyer sur mon sort. Il fallait que je trouve une nouvelle manière d'être. C'est là que j'entrepris mon voyage spirituel. »

Pendant les dix années où elle dirigea le Floating Hospital, Susan devint par ailleurs « accro aux séminaires », comme elle disait. Durant son temps libre, elle étudiait les philosophies orientales et participait à toutes sortes de séminaires consacrés au développement personnel et au New Age. « Je découvris que c'était la peur qui engendrait ma mentalité de victime et mon attitude défaitiste. Elle m'empêchait de prendre ma vie en main. C'était elle aussi qui faisait de moi une personne peu aimante. Petit à petit, j'appris à dépasser ma peur et à privilégier la part la plus forte de ma personnalité. Au bout du compte, je parvins à éprouver un sentiment de puissance que je n'avais jamais ressenti auparavant. »

Un jour, alors qu'elle était assise à son bureau, l'idée lui vint soudain de se rendre à la New School for Social

Research, où elle n'avait encore jamais mis les pieds. Puisqu'elle apprenait justement à faire confiance à son intuition, elle décida d'aller y jeter un œil. « Je me dis qu'ils auraient peut-être un séminaire dont je pourrais avoir besoin. En arrivant sur place, je consultai le panneau dans le hall et remarquai le Département des ressources humaines, qui me parut correspondre à ce que je cherchais. Je me dirigeai vers leurs bureaux. Il n'y avait personne à l'accueil. Puis j'entendis une femme dans le bureau de droite me dire : "Puis-je vous aider ?" J'entrai et lâchai ma réponse : "Je voudrais proposer un cours sur la peur." D'où cela m'était-il venu ? Je n'en avais pas la moindre idée ! Elle me regarda d'un air ébahi et répliqua : "Mon Dieu, je cherche justement quelqu'un pour faire un cours sur la peur, c'est aujourd'hui le dernier délai pour boucler le programme et je dois partir dans un quart d'heure." Satisfaite par mes références, elle me demanda de rédiger sur-le-champ un intitulé de cours avec un descriptif en 75 mots. En toute témérité, je baptisai ce cours "Tremblez mais osez", puis rédigeai un court texte de présentation. Ravie, mon interlocutrice posa le document sur le bureau de son assistante avec une note pour lui demander de l'intégrer au programme. Elle me remercia avec effusion et sortit promptement. Je restai plantée là en me demandant : "Que vient-il donc de se passer ?" Je croyais fermement à la loi de l'attraction, mais ça, c'était époustouflant ! »

Susan appréhenda la première session de douze cours. La première semaine, les deux heures se passèrent bien. Mais Susan dut alors faire face à une autre crainte. « Je pensai : "Voilà, c'est tout ce que je sais sur le sujet. Que vais-je leur apprendre la semaine prochaine ? Et les dix semaines suivantes ?" Cependant, à chaque cours je trouvais de nouvelles choses à dire. Et je gagnais en assurance. Je me rendis compte qu'au fil des ans j'avais énormément appris sur la maîtrise de la peur. Qui plus est, les étudiants buvaient mes paroles. En réalité, ils étaient stupéfaits de voir à quel point ils pouvaient transformer leur vie en modifiant leur façon de penser. Ce cours me persuada que les techniques qui avaient changé ma vie pouvaient venir en aide à n'importe qui, quels que soient son âge, son sexe ou son origine. »

Par la suite, Susan décida d'écrire un livre basé sur ce cours. Cependant, de nombreux obstacles se mirent en travers de son chemin. Après quatre agents et quinze refus d'éditeurs, elle rangea à contrecœur son projet dans un tiroir. L'une des pires lettres disait : « Même si Lady Di passait toute nue dans la rue sur son vélo en distribuant ce livre, personne ne le lirait ! »

En revanche, les choses allaient beaucoup mieux sur le plan de sa vie personnelle. Avec le temps, elle avait beaucoup appris sur l'amour et avait fini par nouer une relation merveilleuse avec son second mari.

Durant cette période, elle décida de quitter la direction de l'hôpital afin de se consacrer à l'écriture et de devenir un véritable auteur. « Je me souviens d'un soir où j'ai pris le taxi. Le chauffeur m'a demandé quel était mon métier. Je me suis entendue lui répondre : "Je suis écrivain." Jusque-là je me voyais comme une psychologue ou une administratrice. Mais voilà, j'étais devenue écrivain. »

Un jour, alors que depuis trois ans elle rédigeait des articles pour différentes revues, elle fouilla dans le tiroir qui contenait le manuscrit tant de fois rejeté. « En le prenant dans les mains, j'eus l'intime conviction que ce livre pourrait être utile à bien des gens. Je m'attelai donc avec détermination à trouver un éditeur susceptible de croire autant que moi en cet ouvrage. Cette fois, j'y parvins. Et le succès du livre alla bien au-delà de mes rêves les plus fous. »

Tremblez mais osez ! s'est vendu à plusieurs millions d'exemplaires. Traduit en plus de trente-cinq langues, il est diffusé dans une centaine de pays. Par la suite, Susan a écrit dix-sept autres livres qui ont également fait le tour du monde. Elle était en effet devenue écrivain. En Angleterre, le *Times* la surnomma même « la reine du livre de développement personnel ». En outre, elle fut une oratrice très demandée et participa à de nombreuses émissions de radio et de télévision à travers le monde. Elle disait à propos de son premier ouvrage : « Je reçois sur mon site Web des messages de lecteurs du monde entier me disant combien ce livre les a aidés. Certains prétendent même qu'il leur a sauvé la vie. Je suis si heureuse de ne pas avoir baissé les bras. Mon père aurait vraiment été fier de moi. »

Il n'est jamais trop tard pour bien faire

Nous connaissons tous des gens qui se sentent bloqués dans leur vie. Ils aimeraient tant s'adonner à une activité qui ait davantage de sens pour eux et leur permette de s'épanouir, mais ils ont le sentiment qu'à 39, 52 ou 64 ans l'occasion est perdue à jamais. Peut-être avez-vous ce sentiment qu'il est trop tard : il n'est pas réaliste de changer radicalement de cap à ce stade de votre vie ! Peut-être avez-vous l'impression d'avoir manqué l'unique chance d'écouter vos véritables aspirations (sans doute sous l'effet de l'une des pressions décrites plus haut) ? Peut-être n'aviez-vous pas à l'époque l'assurance nécessaire pour vous adonner à votre passion, et pensez-vous aujourd'hui que ce n'est plus le moment ?

De multiples exemples montrent que les possibilités de découvrir son Élément sont plus fréquentes qu'on ne pourrait le penser. Pour l'écriture de ce livre, nous avons rencontré des centaines de personnes qui ont suivi leur passion tardivement. Par exemple, l'auteur à succès Harriet Doerr ne commença à tâter de la plume qu'au moment où elle élevait ses enfants. Puis, à 65 ans, elle retourna à l'université pour étudier l'histoire. Dans le même temps, elle s'inscrivit à des cours qui lui permirent d'améliorer sa prose. Si bien qu'elle finit par intégrer le cursus d'écriture créative de Stanford. À l'âge de 73 ans, elle publia enfin son premier roman, *Les Pierres d'Ibarra*, qui remporta le National Book Award en 1983.

Quoique deux fois plus jeune avec ses 36 ans, Paul Potts semblait tout aussi enlisé dans sa vie obscure et peu épanouie. Il avait toujours su qu'il possédait une belle voix et il s'était formé à l'art lyrique. Cependant, un accident de moto coupa court à sa carrière de chanteur d'opéra. Au lieu de monter sur les planches comme il en avait rêvé, il devint vendeur de téléphones portables dans le sud du pays de Galles et continua de se débattre avec son éternel manque d'assurance. Puis il eut vent des auditions organisées en vue du concours télévisé *Britain's Got Talent*, émission qu'avait créée Simon Cowell, le juré star d'*American Idol*, pour faire découvrir les artistes britanniques méconnus. Ainsi Potts eut-il l'occasion de chanter le célèbre air « *Nessun dorma* » de Puccini sur une chaîne nationale. Sa voix magnifique remporta un succès énorme, au point de faire fondre en larmes l'un des membres du jury. Au cours des semaines qui suivirent, Potts fit sensation dans le monde entier. Sur YouTube, la vidéo de sa prestation fut téléchargée à plusieurs millions de reprises. Si bien qu'il remporta le concours et chanta devant la Reine. Si Carphone

Warehouse perdit l'un de ses vendeurs, les amoureux d'opéra du monde entier y gagnèrent énormément lorsque, fin 2007, Potts sortit son premier album intitulé *One Chance*. Depuis toujours, le chant était son Élément.

« Ma voix a toujours été ma meilleure amie, explique-t-il. Quand j'avais des problèmes avec les gros durs de l'école, je me repliais sur elle. J'ignore pourquoi les gamins me tyrannisaient. J'ai toujours été quelqu'un d'un peu différent. C'est sans doute la raison pour laquelle je souffrais d'un manque de confiance en moi. Quand je chante, je n'ai pas ce problème. Je suis parfaitement à ma place. Auparavant, je m'étais toujours senti insignifiant. Avec cette première audition, j'ai pris conscience que j'étais quelqu'un. Je suis Paul Potts. »

Avant de devenir le chef qui révolutionna la cuisine familiale américaine et fit entrer la gastronomie française sur les plateaux de télévision, Julia Child fut rédactrice publicitaire et occupa différents postes au sein de l'administration américaine. Vers l'âge de 35 ans, elle découvrit la cuisine française et suivit une formation professionnelle. Ce fut seulement à l'approche de la cinquantaine qu'elle publia son livre *Mastering the Art of French Cooking*, démarrant ainsi une nouvelle carrière.

Quant à Maggie Kuhn, employée comme administratrice paroissiale, elle n'avait aucune envie de cesser de travailler à l'âge de 65 ans. Malheureusement, son employeur l'obligea à partir à la retraite. Furieuse de la manière dont l'Église l'avait mise à la porte, elle fonda une association de défense avec des amis dans le même cas. En s'attaquant aux problèmes communs à tous les retraités, ils élargirent le champ de leurs revendications et finirent par créer les Gray Panthers, groupe de pression d'envergure nationale.

Nous avons tous entendu dire que les cinquantenaires d'aujourd'hui sont les trentenaires d'hier, et les septuagénaires d'aujourd'hui les quadras d'hier. Soit dit en passant, si cet algorithme vaut pour toutes les tranches d'âge, cela expliquerait le comportement quelque peu adolescent de certains trentenaires de ma connaissance ! Toutefois, certains changements importants doivent sérieusement être pris en considération. L'espérance de vie a plus que doublé au cours des cent dernières années et s'accroît de plus en plus. Les personnes âgées sont en meilleure santé. Selon une étude réalisée par la MacArthur Foundation, près de 9 Américains sur 10 âgés de 65 à 74 ans disent ne souffrir d'aucun handicap. En outre, les seniors du monde développé disposent d'une stabilité financière accrue. Dans les années 1950, 35 % des Américains âgés étaient pauvres. À l'heure actuelle, ils ne sont plus que 10 %.

Ces temps-ci, on entend beaucoup parler de la « seconde fleur de l'âge ». Autrefois, la période appelée la « fleur de l'âge » (35-50 ans environ) laissait présager une chute rapide vers la retraite et l'imminence de la mort. Dorénavant, la fin de cette première fleur de l'âge est marquée par une série d'événements – un certain accomplissement dans sa vie professionnelle, le départ des enfants pour l'université, un moindre besoin d'acquérir certains biens essentiels. Vient ensuite une seconde période où les personnes épanouies et en bonne santé peuvent s'atteler à de nouveaux objectifs. Qu'on le déplore ou non, les rock stars du baby-boom se sont trompées dans leurs prévisions sur ce qu'elles feraient « *when I'm sixty-four* » et n'ont toujours pas obtenu « *satisfaction* ».

Cette « fleur de l'âge » qui nous est offerte en prime nous ouvre des perspectives nouvelles. De nos jours, l'obligation d'avoir réalisé son plus grand rêve – ou tout du moins de le mettre en œuvre – avant l'âge de 30 ans est totalement dépassée.

Bien sûr, je ne prétends pas que nous puissions tous atteindre n'importe quel objectif à n'importe quel moment de notre vie. Si vous êtes sur le point de fêter votre centième anniversaire, il y a peu de chances que vous décrochiez le rôle principal dans *Le Lac des cygnes*, d'autant moins si vous n'avez jamais fait de danse. À 62 ans, avec mon sens de l'équilibre quelque peu chancelant, je me fais maintenant à l'idée que je ne remporterai probablement jamais la médaille d'or de patinage de vitesse aux Jeux olympiques d'hiver – d'ailleurs, je n'ai jamais touché à une paire de patins à glace. Mais si certains rêves s'avèrent tout à fait inaccessibles, bien d'autres sont parfaitement abordables. Savoir les distinguer constitue souvent la première étape vers la découverte de son Élément. Si vous êtes capable d'évaluer la probabilité que vous avez de réaliser votre rêve, vous saurez également trouver les démarches nécessaires pour y parvenir.

Si vous pensez qu'il est trop tard pour trouver qui vous êtes réellement, c'est sans doute parce que vous concevez la vie de manière linéaire. Comme lorsque vous êtes engagé dans une rue à sens unique, vous pensez n'avoir pas d'autre choix que de continuer à avancer. Si vous avez manqué quelque chose au passage, vous ne pouvez plus faire demi-tour, car la circulation requiert tous vos efforts. Beaucoup de témoignages dans ce livre vous indiquent clairement que la vie humaine n'est pas un long fleuve tranquille. En explorant de multiples disciplines artistiques, Gordon Parks n'eut pas un parcours linéaire. Ni le peintre Chuck Close, la maladie l'ayant obligé à se réinventer.

Quant à Ridley Scott, il entra dans le monde du cinéma de manière on ne peut moins directe. Voici comment il décrit son parcours : « Quand j'ai quitté l'école d'art, je n'avais pas la moindre intention de réaliser des films. Le cinéma, c'était juste ma distraction du samedi. Avec la vie que je menais, je n'aurais jamais imaginé atterrir dans le monde du septième art.

« J'ai décidé que les beaux-arts n'étaient pas pour moi. J'avais besoin de quelque chose de plus spécifique : un objectif, une mission. J'ai donc essayé d'autres formes artistiques, et j'ai fini par me poser dans l'imprimerie avec Ron Store. J'adorais le processus d'impression. J'aimais broyer les pierres de chaque couleur pour la lithographie. Je travaillais tard tous les soirs, j'allais boire deux pintes de bière au pub et je prenais le dernier bus pour rentrer chez moi. J'ai fait ça pendant quatre ans, cinq soirs par semaine. J'adorais ça. »

Peu de temps après, il commença à travailler à la BBC. « J'essayais toujours de repousser les limites de ce que je faisais, j'exploitais les budgets au maximum. Ils m'ont envoyé un an en formation et quand je suis rentré à la station, je suis passé directement chef décorateur. Après deux ans à la BBC, j'ai obtenu un stage de réalisation radio. »

Cependant, il changea à nouveau de cap et se dirigea cette fois vers la publicité, qu'il trouva follement amusante : « Dans le milieu des beaux-arts et de la peinture, la pub était mal vue. Moi je l'ai prise à bras le corps sans le moindre complexe. »

La réalisation de spots publicitaires le mena à la réalisation télé. Plus tard seulement Ridley Scott se trouva plongé dans le monde du cinéma, qui allait déterminer l'œuvre de sa vie. Si à un moment ou à un autre il s'était dit que sa carrière devait aller en ligne droite, il n'aurait jamais trouvé sa véritable vocation.

Notre vie forme un ensemble et elle est cyclique. Certains de nos talents se manifestent avec davantage de vigueur à divers moments de notre vie. De ce fait, nous rencontrons différentes occasions de nous épanouir et de réveiller nos dons en sommeil. Ainsi, Harriet Doerr commença à explorer l'écriture, mais la vie l'entraîna dans une autre direction. Lorsqu'elle s'y remit, après plusieurs décennies, son talent était toujours là. De même, Maggie Kuhn découvrit la militante qui sommeillait en elle lorsque l'occasion se présenta, bien qu'elle n'ait sans doute jamais eu conscience auparavant de détenir ce talent.

Si l'âge physique constitue un moyen irréfutable de mesurer le nombre d'années qui se sont écoulées depuis votre naissance, il est tout à fait relatif en matière de santé et de qualité de vie. Bien sûr, nous vieillissons tous à mesure que l'horloge tourne. Mais je connais beaucoup de personnes du même âge qui sont à plusieurs générations d'écart sur les plans psychologique et créatif.

Ma mère mourut à l'âge de 86 ans, de manière très soudaine et rapide à la suite d'une attaque. Jusqu'à la fin de sa vie, elle parut 10 à 15 ans plus jeune qu'elle ne l'était sur le papier. Elle avait une curiosité insatiable pour les gens et le monde qui l'entourait. Elle dansait, lisait, faisait la fête et voyageait. Avec sa vivacité d'esprit, elle amusait tous ceux qu'elle rencontrait. Elle les enthousiasmait par son allure, son énergie et le simple plaisir qu'elle éprouvait à être en vie – malgré toutes les épreuves, les difficultés et les crises auxquelles elle avait dû faire face.

Je suis l'un de ses sept enfants, et elle-même avait six frères et sœurs. Vous imaginez le monde qu'il y avait lorsque toute la famille était réunie ! Ma mère nous éleva à une époque sans grand confort. En outre, elle bénéficia de peu d'aide, hormis celle qu'elle parvenait à grand peine à nous soutirer quand ce n'était pas nous qui lui occasionnions du travail.

Alors que j'avais 9 ans, une catastrophe survint. Mon père, le pilier de la famille, qui s'était tant inquiété lorsque j'avais attrapé la polio, eut un accident du travail. La nuque brisée, il se retrouva tétraplégique.

C'était un homme extraordinaire, qui resta au cœur de notre vie de famille. Avec son humour vif et sa grande intelligence, il enthousiasmait tous ceux qui l'approchaient. Ma mère aussi. À aucun moment son énergie et son appétit de vivre ne diminuèrent. Elle ne cessait d'entreprendre de nouveaux projets et d'acquérir d'autres compétences. Lors des réunions familiales, elle arrivait toujours la première sur la piste de danse. Durant les dernières années de sa vie, elle apprit les danses de salon et confectionna des maisons de poupée et des objets miniatures. Chez mes deux parents, il y avait une différence flagrante et substantielle entre leur âge biologique et leur âge ressenti.

Les individus qui réalisèrent de grandes choses au crépuscule de leur existence sont nombreux. L'ambassadeur Benjamin Franklin inventa les lunettes à double foyer alors qu'il avait 78 ans. Au même âge, la fermière Grandma Moses décida de se mettre sérieusement à la peinture. Agatha Christie écrivit à 62 ans *La Souricière*, qui resta à l'affiche plus longtemps qu'aucune autre pièce dans l'histoire du théâtre. Jessica Tandy reçut l'oscar de la meilleure actrice à l'âge de 80 ans. Le pianiste Vladimir Horowitz donna sa dernière série de récitals à guichets fermés alors qu'il avait 84 ans.

Comparez donc ces accomplissements à la résignation prématurée de ces trentenaires et quarantenaires qui sont déjà installés dans une morne routine et ne voient pas l'intérêt de changer ou d'évoluer !

Si vous avez 50 ans, que vous entretenez votre corps et votre esprit régulièrement, que vous mangez correctement et que vous aimez la vie, vous êtes vraisemblablement plus jeune – sur le plan physique – que votre voisin de 44 ans qui n'a aucune perspective d'avenir dans son travail, mange des *chicken wings* deux fois par jour, estime que réfléchir est trop fatigant et considère que lever un verre de bière par jour constitue un exercice suffisant.

Le Dr Henry Lodge, coauteur de *Plus jeune l'an prochain*, exprime cela sans détour : « Il se trouve que 70 % du vieillissement des Américains n'est pas un véritable vieillissement. C'est juste de la décomposition. C'est de la putréfaction provenant de ce que nous faisons. Toutes ces pathologies liées au mode de vie, [...] le diabète, l'obésité, les maladies cardiovasculaires, Alzheimer pour une grande part, de nombreux cancers, la quasi-totalité des cas d'ostéoporose, ne sont que décomposition. La nature n'a pas cela en magasin. C'est nous qui allons l'acheter sur les rayonnages. »

Sur la Toile, le site realage.com propose une série de calculs pour déterminer votre âge ressenti. Il tient compte d'un large éventail de facteurs qui concernent votre mode de vie, votre patrimoine génétique et vos antécédents médicaux. Cette démarche fascinante suggère que de meilleurs choix peuvent nous rajeunir.

Pour réduire votre âge ressenti, l'une des solutions consiste à mieux prendre soin de vous sur le plan physique, grâce à de l'exercice et à une alimentation correcte. Je suis bien placé pour le savoir, car je vis en Californie, où tout le monde semble avoir des actions chez le fabricant de vêtements Lycra et où les produits laitiers sont jugés aussi nocifs que la cigarette. Moi aussi, je fais tout mon possible pour mener une vie saine. J'essaie de travailler mes abdos tous les jours et de faire l'impasse sur le dessert ! Mais cela ne suffit pas.

Selon l'un des principes fondamentaux de l'Élément, nous devons être en phase avec nous-mêmes et nous considérer de manière holistique. Croire que notre esprit existe indépendamment de notre corps, à l'instar des locataires d'un appartement, ou que notre corps sert uniquement à transporter notre tête, c'est l'un des plus grands obstacles à la découverte de notre Élément. Les recherches scientifiques, ainsi que le bon sens, montrent non seulement que notre santé physique influe sur notre vitalité intellectuelle et psychologique, mais que notre état d'esprit peut affecter notre bien-être physique. En effet, il est tout aussi important de rester jeune dans sa tête. Le rire a une influence considérable sur le vieillissement, tout comme la curiosité intellectuelle. La méditation peut également être bénéfique pour le corps.

Par conséquent, la réponse à la question « Est-il trop tard pour trouver mon Élément ? » est tout simplement « Bien sûr que non ». Même lorsque la déchéance physique due à l'âge rend certaines choses impossibles, l'Élément reste encore accessible. Je ne remporterai jamais la médaille d'or de patinage de vitesse, mais si ce sport comptait autant pour moi (ce qui n'est pas le cas), je pourrais trouver le moyen de rejoindre cette tribu. Par exemple, en utilisant les compétences que je possède déjà, et celles que je pourrais acquérir afin d'apporter ma pierre à ce monde.

Conservez la plasticité de votre cerveau

Ce qui revient à dire que nous avons la capacité de continuer à développer notre créativité et notre intelligence à mesure que nous passons les stades successifs de notre vie. Certes, cette évolution est des plus spectaculaires lorsque nous sommes très jeunes, car le cerveau du bébé est extrêmement actif et plastique. Notre cerveau regorge d'innombrables possibilités. Doté de près de cent milliards de neurones, il est capable d'établir une quantité presque infinie de connexions, formant ce que les scientifiques appellent des « trajets neuronaux » à partir de ce que nous percevons autour de nous. Dans une certaine mesure, notre cerveau est programmé à l'avance par notre patrimoine génétique. Cependant, nos propres expériences affectent profondément notre évolution et le développement de notre cerveau.

Par exemple, observons la manière dont nous apprenons à parler. L'acquisition du langage est l'un des accomplissements les plus miraculeux de l'enfance. Pour la plupart d'entre nous, cela se passe au cours de nos toutes premières années. Personne ne nous l'enseigne, et certainement pas nos parents. Ils ne pourraient le faire, car la langue parlée est trop complexe, subtile et fluctuante pour que quiconque puisse l'enseigner de manière formelle à un enfant. Bien sûr, les parents et les autres adultes guident et corrigent l'enfant lorsqu'il apprend à parler. Ils peuvent également l'encourager et le féliciter. Mais le bébé n'apprend pas à parler en se conformant à des instructions. Il apprend par imitation et par déduction. Nous naissons tous avec une aptitude instinctive au langage, qui est activée pour ainsi dire dès notre premier souffle.

De manière instinctive, le bébé reconnaît la signification et l'intention des sons et des tons qu'emploient les autres humains autour de lui. S'il naît dans une famille qui possède un chien, il réagira aux bruits et aux grognements de l'animal. Cependant, il ne les confondra pas avec le langage humain. Rares sont les enfants qui choisissent l'aboiement comme mode de communication – hormis à certaines périodes comme la crise des 2 ans ou la fin de l'adolescence…

Notre capacité à apprendre les langues semble illimitée. Les enfants qui naissent dans une famille multilingue ont de fortes chances de maîtriser chacune des langues pratiquées à la maison. Il n'y a guère de risque qu'ils arrivent à saturation et disent à leurs parents : « Laissez ma grand-mère en dehors de ça, je vous en supplie. Je ne peux pas gérer un dialecte supplémentaire. » Généralement, les jeunes enfants apprennent toutes les langues auxquelles ils sont exposés et passent aisément de l'une à l'autre. Je me rappelle avoir rencontré, il y a quelques années, trois frères d'âge scolaire. Leur mère était française, leur père américain, et ils vivaient au Costa Rica. Ils parlaient couramment le français, l'anglais et l'espagnol, ainsi qu'un amalgame des trois qu'ils avaient inventé pour parler exclusivement entre eux.

Inversement, si vous êtes né dans une famille monolingue, il y a fort à parier que vous ne cherchiez pas à apprendre d'autres langues, du moins jusqu'au collège. À ce stade, l'apprentissage d'une nouvelle langue est bien plus difficile, car vous avez déjà fixé un grand nombre de trajets neuronaux relatifs au langage. Autrement dit, vous avez déjà fait énormément de choix en « oui/non » sur la manière d'appeler tel ou tel objet, de former les phrases, et même d'articuler les sons. Si vous essayez d'apprendre votre première langue étrangère à l'âge de 30 ans, la tâche sera plus ardue encore.

La neuroscientifique Susan Greenfield illustre l'extraordinaire plasticité du jeune cerveau en citant l'histoire d'un garçon italien de 6 ans, aveugle d'un œil. La cause de sa cécité était mystérieuse. Selon les ophtalmologues, son œil était parfaitement normal. Toutefois, ils apprirent que l'enfant, encore bébé, avait été soigné pour une infection mineure. Dans le cadre du traitement, il eut l'œil bandé pendant deux semaines. Cela aurait été sans conséquence pour un adulte. Mais chez le nourrisson, le développement des circuits neuronaux entre l'œil et le cerveau consiste en un processus délicat et crucial. Comme les neurones reliés à l'œil bandé n'avaient pas été utilisés durant cette période critique, ils furent considérés par le cerveau comme inexistants. « Malheureusement, explique Susan Greenfield, l'occultation de l'œil fut interprétée par le cerveau comme une indication claire selon laquelle le garçon ne l'utiliserait plus pour le restant de ses jours. » Si bien qu'il ne vit plus jamais de cet œil.

En constante évolution, le jeune cerveau est extrêmement réactif à son environnement. Au cours des premiers stades de son développement, il subit ce que les cogniticiens appellent un « élagage neuronal ». De manière schématique, ce processus consiste à supprimer les trajets neuronaux dont nous décidons inconsciemment qu'ils n'auront pas d'utilité à long terme. Différent pour chaque individu, cet élagage est une étape indispensable du développement. Il remplit la même fonction pour notre cerveau que l'élagage pour un arbre. Autrement dit, ce processus consiste à éliminer les branches inutiles afin que le reste de l'arbre continue à grandir et à gagner en vigueur. Dans le cas du cerveau, il ferme des trajets neuronaux que nous n'utiliserons plus jamais, de manière à faire de la place aux nouveaux trajets qui serviront régulièrement. Par conséquent, les immenses capacités naturelles dont nous disposons à la naissance sont ensuite remodelées, développées ou amoindries par le biais d'une interaction permanente entre les processus biologiques internes et les expériences que nous faisons dans le monde extérieur.

Là est la bonne nouvelle : le développement physique du cerveau n'est pas un simple processus linéaire à sens unique. Notre cerveau ne cesse pas d'évoluer le jour où nous obtenons nos premières clés de voiture – même si les compagnies d'assurances aimeraient le faire croire. Gerald Fischbach, neurobiologiste à l'université de Harvard, a fait une recherche approfondie sur le nombre de cellules qui constituent notre cerveau. Il en a conclu que nous conservons la plupart de nos neurones jusqu'à la fin de la vie. Le cerveau de l'individu moyen contient plus de neurones qu'il ne pourra jamais en utiliser durant toute son existence, même si l'on tient compte de l'augmentation de l'espérance de vie.

En outre, cette étude indique qu'en maintenant notre cerveau actif, nous continuons à créer des trajets neuronaux quand nous prenons de l'âge. Ainsi, non seulement nous disposons d'un potentiel continu de pensée créative, mais nous avons tout intérêt à poursuivre son développement. Tout laisse à penser que les fonctions créatives de notre cerveau conservent leur vigueur jusqu'à un âge avancé : nous sommes capables de recouvrer et de renouveler la plupart de nos aptitudes latentes par l'entraînement. Tout comme l'exercice physique revigore nos muscles, l'exercice mental revitalise nos capacités créatives. D'importantes recherches sont actuellement consacrées à la neurogenèse, la création de neurones fonctionnels, chez l'adulte. Contrairement à ce que nous pensions depuis plus d'un siècle, nous découvrons aujourd'hui que le cerveau continue à générer de nouveaux neurones, et que certaines techniques mentales comme la méditation peuvent accélérer ce processus.

Nous pouvons certes admirer les travaux remarquables de Georgia O'Keeffe, d'Albert Einstein, de Paul Newman et de Ieoh Ming Pei à la fin de leur vie, pas en raison de leur grand âge mais simplement parce qu'ils furent des individus capables et intelligents qui entretinrent leur vivacité d'esprit afin de rester doués. Qu'ils l'aient fait au crépuscule de leur existence ne devrait pas nous surprendre outre mesure.

J'ai dit plus haut qu'il était peu probable qu'un centenaire danse en soliste dans *Le Lac des cygnes*. Ce n'est pas impossible, mais relativement improbable. Pour la simple raison qu'à moins de progrès médicaux révolutionnaires, certaines de nos aptitudes déclinent avec l'âge, en particulier nos performances athlétiques. Il ne sert à rien de le nier, même si certains persistent à le faire au point de se ridiculiser en public.

Néanmoins, ce n'est pas vrai de tous nos talents. Comme une meule de *parmigiano reggiano*, certaines se bonifient avec le temps ! Dans chacune de nos vies, il semble y avoir des périodes où certaines choses sont possibles, de façon variable selon le domaine. Tout le monde s'accorde à dire, par exemple, que nos capacités en mathématiques s'accroissent et atteignent leur point culminant entre 20 et 40 ans. Je ne parle pas de votre capacité à vérifier la note du boucher ou à calculer la probabilité pour que votre équipe favorite remporte la finale du championnat de football américain. Je parle des prouesses des plus grands mathématiciens du monde d'un niveau comparable à celui de Terence Tao. La plupart des génies des maths ont réalisé leurs travaux les plus révolutionnaires avant l'âge auquel vous signez votre premier emprunt immobilier – chose que vous ne feriez sans doute pas si vous étiez plus doué en calcul… De même il y a un âge pour apprendre à jouer d'un instrument de musique.

Toutefois, à d'autres égards et dans différents domaines, la maturité peut s'avérer un réel avantage, notamment dans les arts. Beaucoup d'écrivains, poètes, peintres et compositeurs ont produit leurs plus grandes œuvres après avoir eu le temps d'affiner leurs idées et leur sensibilité. On peut dire la même chose de disciplines aussi diverses que le droit, la cuisine, l'enseignement et le paysagisme. En fait, dans toute discipline où l'expérience joue un rôle important, l'âge est davantage un atout qu'un handicap.

Par conséquent, « trop tard » peut arriver à différents moments selon le domaine où votre quête de l'Élément vous entraîne. S'il s'agit de la gymnastique de compétition, il sera probablement trop tard avant que vous n'ayez 15 ans. En revanche, si vous voulez développer un nouveau style de cuisine fusion, vous n'atteindrez sans doute jamais la date de péremption. Pour la plupart d'entre nous, la date limite est encore loin.

À la vie, à la mort

Considérer la vie de manière linéaire et unidirectionnelle nous conduit (comme le font la plupart des cultures occidentales) à isoler les différentes classes d'âge. Nous envoyons les tout-petits à la maternelle, éduquons des contingents d'adolescents et parquons les personnes âgées dans des maisons de retraite. Certes, nous avons de bonnes raisons pour procéder ainsi. Comme l'a fait remarquer l'auteur Gail Sheehy il y a plusieurs dizaines d'années, la vie comporte certains passages prévisibles, et il semble assez logique de créer des environnements favorables pour franchir ces caps.

Cependant, nous avons aussi de bonnes raisons pour remettre en cause ces habitudes qui reviennent en fait à une discrimination fondée sur l'âge. Dans la circonscription de la ville de Jenks, dans l'Oklahoma, un projet éducatif unique en offre un exemple édifiant.

L'État de l'Oklahoma mène une politique nationalement reconnue en apprenant à lire aux enfants de 3 à 5 ans. La circonscription de Jenks, elle, va plus loin encore. Son projet est né lorsque le propriétaire d'une institution située juste en face d'une école primaire contacta l'inspecteur scolaire de la circonscription. Il avait entendu parler de la politique d'apprentissage de la lecture chez les tout-petits et se demandait si son institution pourrait y contribuer. L'inspecteur accueillit favorablement cette idée. Après avoir surmonté quelques obstacles administratifs, il accepta l'aide de cet établissement – le Grace Living Center, une maison de retraite.

Quelques mois plus tard, la circonscription scolaire implanta une classe maternelle au cœur même de la maison de retraite. Entourée de baies vitrées transparentes (avec un interstice au sommet pour laisser passer les voix des enfants), la salle de classe se trouve dans le foyer du bâtiment principal. Les enfants et leurs instituteurs y viennent tous les jours, comme dans n'importe quelle école. Vu l'emplacement de la classe, les résidents la longent au moins trois fois par jour quand ils vont prendre leurs repas.

Dès l'ouverture de la classe, de nombreux résidents de la maison de retraite s'arrêtèrent pour regarder ce qui se passait de l'autre côté de la vitre. Les enseignants leur expliquèrent que les enfants apprenaient ici à lire. L'un après l'autre, plusieurs pensionnaires proposèrent leur aide. Ravis de bénéficier de renfort, les instituteurs mirent rapidement en place un programme appelé *Book Buddies* (« les compagnons de lecture »), qui consiste à attribuer à chaque enfant un retraité volontaire. L'adulte écoute l'enfant lire, et lui fait également la lecture.

Ce projet a donné des résultats remarquables. Pour commencer, la majorité des élèves du Grace Living Center réussissent mieux que les autres enfants de la circonscription les tests standardisés d'État pour la lecture. À l'âge de 5 ans, plus de 70 % des élèves quittent le projet en lisant aussi bien qu'un enfant en troisième année d'école élémentaire. Mais les enfants apprennent bien plus que la lecture. Car ils mènent avec leurs compagnons adultes de grandes conversations sur toutes sortes de sujets, et notamment sur la vie de leurs aînés qui ont grandi dans l'Oklahoma. Par exemple, les enfants leur demandent quelle taille avaient les iPod quand ils étaient petits, et les adultes leur expliquent combien les choses ont changé. Ce qui les amènent à raconter comment ils vivaient et jouaient il y a 70, 80, voire 90 ans. Les enfants découvrent l'histoire de leur ville natale avec ces adultes qui l'ont vue évoluer au fil du temps. Les parents apprécient tant ces avantages extrascolaires que, chaque année, les 60 bénéficiaires de ce projet doivent maintenant être tirés au sort.

Mais ce n'est pas tout. Quelque chose d'autre est survenu au Grace Living Center : les prises de médicaments ont descendu en flèche. Parmi les résidents qui participent au projet, beaucoup ont arrêté ou réduit leurs médicaments.

Comment est-ce possible ? Parce que les personnes âgées reviennent à la vie. Au lieu de passer leur temps à attendre l'inévitable, elles ont une raison de se lever le matin et sont tout excitées à l'idée de ce que la journée pourrait leur réserver. Parce qu'elles sont de nouveau en prise avec leur énergie créative, elles vivent littéralement plus longtemps.

De plus, les enfants apprennent encore autre chose. De temps à autre, les enseignants doivent leur annoncer que leur compagnon de lecture ne viendra plus, qu'il a disparu. Ainsi les élèves prennent-ils conscience très jeunes que la vie comporte des rythmes et des cycles, auxquels même leurs proches sont soumis.

D'une certaine manière, le Grace Living Center a rétabli la relation qui existait jadis entre les générations. De tous temps, les très jeunes et les très vieux ont eu un lien quasi mystique. Ils semblent se comprendre de façon fondamentale, souvent sans mots. En Occident, nous avons pris l'habitude de séparer ces générations l'une de l'autre. Le projet Book Buddies montre de manière simple mais efficace l'enrichissement qui peut survenir lorsque les générations se rencontrent. En outre, il prouve que les personnes âgées sont capables de réactiver des énergies depuis longtemps oubliées lorsque les circonstances s'y prêtent et que la motivation existe.

Il est encore temps

De Susan Jeffers aux Book Buddies en passant par Julia Child, toutes ces personnes nous enseignent que des choses formidables et revigorantes peuvent advenir si nous prenons le temps d'abandonner la routine, de réfléchir à notre parcours et de reconsidérer les passions laissées de côté (ou jamais exploitées) pour une raison ou une autre. À tout moment de la vie, nous pouvons emprunter une nouvelle direction. Nous avons la capacité de découvrir notre Élément à peu près à n'importe quel âge. Ainsi Sophia Loren a-t-elle dit : « La fontaine de jouvence *existe* : c'est l'esprit, le talent et la créativité que vous injectez dans votre vie et celle des gens que vous aimez. Quand vous aurez appris à vous abreuver à cette source, vous pourrez réellement vaincre l'effet du vieillissement. »

CHAPITRE 10

POUR LE PLAISIR OU POUR L'ARGENT

Gabriel Trop est un intellectuel accompli. Quand je l'ai rencontré, il préparait un doctorat de littérature allemande à l'université de Berkeley. Malgré l'importance attachée à ce travail, il a aussi une autre passion dans la vie. Il éprouve une attirance irrésistible pour la musique. « Si je devais perdre l'usage de mes mains, m'a-t-il dit, ma vie serait terminée. »

Toutefois, Gabriel n'a jamais envisagé de devenir un musicien professionnel. Pendant une partie de son enfance, il s'est même volontairement tenu à l'écart de la musique. Durant ses premières années d'études secondaires, il regardait avec pitié les élèves musiciens traverser péniblement la cour avec leurs instruments volumineux, et venir au collège avant tout le monde pour leurs répétitions. Ce n'était pas une vie pour lui, en particulier d'arriver plus tôt que les autres. Aussi se jura-t-il d'éviter la musique.

Cependant, alors qu'il suivait un jour la classe de musique (obligatoire), il fit sonner, l'air de rien, les touches du piano et constata avec quelle facilité il reproduisait des airs connus. La mort dans l'âme, il s'aperçut également qu'il y prenait plaisir. Il tenta de cacher sa joie manifeste au professeur de musique qui s'était approché pour l'écouter. Il ne s'y prit sans doute pas très bien, car celui-ci affirma qu'il avait une bonne oreille et lui suggéra d'aller voir dans la réserve s'il trouvait un instrument qui lui plaisait.

Gabriel avait un ami qui jouait du violoncelle, et pour cette seule et unique raison, il décida d'essayer l'un d'eux. Il aima la forme de l'instrument, sa taille, le son profond et chaleureux qui en sortait lorsqu'il pinçait les cordes. L'un des violoncelles en particulier dégageait une merveilleuse odeur de vernis qui lui rappelait l'école. Il décida alors de rompre son vœu et de donner une chance à l'instrument. Tout d'abord, il pratiqua de manière décontractée. Mais il s'aperçut rapidement qu'il adorait jouer et qu'il passait de plus en plus de temps à travailler son violoncelle.

Gabriel s'exerça si souvent et avec tant d'ardeur qu'au bout de deux mois il jouait déjà assez bien. Un an plus tard, il se retrouvait premier violoncelle dans l'orchestre du collège. Ce qui voulait dire, bien sûr, qu'il arrivait tôt le matin, et traînait son instrument volumineux à travers la cour sous le regard apitoyé des non-musiciens…

Gabriel aimait aussi la littérature, l'allemand et le travail intellectuel. À un moment donné, il dut choisir entre la musique et les études universitaires comme priorité dans sa vie. Après bien des hésitations, il décida de privilégier la littérature allemande. Il pensait qu'ainsi il pourrait continuer à pratiquer le violoncelle, alors qu'une profession musicale ne lui laisserait plus le temps d'explorer la poésie allemande. « J'ai opté pour la littérature parce que cela me semblait compatible avec la pratique musicale. Si j'avais choisi de faire de la musique mon métier, mon renoncement à la littérature aurait été disproportionné. J'ai donc trouvé cette solution qui m'a permis de me consacrer avec sérieux au violoncelle et de poursuivre en même temps mon engagement dans la voie littéraire. »

Gabriel continue à travailler la musique plusieurs heures par jour et à donner des concerts ; il a récemment joué un concerto pour violoncelle avec l'Orchestre symphonique de l'université de Berkeley. Il ne pourrait survivre sans pratique régulière de la musique, son plaisir. Selon lui, il serait ridicule d'appeler cela un simple loisir. La musique est un élément indispensable de sa vie, et c'est dans la musique qu'il a trouvé son Élément.

Gabriel est un amateur de musique au véritable sens du terme. Il ne saurait en être autrement pour lui.

Rien que pour le plaisir

À strictement parler, les professionnels d'un domaine sont ceux qui gagnent leur vie en exerçant ladite activité, contrairement aux amateurs. Toutefois, les termes d'*amateur* et de *professionnel* impliquent souvent quelque chose d'autre – concernant la qualité et la compétence. En général, on considère les amateurs comme des individus de seconde zone, aux performances bien inférieures à celles des professionnels. Ce sont eux qui gesticulent avec une frénésie exagérée sur les scènes de théâtre locales, qui gagnent plus de 100 points sur le terrain de golf, ou qui écrivent de charmants récits sur les animaux de compagnie dans le journal gratuit de la ville. Quand nous parlons de « travail d'amateur », nous l'entendons dans un sens des plus péjoratifs. Nous suggérons que la prestation n'égale pas, loin de là, celle d'un professionnel, qu'elle frise le ridicule.

Dans certains domaines, il est tout à fait raisonnable de tracer des limites nettes entre professionnels et amateurs car, enfin, leurs performances peuvent s'avérer d'un tout autre niveau. Si je devais subir une vasectomie, je préférerais largement remettre mon sort entre les mains d'une personne qui en a fait son métier plutôt qu'entre celles d'un dilettante qui tâte de la chirurgie à ses moments perdus. Mais souvent, la différence entre un professionnel et un amateur est moins affaire de qualité que de choix. Il existe beaucoup de personnes qui, à l'instar de Gabriel, atteignent un niveau professionnel dans la discipline qu'elles adorent, mais choisissent de ne pas gagner leur vie ainsi. Si l'on s'en tient à la définition du dictionnaire, ce sont des amateurs. Mais rien dans leurs compétences ne permet de qualifier ces individus de dilettantes.

Le mot « amateur » vient du latin *amator*, qui désigne « l'amoureux, la personne qui aime », ou qui poursuit un but avec passion. Initialement, l'amateur désigne une personne qui cultive un art pour son plaisir. L'amateur pratique son art parce que celui-ci le passionne, et non parce qu'il lui permet de payer ses factures. En d'autres termes, le véritable amateur est celui qui a trouvé son Élément en dehors de son travail.

Dans le rapport « *The Pro-Am Revolution* » qui leur a été commandé par le *think tank* britannique Demos, Charles Leadbeater et Paul Miller soulignent la montée en puissance d'un type d'amateur dont le niveau s'accroît de plus en plus, et qui suscite parfois des avancées plus retentissantes que celles des professionnels, d'où l'apparition du terme *pro-am*, « le professionnel-amateur ». Dans bien des domaines, la technologie moderne met à la disposition du plus grand nombre des équipements autrefois inaccessibles aux amateurs : les caméras CCD pour télescope, les logiciels Pro Tools pour les musiciens, des logiciels sophistiqués de montage vidéo pour les ordinateurs personnels, etc. Les auteurs du rapport attirent aussi l'attention sur la naissance du hip-hop – un genre musical qui a démarré avec la diffusion de bandes artisanales.

En outre, ils rappellent que le système d'exploitation Linux est le fruit d'une collaboration entre de nombreux programmeurs qui ont pris sur leur temps libre pour le mettre au point. Par ailleurs, la campagne Jubilé 2000, qui a débouché sur l'annulation de plusieurs dizaines de milliards de dollars de dette en faveur des pays du tiers-monde, est partie de pétitions lancées par des gens qui n'avaient aucune expérience professionnelle du lobbying. Enfin, un astronome amateur aurait découvert une supernova avec un télescope de 250 mm.

« Le pro-am poursuit une activité en amateur, avant tout pour son plaisir, mais à un niveau professionnel, expliquent Leadbeater et Miller. Il ne tirera sans doute qu'une faible part de son revenu de ce passe-temps, mais il s'y consacrera avec le sérieux et l'implication d'un professionnel. Pour un pro-am, les loisirs ne consistent pas à consommer de manière passive, mais à participer activement. Ils impliquent la mise en œuvre de connaissances et de compétences reconnues publiquement, souvent acquises au cours d'une longue carrière qui a nécessité maints sacrifices et échecs. »

Les auteurs du rapport qualifient le pro-am de « nouvel hybride social », qui poursuit sa passion en dehors de son lieu de travail avec une énergie et une abnégation rarement déployées dans des activités de loisir. Les amateurs professionnels jugent reconstituante cette implication intense, qui leur permet souvent de compenser un travail alimentaire peu gratifiant.

En effet, certaines personnes accomplissent des choses remarquables à titre amateur. Par exemple, Arthur C. Clarke a connu un grand succès avec ses romans de science-fiction, parmi lesquels figurent *2001 : L'odyssée de l'espace* et *Rendez-vous avec Rama*. Il avait déjà entamé sa carrière littéraire lorsqu'il servit comme officier dans la Royal Air Force britannique durant la guerre. Il observa alors les scientifiques de la division chargée de la surveillance radar et fut fasciné par leur travail. En 1945, il publia dans la revue *Wireless World* un article intitulé « Relais extraterrestres – Des stations orbitales pour une couverture radio de notre planète ? », dans lequel il proposait d'utiliser des satellites en orbite géostationnaire pour diffuser les ondes TV tout autour du globe.

La plupart des scientifiques considérèrent cette idée comme de la science-fiction pure et simple. Cependant, Clarke s'intéressait beaucoup au sujet et il avait étudié la question avec le plus grand soin. Sa proposition était valable sur le plan technique, et, comme nous le savons aujourd'hui, d'une extrême clairvoyance. L'orbite géostationnaire même que proposait le visionnaire, aujourd'hui appelée l'orbite Clarke, est dorénavant utilisée par des centaines de satellites. Toutefois, si Clarke a gagné sa vie en figurant dans la haute stratosphère de la liste des meilleures ventes en librairie du *New York Times*, c'est son travail d'amateur – notamment une lettre qu'il adressa à la rédaction de *Wireless World* avant la parution de son article – qui trône au musée national américain de l'Air et de l'Espace.

Susan Hendrickson, elle, n'avait pas de profession particulière. Après avoir abandonné le lycée, elle devint une plongeuse expérimentée, apprit seule à identifier les spécimens marins rares, se spécialisa dans la recherche d'insectes fossilisés dans l'ambre, et mena une vie animée d'archéologue et d'aventurière. En 1990, elle se joignit à une expédition archéologique organisée par l'Institut de recherche géologique des Black Hills dans le Dakota du Sud. Le travail progressa d'abord avec une extrême lenteur. L'équipe explora six affleurements rocheux sans faire la moindre découverte significative. Puis un jour, alors que le reste de l'équipe devait se rendre en ville, Susan Hendrickson décida d'explorer la dernière falaise cartographiée. Elle y trouva quelques os de petite taille. Or, ces ossements permirent aux archéologues de mettre au jour l'un des squelettes fossilisés complets de *Tyrannosaurus rex* les plus grands, et l'un des rares spécimens femelles.

Aujourd'hui exposé au musée Field d'histoire naturelle de Chicago, ce squelette a été baptisé *Tyrannosaurus Sue*, d'après le nom de l'archéologue amateur qui le découvrit.

Dans son ouvrage *The Amateurs*, David Halberstam décrit le parcours de quatre sportifs en quête d'une médaille d'or aux Jeux olympiques de 1984. Contrairement aux athlètes sur piste ou aux joueurs de basket dont les succès olympiques pouvaient déboucher sur des contrats professionnels ou publicitaires mirobolants (à l'époque, le comité olympique ne permettait pas aux professionnels de la National Basketball Association de participer), les rameurs suivis par Halberstam n'avaient aucune chance de tirer le moindre profit numéraire de leur victoire. Ils faisaient cela pour le pur amour du sport et le sentiment d'accomplissement que leur procurerait le fait d'être les meilleurs.

L'auteur met l'accent sur Christopher « Tiff » Wood, qu'il décrit comme l'incarnation même de l'amateur : « Il avait mis de côté carrière, mariage et divertissements pour se consacrer exclusivement à la recherche de l'excellence dans un sport auquel peu de ses compatriotes s'intéressaient, et qui, par conséquent, n'aurait aucune retombée commerciale. » À 31 ans, Wood était déjà vieux pour cette discipline, du moins au niveau olympique. Mais il s'était fixé une mission. Simple remplaçant aux Jeux de 1976, il n'avait pas eu l'occasion de concourir. En 1980, il était capitaine de l'équipe qui devait se rendre à Moscou. Cependant, afin de protester contre l'invasion soviétique en Afghanistan, les États-Unis décidèrent de ne pas participer aux Jeux.

Les Jeux de 1984 étaient sa dernière chance de remporter une médaille d'or. Au sein de la communauté restreinte mais soudée de l'aviron, on le considérait en quelque sorte comme le candidat officiel. Si Tiff Wood ne remporta finalement pas la médaille d'or, c'est tout à fait secondaire dans l'histoire. En revanche, la description de Wood et des autres rameurs fait ressortir la passion et la satisfaction qui vont de pair avec cette quête de pur amateur. Tiff Wood a découvert son Élément dans le cadre de son activité extraprofessionnelle. Son emploi n'était guère qu'un emploi. L'aviron était toute sa vie.

Pour atteindre votre Élément, vous ne devez pas nécessairement laisser tomber tout le reste et faire ce que vous aimez à longueur de journée, chaque jour de la semaine. Pour toutes sortes de raisons certaines personnes, à un moment de leur vie, ne peuvent ou ne veulent abandonner leur travail ou leur fonction pour s'adonner à leur passion. La plupart des individus gagnent leur vie d'une manière, et parviennent par ailleurs à ménager du temps et de l'espace pour faire ce qu'ils aiment. Certains procèdent ainsi parce cela leur convient davantage sur le plan psychologique. D'autres le font parce qu'ils ont le sentiment de ne pas avoir d'autre choix que de poursuivre leur passion « à côté ».

Il y a quelques années, j'ai voulu acheter une voiture auprès d'un concessionnaire à Santa Monica. L'opération s'est avérée plus complexe que je ne le pensais. Il fut un temps où il suffisait de savoir si vous vouliez acheter une voiture ou non. Aujourd'hui, vous devez passer un véritable examen en répondant à une batterie de questions à choix multiples pour sélectionner parmi une centaine de finitions, habillages intérieurs, accessoires et types de performances afin de trouver la version que vous voulez vraiment. Je ne suis pas doué pour prendre ce genre de décisions. J'ai déjà besoin d'aide pour décider comment je vais m'habiller le matin, alors que les combinaisons possibles sont bien moins nombreuses et l'enjeu bien moindre ! Le temps que je me décide pour la voiture, le vendeur Bill et moi avions sympathisé et prévu un dîner pour fêter le premier anniversaire de notre rencontre.

Tandis que nous attendions les derniers papiers – un autre processus de longue haleine –, je l'interrogeai sur ce qu'il faisait en dehors de son travail.

« De la photo, répondit-il, nullement décontenancé.

– Quel style ? lui demandai-je, pensant qu'il s'agissait de mariages et d'animaux de compagnie

– La photo sportive.

– Quels sports ?

– Le surf uniquement

– Pourquoi donc ?

– J'en ai fait quand j'étais plus jeune. J'adore la beauté et la dynamique de ce sport. »

Il se rendait sur la plage de Malibu après le travail, le week-end, les jours fériés – dès qu'il pouvait –, rien que pour prendre des photos. Il faisait cela depuis des années, et il avait accumulé l'équivalent de plusieurs milliers de dollars d'appareils, de trépieds et d'objectifs spécifiques. Quand il avait des vacances, il partait à Hawaï et en Australie pour surprendre la grande vague.

Je lui demandai s'il avait déjà publié ses images. Il acquiesça et ouvrit le tiroir de son bureau, rempli de luxueuses revues de surf. Ses photos figuraient dans chacun des exemplaires. Il faisait vraiment du très beau travail.

– As-tu déjà pensé à en faire ton métier ?

– J'adorerais, mais ça ne gagne pas assez. »

Néanmoins, la photo de surf était sa passion, qui contribuait à donner un sens à sa vie. Comme je feuilletais ces fabuleuses images de qualité professionnelle, je l'interrogeai sur ce que pensait son patron de tout cela. « Il n'est au courant de rien, répliqua Bill. Ça ne change rien à la manière dont je travaille ici, tu ne crois pas ? »

Sur ce point, je ne suis pas certain qu'il ait eu raison. Je pense même que cela devait beaucoup influer sur son travail à la concession, comme sans doute pour tous ceux qui trouvent leur Élément en dehors de leur activité professionnelle. D'après moi, la satisfaction et l'excitation que Bill éprouvait à photographier les surfeurs le rendaient bien plus efficace dans ce qu'il considérait comme une sorte de corvée : aider les clients à choisir parmi des dizaines d'échantillons de peinture, de niveaux de finition, et de types de marchepieds. L'exutoire créatif qu'il trouvait dans son activité de photographe le rendait bien plus patient et aimable dans son travail quotidien.

Le besoin d'un tel dérivatif peut prendre de nombreuses formes. L'une d'elles est l'apparition, passionnante à mes yeux, de groupes de rock en entreprise. Contrairement à l'équipe interne de softball, où l'on retrouve plutôt les jeunes employés du service courrier, ces groupes de rock comptent en règle générale dans leurs rangs des cadres supérieurs (à moins que l'un des petits jeunes du courrier se débrouille bien à la basse) qui avaient rêvé de devenir des rock stars avant d'adopter une tout autre carrière. La passion avec laquelle ils jouent montre à quel point leur violon d'Ingres offre à ces amateurs un épanouissement que leur travail ne leur offre pas. Même s'ils font ce dernier avec efficacité.

Depuis 2004, une sorte de festival rock est organisé chaque année à New York au profit de l'association caritative A Leg to Stand On. Ce qui distingue cette manifestation des autres concerts de bienfaisance, c'est que tous les musiciens (à l'exception d'un ou deux infiltrés) travaillent dans les fonds spéculatifs. « La journée, la plupart des interprètes gèrent de l'argent, dit l'un des communiqués de presse du Hedge Fund Rocktoberfest. Mais dès qu'ils ont éteint leur écran d'ordinateur, ils branchent la musique. »

« Vers 23 heures, tout le monde pense soit à son train de 4 heures le lendemain matin, soit à l'ouverture des marchés financiers de Tokyo », fait remarquer Tim Seymour, l'un des musiciens. Mais pendant le concert tout le monde s'éclate, les cadres reprennent les grands classiques du rock, ou même arborent des tenues légères pour jouer les choristes. Le contraste avec la journée de travail est spectaculaire, et manifestement libérateur pour tous les participants !

Transformations

Trouver son Élément nous mène à une vie équilibrée et épanouie. Cela peut également nous aider à comprendre qui nous sommes en vérité. De nos jours, nous avons tendance à nous identifier à notre emploi. Dans les soirées et réunions entre amis, on nous aborde souvent par la question : « Que faites-vous dans la vie ? » Nous faisons une réponse consciencieuse et sommaire de notre profession : « Je suis enseignant », « Je suis styliste », « Je suis chauffeur ». Si nous n'avons pas d'emploi rémunéré, nous sommes quelque peu embarrassés et éprouvons le besoin de nous justifier. Pour la plupart, notre travail nous définit, même à nos propres yeux

– et même s'il ne reflète pas vraiment la personne que nous avons le sentiment d'être. Cela peut être des plus frustrant si notre emploi ne nous satisfait pas pleinement. Si nous ne sommes pas dans notre Élément au travail, il est d'autant plus important de le trouver ailleurs.

Tout d'abord, l'Élément peut enrichir toutes nos autres activités. Faire ce que nous aimons et le faire bien, ne serait-ce que deux heures par semaine, rend tout le reste plus agréable. Mais, dans certaines circonstances, cela peut entraîner des transformations que nous n'aurions jamais imaginées.

Khaled Hosseini immigra aux États-Unis en 1980, obtint son diplôme de médecin dans les années 1990 et commença sa carrière en médecine interne dans la baie de San Francisco. Toutefois, dans son for intérieur, il savait qu'il voulait devenir écrivain et raconter la vie en Afghanistan avant l'invasion soviétique. Tout en continuant à pratiquer la médecine, il se mit à travailler à un roman sur l'enfance de deux garçons à Kaboul. S'ensuivit la publication des *Cerfs-volants de Kaboul*, qui se vendit à plus de quatre millions d'exemplaires et fut adapté au cinéma.

Le fait de s'adonner à sa grande passion, alors même qu'il travaillait dur comme médecin, transforma profondément Hosseini. Grâce au succès remporté par son premier roman, il put prendre un congé sabbatique prolongé afin de se consacrer à l'écriture à plein temps. En 2007, il publia son deuxième roman, *Mille soleils splendides*, un nouveau succès de librairie. « J'aimais pratiquer la médecine, et j'ai toujours été honoré que les patients me fassent confiance pour prendre soin d'eux et de leurs proches, affirma-t-il lors d'un entretien. Mais l'écriture a toujours été ma passion, depuis ma plus tendre enfance. Je me sens extrêmement privilégié de pouvoir gagner ma vie, du moins pour l'instant, en tant qu'écrivain. C'est un rêve qui est devenu réalité. »

À l'instar de Khaled Hosseini, Miles Waters exerça d'abord une profession médicale. En 1974, il commença à travailler comme dentiste en Angleterre. Et, comme Hosseini, il se passionnait pour un domaine totalement différent – dans son cas, le rock. Durant sa scolarité, il avait déjà joué dans des groupes et composé des chansons. À partir de 1977, il réduisit son activité au cabinet pour consacrer davantage de temps à la composition. Il lui fallut plusieurs années avant de percer, mais il finit par signer plusieurs tubes et commença à gagner sa vie avec sa musique. Il abandonna son premier métier pendant un temps et travailla exclusivement comme compositeur et producteur, coproduisant notamment un album que Jim Capaldi (du célèbre groupe rock Traffic) enregistra avec la participation d'Eric Clapton, de Steve Winwood et de George Harrison. Ainsi, il fréquenta les mêmes cercles que Paul McCartney et David Gilmour, le guitariste et chanteur des Pink Floyd. Aujourd'hui, il navigue entre la musique et le cabinet dentaire : il conserve sa clientèle tout en composant et produisant de la musique.

Quant à John Wood, il gagnait fort bien sa vie chez Microsoft comme cadre marketing. Mais, lors d'un voyage dans l'Himalaya, il visita l'école d'un village pauvre. Pour 450 élèves, celle-ci disposait seulement de vingt livres, dont aucun n'était destiné aux enfants. Lorsque Wood demanda au directeur de l'école comment il se débrouillait avec une telle pénurie de livres, celui-ci l'invita à leur venir en aide. Le cadre informatique se mit alors à collecter des livres et à réunir des fonds pour cette école ainsi que d'autres établissements ; il travaillait le soir et le week-end en plus de ses journées très chargées. Finalement, il quitta Microsoft pour se consacrer à sa véritable vocation – Room to Read, une association à but non lucratif ayant pour objectif d'accroître l'alphabétisation dans les pays pauvres. Parmi ses anciens collègues, certains pensèrent qu'il avait perdu la tête. « Pour beaucoup d'entre eux, c'était totalement incompréhensible, confia-t-il lors d'un entretien. Quand ils ont su que je quittais la boîte pour aller distribuer des livres à dos d'âne, ils ont cru que j'étais devenu fou. » Et pourtant, Room to Read a transformé non seulement la vie de John Wood, mais aussi celle de milliers d'autres personnes. À ce jour, l'association a créé plus de 14 000 bibliothèques scolaires dans dix pays d'Afrique et d'Asie.

Plus qu'un loisir

Il y a une grande différence entre un simple loisir et un violon d'Ingres. Bien que ces deux termes suggèrent un processus de régénération physique ou mentale, ils ont des connotations différentes. Le loisir est généralement considéré comme le contraire du travail. Il évoque l'absence d'effort et la passivité. Nous avons tendance à considérer que le travail pompe notre énergie, tandis que les loisirs nous en redonnent : ils nous offrent un répit, une pause inactive qui nous aide à nous remettre des défis de la journée, à décompresser et à recharger nos batteries. En revanche, le violon d'Ingres est un loisir actif. Il désigne une activité nécessitant un effort physique ou mental, qui nous confère néanmoins de l'énergie au lieu de nous épuiser. Voilà pourquoi j'associe davantage l'Élément au violon d'Ingres qu'au loisir.

Le Pr Suzanne Peterson enseigne le management à l'université de l'Arizona, et conseille des cadres par l'intermédiaire d'une agence de coaching. Par ailleurs, elle est championne de danse. Elle a notamment remporté le Holiday Dance Classic de Las Vegas à deux reprises, ainsi que le Hotlanta US Open Pro-Am dans la catégorie danses latines en 2007.

Suzanne prit quelques cours de danse lorsqu'elle était adolescente, mais n'a jamais sérieusement envisagé d'en faire son métier. Dès le collège, elle savait qu'elle voulait devenir cadre. « Je ne savais pas exactement le métier que je ferais, mais je voulais porter un costume de bureau, parler à un large auditoire, me faire obéir et avoir un titre. J'ignore pourquoi, je me suis toujours vue porter de superbes tailleurs. Et j'aimais m'imaginer devant une assemblée à laquelle j'aurais quelque chose d'important à dire. En revanche, la danse n'était pas une passion pour moi quand j'étais jeune. J'en faisais à titre de loisir, comme toutes les filles qui ne veulent pas jouer au foot ni au baseball ! »

Elle redécouvrit presque par hasard la danse, mais cette fois une fièvre intense l'accompagna. « Je cherchais juste un loisir, mais le succès et la motivation ont pris le dessus. À 26 ans, j'étais en troisième cycle à l'université. À l'époque, la salsa et le swing devenaient à la mode. Je me rendais au studio de danse de société, j'observais et j'imitais ce que faisaient les profs. Peu à peu, j'ai commencé à prendre des cours collectifs, puis quelques cours individuels. Et tout à coup, ça a pris une place phénoménale dans ma vie. Cette progression a vraiment été due à ma conviction de posséder les atouts nécessaires. Mais sans doute mon côté "scolaire" m'a-t-il permis d'étudier la danse et de me concentrer sur elle comme sur n'importe quelle autre discipline.

« J'étudiais littéralement la danse comme les autres disciplines universitaires. J'avais une capacité extraordinaire à visualiser. Pendant les trajets en avion, je me voyais en train de danser. Aussi, lorsque je ne pouvais pas m'exercer physiquement, je le faisais mentalement. J'entendais la musique. Je ressentais les émotions. Je voyais les expressions du visage. Et le lendemain, au studio de danse, j'avais progressé. Mon partenaire s'exclamait : “Comment as-tu fait pour t'améliorer du jour au lendemain ? Tu n'étais pas à Philadelphie hier ?” Et je lui répondais : “Oh, j'ai révisé dans l'avion.” En effet, j'étais capable de répéter les mouvements dans ma tête pendant deux heures d'affilée.

« J'abordais la danse de la même manière que ma carrière – je me donnais à 110 % et j'étais toute-puissante. Toutefois je me suis rendu compte que pour la danse, c'était trop. Vous perdez en féminité et soudain, les spectateurs ne voient plus que ça. L'entreprise, c'est la puissance, l'assurance et tout ce qui va avec. Tandis que dans la danse tout est vulnérabilité, sensualité et douceur. Je passe de l'un à l'autre, et j'aime autant les deux. »

Suzanne semble avoir trouvé son Élément de plusieurs façons. Elle adore son métier, et elle adore son violon d'Ingres. « Quand j'enseigne un sujet relatif au leadership qui me passionne, je ressens exactement la même chose, sauf que c'est une émotion différente. Je veux dire par là que je suis sûre de moi, forte, en phase avec mon auditoire, et que je veux faire bouger les choses. Tandis qu'en dansant je me sens plus vulnérable, un peu moins assurée. Mais ces deux activités sont des exutoires, chacune à sa manière. Je me donne entièrement et je ressens énormément d'émotions. »

Néanmoins, sa vie a encore plus de sens du fait qu'elle a choisi un violon d'Ingres qui la comble, au lieu de la divertir. « La danse m'a davantage appris à communiquer que des études de communication. Vous prenez conscience de l'effet que vous avez sur la personne en face de vous. Si vous êtes de mauvaise humeur, celle-ci le saura aussitôt, rien qu'en vous serrant la main. Si bien que dans ma tête je sens si la relation avec mon interlocuteur est impeccable, si la communication est parfaite. Cela me rend alors extrêmement heureuse.

« C'est une expérience optimale. Je veux dire, une libération totale. Je ne pense à rien. Je ne pense à rien de bon, ni à rien de mauvais. Des coups de feu ne parviendraient pas à me déconcentrer. C'est absolument incroyable ! »

Sa sœur, Andrea Hanna, travaille comme assistante à Los Angeles. Comme Suzanne, elle a trouvé en dehors de son activité professionnelle une passion qui donne davantage de relief à sa vie.

« Jusqu'à ma dernière année de lycée, je n'aimais pas écrire, m'a-t-elle raconté. Pour l'examen d'entrée à l'université, la prof d'anglais nous demanda de remettre un travail d'écriture passionnant sur le sujet de notre choix. Comme d'habitude, je fus horrifiée à l'idée de devoir écrire un texte en cinq paragraphes, qui finirait par être raturé au stylo rouge. Néanmoins, je finis par écrire à quel point je ne me sentais pas prête à rentrer à l'université, tout en étant excitée à l'idée d'entamer un nouveau chapitre de ma vie. Pour la première fois de ma scolarité, je mis de l'humour dans mon devoir. C'était aussi la première fois que je pouvais traiter d'un sujet que je connaissais parfaitement : moi. À ma grande surprise, l'enseignante adora ma copie et la lut à toute la classe. Qui plus est, elle proposa mon texte à un concours. Je remportai le premier prix, et fus invitée à lire mon texte devant un public de femmes écrivains. Ma photo parut même dans le journal ! Au moment où j'entrai à l'université, cette expérience fascinante me donna davantage confiance en moi.

« On m'a toujours dit que mon écriture avait une forte personnalité. On me fait souvent cette remarque : "C'est toi que j'entends en lisant ça." À l'université, je me suis mise à envoyer par mail à mes amis le compte rendu humoristique de nos week-ends passés ensemble. Je transformais chacun de mes amis en un personnage, et j'enjolivais l'histoire juste ce qu'il fallait pour les faire rire. Mes messages se transmettaient d'amis en amis, et assez rapidement je recevais le compliment d'un inconnu qui avait trouvé mon texte formidable. J'étais ravie de réussir aussi bien cette chose qui me venait avec tant de naturel.

« L'été précédant ma troisième année d'études, j'ai travaillé comme hôtesse d'accueil pour une station de radio. Moins d'un mois après mon arrivée, j'ai commencé à rédiger des spots publicitaires amusants. Le directeur de la radio a adoré mes idées, et il a fait diffuser mes textes sur les ondes. Tous mes amis allumaient la radio pour écouter mes pubs rigolotes, auxquelles je prêtais souvent ma propre voix. J'aimais beaucoup voir mon travail diffusé et obtenir les réactions que j'avais souhaitées.

« Comme on appréciait mon écriture, j'ai commencé à songer que je pourrais en faire ma carrière. Après l'université, je suis aussitôt entrée dans le secteur de l'audiovisuel. J'ai travaillé pour plusieurs scénaristes TV et producteurs de films, auprès de qui j'ai appris les ficelles du métier. Mais, après plusieurs années passées à servir le café et à laver la voiture du patron, j'ai compris que ces "boulots de rêve" étaient bien souvent les moins créatifs de ce milieu. À un moment donné, j'ai rêvé d'écrire pour l'émission de sketchs *Saturday Night Live*. Mais j'ai appris que les échéances hebdomadaires et le stress permanent vous retiraient tout plaisir. J'ai alors pensé, pourquoi mon talent devrait-il être validé par un salaire ?

Finalement, j'adorais faire rigoler les gens. Si l'un de mes sketchs, nouvelles ou mails humoristiques faisait éclater de rire celui qui le lisait, cela me suffisait largement. Du seul fait d'en avoir pris conscience, je suis devenue bien plus heureuse.

« Quand j'y réfléchis, je pense que si j'aime écrire des textes drôles, c'est avant tout parce que j'ai l'impression d'être alors spirituelle et maligne. Je me suis trouvée idiote pendant longtemps parce que je ne brillais pas à l'école. L'écriture me donne de l'assurance. Grâce à elle je me sens plus accomplie, plus entière. »

L'intérêt du violon d'Ingres est de nous procurer l'équilibre idéal entre gagner, et vivre sa vie. Que nous ayons la possibilité de passer la majorité de notre temps dans notre Élément ou non, il est essentiel pour notre bien-être de nous livrer à notre véritable passion d'une manière ou d'une autre, à un moment ou à un autre. De plus en plus de gens le font à travers des réseaux officiels ou informels afin de cultiver les centres d'intérêts créatifs qu'ils ont en commun. Il peut s'agir par exemple d'un chœur, d'un festival de théâtre, d'un club scientifique ou d'un stage de musique. Le bonheur de chacun provient autant de l'épanouissement psychologique et spirituel que ces activités peuvent lui procurer, que de la satisfaction des besoins matériels que lui apporte son travail.

L'étude scientifique du bonheur est relativement récente. Elle connut un faux départ il y a une soixantaine d'années, lorsque Abraham Maslow suggéra que nous réfléchissions davantage à la psychologie des traits de caractère positifs, plutôt que de nous concentrer exclusivement sur les causes des pathologies mentales. Malheureusement, ses paroles n'inspirèrent guère ses contemporains. Toutefois, l'idée remporta un grand succès en 1998, lorsque Martin Seligman accéda à la présidence de l'American Psychological Association. Introduisant le terme de *psychologie positive*, il annonça que durant son mandat il favoriserait l'exploration de ce qui permet à l'être humain de s'épanouir. Depuis, des dizaines de recherches scientifiques ont été menées sur le bonheur. Ainsi le Pr Michael Fordyce écrit-il dans son ouvrage *Human Happiness* : « Les gens heureux semblent s'amuser beaucoup plus que les autres. Ils ont bien davantage d'activités qu'ils pratiquent pour le plaisir. Chaque jour ou chaque semaine, ils consacrent bien plus de temps à ces activités amusantes, passionnantes et agréables. »

La découverte de votre Élément n'est pas un gage d'enrichissement matériel. Il se peut même que ce soit le contraire, car la quête de votre passion peut vous amener à abandonner votre carrière de banquier d'investissement pour ouvrir la pizzeria dont vous rêviez. Il n'est pas dit non plus qu'elle vous rende plus célèbre, plus populaire ou plus apprécié de votre famille. En revanche pour chacun de vous, trouver votre Élément, ne serait-ce qu'à temps partiel, enrichira votre vie et lui apportera un nouvel équilibre.

L'Élément relève d'une conception plus dynamique et holistique de l'existence humaine, en vertu de laquelle les différentes parties de notre vie ne sont pas hermétiquement disjointes, mais interagissent et influent les unes sur les autres. Être dans notre Élément à tout moment de notre vie peut transformer la vision que nous avons de nous-même. Que nous pratiquions notre passion à plein temps ou à temps partiel, l'Élément peut affecter notre vie entière ainsi que la vie de notre entourage.

Le romancier russe Alexandre Soljenitsyne l'avait déjà compris : « Si vous voulez changer le monde, par qui commencerez-vous ? Par vous ou par les autres ? Je pense qu'en commençant par nous-même, en faisant ce qu'il faut pour devenir la meilleure personne possible, nous avons bien plus de chance de parvenir à améliorer le monde. »

CHAPITRE 11

LA COURSE À L'EXCELLENCE

Parmi les personnalités que nous avons rencontrées dans cet ouvrage, beaucoup ne réussissaient pas en classe, ou du moins n'aimaient pas l'école. Certes, bien d'autres font des étincelles et adorent ce que l'école leur propose. Cependant, trop d'élèves terminent (ou non) leurs études sans connaître leurs véritables talents et sans savoir quelle direction prendre ensuite. Trop d'élèves ont l'impression que l'école ne met pas leurs talents en valeur.

Trop d'élèves pensent n'être bons à rien.

Parfois, quitter l'école est ce qui peut arriver de mieux à un grand esprit. Sir Richard Branson naquit en Angleterre en 1950. Il fut très populaire dans son lycée, Stowe School, où il se fit facilement des amis et excella en sport. Il devint capitaine des équipes de football et de cricket. Par ailleurs, il fit preuve d'un sens précoce des affaires. À l'âge de 15 ans, il avait déjà entrepris deux projets, dans la vente de sapins de Noël, et de perruches ondulées d'Australie. En dépit d'un succès mitigé, Richard manifestait une aptitude incontestable pour ce genre d'activité.

En revanche, il ne semblait pas éprouver une grande affinité pour l'école. Il récoltait de mauvaises notes et détestait aller en classe. Il fit des efforts, mais ça ne lui convenait vraiment pas. À 16 ans, il décida que c'en était assez, et quitta le système éducatif à jamais.

Richard déconcertait ses enseignants. Il se montrait à l'évidence vif d'esprit, assidu, avenant et capable d'employer son intelligence à bon escient – mais, de façon tout aussi manifeste, il n'était pas du tout disposé à se conformer au modèle scolaire. Lorsqu'il décida d'abandonner ses études, son proviseur déclara : « Avant ses 21 ans, Richard sera en prison ou millionnaire, je ne peux pas trancher entre les deux. »

Une fois lâché dans le monde réel, Richard dut trouver que faire de sa vie. Le sport ? Il n'aurait pu devenir un bon professionnel. Toutefois, une autre chose le passionnait tout autant, où il avait la très nette impression d'*exceller* : l'entreprenariat.

Rapidement, Richard Branson monta sa première véritable affaire, une revue intitulée *Student*. Suivit en 1970 une société de vente de disques par correspondance. Celle-ci devint une chaîne de magasins de disques, que vous connaissez sans doute aujourd'hui sous le nom de Virgin Megastore. Ce fut la première de ses entreprises à porter le nom de Virgin, mais pas la dernière. Peu après, il lança le label Virgin Records. Puis, dans les années 1980, il s'attaqua à un secteur totalement différent avec la compagnie aérienne Virgin Atlantic. Pour cela, il commença avec une mise de fonds quasi nulle et un 747 loué à Boeing. Aujourd'hui, son empire comprend Virgin Cola, Virgin Trains, Virgin Fuels et l'un de ses projets les plus ambitieux, Virgin Galactic : la première entreprise destinée à envoyer des particuliers dans l'espace. En somme, sa décision de renoncer aux études et de devenir un entrepreneur s'avéra judicieuse. Et la prédiction de son proviseur se réalisa – du moins la partie concernant son avenir de millionnaire.

Par la suite, Branson apprit que la faiblesse de ses résultats scolaires était due en partie à une dyslexie. Celle-ci explique ses difficultés à comprendre les maths. Aujourd'hui encore, malgré les milliards de dollars qu'il brasse, il est incapable de s'y retrouver dans un compte de résultat. Pendant longtemps, il fut incapable de saisir la différence entre les bénéfices net et brut. Un jour son directeur financier, exaspéré, le prit à part à la fin d'un conseil d'administration de Virgin et lui expliqua : « Richard, regardez les choses ainsi : si vous pêchez en mer, quand vous jetez votre filet, tout ce que vous remontez sur le bateau est à vous. C'est le bénéfice net. Tout le reste, c'est le brut. »

« J'avais enfin compris la différence », m'a confié Richard.

Son entrepreneuriat flamboyant et sa formidable réussite dans tant de secteurs lui valurent le titre de chevalier en 1999. Qui aurait pu imaginer cela alors qu'il peinait chaque année à passer dans la classe supérieure ? Mais peut-être aurait-on dû l'imaginer…

« Le fait est, m'a-t-il dit, que tous les grands entrepreneurs de ma génération ont beaucoup souffert dans leur scolarité. Ils n'attendaient qu'une chose, quitter l'école et faire quelque chose d'eux-mêmes. »

L'école plut davantage à Paul McCartney qu'à Richard Branson. Avant de devenir un Beatle, il envisagea même d'enseigner, mais pas la musique qui ne l'attirait pas !

« Je n'aimais pas la musique au lycée parce qu'on ne nous l'enseignait pas vraiment. Dans ma classe, nous étions trente ados de Liverpool. Le prof de musique entrait dans la salle, mettait un vieux disque de musique classique sur sa platine antédiluvienne et ressortait. Et il passait le reste du cours dans la salle des profs à fumer sa cigarette. Alors, dès qu'il avait tourné les talons, nous éteignions le phonographe et postions un gars à la porte. Nous sortions ensuite les cartes et les clopes, et passions le reste du cours à jouer. C'était génial.

Pour nous la musique, c'était une partie de cartes. Quand le prof revenait, nous remettions le phono en route juste avant la fin du disque. Il nous demandait ce que nous en pensions, et nous répondions "C'était génial, monsieur !" Je n'ai aucun autre souvenir de la musique au lycée. Franchement. Nous n'avons jamais rien fait d'autre.

« Le prof ne nous a absolument rien appris sur la musique. Il faut quand même le faire : il avait George Harrison et Paul McCartney parmi ses élèves, et il n'a pas été capable de nous intéresser à sa matière ! Pendant toute notre scolarité, personne n'a jamais remarqué le moindre talent musical chez George et moi. À l'époque, la seule manière de le faire savoir, c'était de jouer dans un petit groupe. Parfois, les élèves sortaient leurs guitares à la fin du trimestre. John faisait partie d'un groupe dans son lycée. Mais sinon, personne ne s'apercevait que la musique vous intéressait. Et personne ne vous apprenait quoi que ce soit sur cette discipline. »

Trouver son Élément compte pour chacun de nous et pour notre société. L'enseignement devrait nous y aider. Or bien souvent il produit l'effet inverse. C'est un problème très grave pour nous tous. Dans la plupart des systèmes éducatifs, les choses vont de mal en pis.

Que faisons-nous pour y remédier ?

La créativité, cette chose méprisée

Je reçois de nombreux mails de la part d'élèves du monde entier. Un jeune de 17 ans, du New Jersey, m'écrit ceci après avoir visionné mon intervention à la conférence TED (Technology, Entertainment and Design) de 2006 :

« Je suis dans ma chambre, incapable de trouver le sommeil. Il est 6 heures du matin, et c'est la période de ma vie qui est censée me transformer à jamais. Dans quelques semaines je serai en terminale, l'université semble la grande préoccupation du moment [...] et je ne supporte pas ça. Non que je refuse d'entrer à l'université, mais j'avais envie de faire d'autres choses qui n'étoufferaient pas mes idées. Je savais exactement ce que je voulais faire et à quoi je voulais consacrer mon temps, mais, pour tout le monde autour de moi, obtenir un doctorat ou un boulot rasoir semble indispensable pour réussir dans la vie. Moi je pensais que c'était une mauvaise idée de passer tout son temps à faire quelque chose d'ennuyeux et de dérisoire. C'est la grande occasion de ma vie [...] bon sang, je n'aurai qu'une vie, et si je ne prends pas de décision radicale, je n'aurai jamais d'autre occasion de le faire. Je déteste le regard bizarre de mes parents et des parents de mes amis quand je dis vouloir faire quelque chose qui sorte du boulot classique dans le médical ou le commercial.

« Je ne sais comment, je suis tombé sur la vidéo d'un gars : il dit des choses qui me trottent dans la tête depuis un bon moment. Ça m'a rendu complètement euphorique. [...] Si tout le monde veut être pharmacien, bientôt les professions médicales ne seront plus aussi prestigieuses. Je ne veux pas d'argent, je ne veux pas de foutue voiture hors de prix. Je veux faire quelque chose qui ait un sens pour moi, mais personne ne m'y encourage. Je veux juste vous dire que vous m'avez à nouveau convaincu de poursuivre mon rêve. En tant que peintre, dessinateur, compositeur, sculpteur et écrivain, je vous remercie du fond du cœur de m'avoir donné de l'espoir. Ma prof d'arts plastiques écarquille les yeux dès que je fais quelque chose de bizarre. Une fois, j'ai versé l'eau de rinçage du pinceau sur une peinture qu'elle avait qualifiée de “terminée et prête à être notée”. Bon Dieu, vous auriez vu sa tête ! L'école a des limites claires et nettes, moi je veux m'en dégager et mettre en œuvre les idées qui me viennent à l'esprit à 3 heures du matin. Je ne supporte pas de dessiner des godasses ou des arbres tout ce qu'il y a de plus ordinaires, et je déteste qu'on “note” l'art. Depuis quand quelqu'un devrait-il noter l'art ? Je parie que si Picasso avait rendu l'un de ses dessins à son ancienne professeur d'art au lycée, elle aurait été folle de rage et elle l'aurait sacqué. J'ai demandé à ma prof si je pouvais mêler la toile et la sculpture, qui donnerait ainsi l'illusion que la peinture est vivante et va à la rencontre du spectateur. [...] Elle m'a répondu que ce n'était pas autorisé ! Je vais suivre les cours du programme Advanced Placement en arts plastiques l'année prochaine et on me dit que je ne peux pas faire d'art en trois dimensions ? C'est du délire ! Nous avons vraiment besoin de gens comme vous pour donner des conférences dans le New Jersey sur cette chose méprisée qu'on appelle créativité.

« Je suis triste de voir que, lorsque je prétends vouloir devenir un artiste plus tard, je récolte seulement des rires ou des froncements de sourcils. Pourquoi ne pourrait-on faire ce que l'on aime ? Le bonheur, est-ce d'avoir un château, un immense écran de télévision, et de consulter les indices boursiers en grinçant des dents dès que l'agence Standard & Poors baisse

> sa note d'un point ? [...] Ce monde n'est plus que surpopulation, angoisse et concurrence. Merci pour ces 19 minutes et 29 secondes de pure vérité. Bravo. »

Cet élève dénonce deux choses que la plupart des gens finissent par constater dans l'enseignement qu'ils reçoivent : la hiérarchisation des matières scolaires dont nous avons parlé au chapitre 1 ; et la préférence donnée au conformisme sur la diversité.

Conformisme ou créativité

De façon inexorable, l'enseignement public pousse ses élèves au conformisme. Non seulement l'école a été conçue pour servir les intérêts de l'industrialisation, mais elle a été créée *à son image*. À bien des égards, elle reflète la culture industrielle qu'elle était destinée à soutenir. Cela est particulièrement vrai dans les établissements secondaires, où l'enseignement repose sur les principes de la chaîne de montage et de la division du travail pour une efficacité accrue. Ainsi, l'école divise le programme en segments spécialisés : certains professeurs sont chargés de faire ingurgiter les maths, d'autres l'histoire. On structure la journée en unités de temps standard que délimite la sonnerie de la cloche, tout comme la sirène de l'usine annonçait l'heure de l'embauche et la fin des pauses. Les élèves sont éduqués par lots en fonction de leur âge, comme si leur principal point commun était leur date de fabrication. Ils sont soumis à intervalles réguliers à des tests standardisés, et comparés entre eux avant d'être lancés sur le marché. Je reconnais que l'analogie n'est pas tout à fait exacte, car elle fait l'impasse sur de nombreuses subtilités du système. Mais elle s'approche assez de la réalité.

Ce système a présenté bien des avantages et remporté bien des succès. Il s'est avéré efficace pour beaucoup d'élèves, réellement faits pour les études traditionnelles. Après treize ans d'enseignement public, la plupart savent à peu près lire et écrire, et sont capables de rendre la monnaie sur un billet de 20. Cependant le taux d'abandon est fort élevé, en particulier aux États-Unis, et le mécontentement des élèves, des enseignants et des parents, plus important encore. De plus en plus, la structure et la nature de cet enseignement industriel fléchissent sous la pression du XXIe siècle. J'en veux pour preuve la perte de valeur flagrante des diplômes universitaires.

Durant mon adolescence, mes camarades et moi ne cessions d'entendre dire que si nous travaillions dur et obtenions de bonnes notes – d'autant plus si nous allions à l'université et en ressortions avec un diplôme –, nous aurions un emploi assuré jusqu'à la fin de notre vie active. À l'époque, l'idée qu'un diplômé devienne chômeur semblait tout à fait saugrenue. S'il ne décrochait pas d'emploi, c'est qu'il n'en voulait pas !

Lorsque j'ai terminé l'université en 1972, *je ne voulais pas* trouver d'emploi. J'avais travaillé à l'école depuis l'âge de 5 ans, j'avais besoin de faire une pause. Je voulais me trouver, aussi décidai-je de partir en Inde : peut-être y étais-je ? Finalement, je ne suis pas allé plus loin que Londres qui regorge de restaurants indiens ! Mais je savais qu'à tout moment, si je décidais de travailler, je n'aurais qu'à sortir de chez moi pour trouver un emploi.

Ce n'est plus le cas aujourd'hui. Après l'université, les étudiants n'ont plus la certitude de décrocher un poste qui corresponde à leurs qualifications. De nombreux diplômés issus des meilleures universités se retrouvent dans des emplois sous-qualifiés, ou retournent chez leurs parents pour réfléchir à ce qu'ils pourraient faire ensuite. En janvier 2004 aux États-Unis, les chômeurs diplômés excédaient ceux ayant arrêté leurs études avant l'université. C'est difficile à croire, mais c'est la réalité.

Le problème existe dans bien d'autres pays. Selon une association britannique de recruteurs de cadres, les postes proposés aux diplômés de l'enseignement supérieur en 2003 avaient diminué de 3,4 % par rapport à l'année précédente. En moyenne, 42 candidats avaient répondu à chacune de ces offres, contre 37 en 2002. Ce qui veut dire que la course aux bons emplois devient de plus en plus effrénée, même avec un haut niveau d'instruction. La Chine même, dont la croissance économique est la plus forte au monde, connaît un chômage massif atteignant, selon certaines estimations, 30 % des nouveaux diplômés, qui sont plus de 3 millions chaque année. Que se passera-t-il quand leur économie ralentira ?

Néanmoins, il reste vrai qu'à leur arrivée sur le marché du travail les diplômés de l'enseignement supérieur sont mieux lotis que les autres. Selon une étude réalisée par le Bureau du recensement américain, à la fin des années 2000, les diplômés de l'université pouvaient espérer gagner durant leur carrière 1 million de dollars de plus que leurs camarades restés au niveau secondaire. Et 3 millions de plus pour ceux qui disposent d'un diplôme d'enseignement supérieur professionnel. Cependant, le fait est qu'un diplôme d'université ne vaut plus grand-chose. Autrefois, un diplôme constituait un passeport pour un bon poste. Aujourd'hui, c'est au mieux un visa qui vous donne le droit de séjourner temporairement sur le marché du travail. N'incriminons pas la baisse du niveau des diplômes, qui est très difficile à juger. En cause, plutôt l'accroissement du nombre de diplômés. À l'époque industrielle, la plupart des gens exerçaient des emplois manuels ou subalternes. Seule une minorité allait à l'université. Par conséquent, un diplôme d'études supérieures équivalait au ticket d'or de Willy Wonka dans *Charlie et la Chocolaterie*. De nos jours, avec autant de diplômés, un master 1 ne vaut guère plus que le papier brillant qui enveloppe les tablettes.

Pourquoi cet afflux de diplômés ? D'une part, dans les pays développés du moins, l'économie du XXIe siècle repose de plus en plus sur les innovations en matière de technologies numériques et de systèmes d'information. Elle fait moins appel au travail manuel, et davantage au « travail de la tête », comme disait mon oncle. Si bien qu'un niveau d'instruction plus élevé est indispensable à beaucoup plus d'individus.

D'autre part, la population mondiale est tout simplement plus nombreuse que jamais. Comme je l'ai déjà fait remarquer, celle-ci a doublé en l'espace de trente ans, passant de 3 à 6 milliards d'habitants, et pourrait atteindre les 9 milliards d'ici le milieu de ce siècle. En fonction de ces facteurs, certains estiment que le nombre de diplômés universitaires des trente prochaines années excédera l'ensemble des étudiants diplômés depuis le début de l'histoire !

Selon l'Organisation de coopération et de développement économiques (OCDE), durant la décennie 1995-2005, les taux d'obtention de diplômes universitaires dans les pays les plus puissants économiquement ont augmenté de 12 %. En 2005, plus de 80 % des jeunes Australiens entraient à l'université, suivis de près par les Norvégiens. Aux États-Unis, ils étaient un peu plus de 60 %. En 2009 en Chine, c'était plus de 17 % des jeunes, et ce pourcentage continue à augmenter rapidement ; il n'y a pas si longtemps, il était plus proche de 4 %.

Pareille augmentation du nombre d'étudiants entraîne une concurrence exacerbée pour entrer dans bien des universités – même celles qui ne figurent pas dans le tiers supérieur des établissements les plus cotés. Cette pression a favorisé l'essor des cours individuels et des cours de préparation aux examens d'entrée à l'université. Ce phénomène est particulièrement flagrant au Japon, où les *jukus* (à la lettre « précepteurs »), ou structures privées proposant des cours intensifs, couvrent tout le pays. Il existe même des chaînes de tels établissements qui préparent les enfants d'âge préscolaire, parfois dès 1 an, aux examens d'entrée dans les écoles élémentaires les plus prestigieuses (première étape indispensable pour prétendre ensuite aux meilleures universités japonaises). Les jeunes enfants y font des exercices de littérature, de grammaire, de mathématiques et de diverses autres matières pour prendre l'avantage sur leurs « concurrents ». Tant pis pour la détente et les loisirs créatifs. Au Japon, chacun sait que l'avenir d'un cadre potentiel se joue avant l'entrée au CP...

On observe la même tendance aux États-Unis et dans de nombreux autres pays. Dans des villes comme Los Angeles et New York, l'inscription dans certaines maternelles donne lieu à une concurrence féroce. Afin de déterminer la qualité de la matière première, on fait passer un entretien aux enfants de 3 ans... Je suppose qu'un comité de sélection des plus sérieux passe en revue les CV de ces bambins afin d'évaluer ce qu'ils ont accompli jusque-là – « Comment cela ? Vous êtes sur terre depuis près de 36 mois, et voilà tout ce que vous avez fait ? Il semble que, au cours des six premiers mois, vous n'ayez rien fait d'autre que de vous prélasser et de gazouiller ! »

Les cours intensifs et autres cours du soir existent aux quatre coins de la planète. En Angleterre, les *cram schools*, ou « écoles de bourrage de crâne », visent à faire passer les examens d'entrée à l'université, à l'instar des cours privés américains qui préparent au SAT (test d'admission à l'université). En Inde, les *tutorials*, ou « travaux dirigés », aident les étudiants à réussir leurs concours. En Turquie, les *dershane*, ou « maisons de cours », dispensent leurs cours le soir et le week-end pour permettre aux élèves de prendre de l'avance sur leurs concurrents.

On a peine à croire qu'un système éducatif exerçant une telle pression sur les enfants soit bénéfique pour quiconque, pour les élèves ou la société dans son ensemble. La plupart des pays s'efforcent de réformer leur enseignement. Mais, de mon point de vue, ils font exactement l'inverse de ce qu'il faudrait.

Réformer l'enseignement

Dans le monde entier, presque tous les systèmes d'enseignement public sont en cours de réforme – en Asie, en Amérique du Nord et du Sud, en Europe, en Afrique et au Moyen-Orient. À cela, deux raisons principales. La première est d'ordre économique. Toutes les régions du monde sont confrontées au même défi : comment éduquer la population de manière à ce qu'elle trouve du travail et crée de la richesse dans un contexte qui change de plus en plus vite. La seconde est culturelle. Bien que toutes les nations souhaitent tirer parti de la mondialisation, elles ne veulent pas perdre leur identité. La France veut rester française, et le Japon japonais. Si les identités culturelles évoluent en permanence, la société peut contrôler la rapidité de ce changement grâce à son enseignement public. Voilà pourquoi le contenu des enseignements suscite toujours une telle nervosité.

L'erreur de la plupart des responsables politiques, c'est de penser qu'en matière d'enseignement la meilleure façon de faire face à l'avenir consiste à améliorer ce qu'ils ont fait par le passé. L'enseignement repose sur trois éléments principaux : le programme, c'est-à-dire les connaissances que les élèves sont censées acquérir ; la pédagogie, processus par lequel le système permet aux élèves d'acquérir ces connaissances ; et l'évaluation, qui permet de juger à quel point ils y sont parvenus. Or, la plupart des réformes se concentrent surtout sur le programme et l'évaluation.

En règle générale, les décideurs essayent de garder le contrôle du programme ; ils précisent dans les moindres détails ce que les élèves doivent apprendre. Par là, ils tendent à renforcer l'ancienne hiérarchisation des matières en mettant encore davantage l'accent sur les disciplines qui couronnaient l'édifice. C'est le retour aux fondamentaux que j'ai déjà évoqué. Dans la pratique, cela revient à refouler les autres matières – et les élèves doués pour celles-ci – plus encore aux marges de l'enseignement. Aux États-Unis, par exemple, plus de 70 % des circonscriptions scolaires ont réduit ou supprimé les cours artistiques afin de satisfaire à la politique *No Child Left Behind* (« Aucun enfant laissé pour compte »).

En outre, les responsables politiques accordent une importance accrue à l'évaluation. Ce qui n'est pas un mal en soi. Mais le problème réside dans la méthode employée. Le plus souvent, les réformes s'appuient sur la prolifération des tests standardisés. Avec pour conséquence principale de décourager l'innovation et la créativité dans l'enseignement

– cela même qui permet à l'école de se développer et aux élèves de s'épanouir. Plusieurs études ont montré les conséquences négatives de cette évaluation à outrance sur le moral des élèves et des enseignants. De multiples témoignages vont aussi en ce sens.

Il y a peu, un ami m'a rapporté la remarque de sa fille de 8 ans, faite en octobre : son enseignante « n'avait pas fait cours une seule fois » depuis la rentrée. Tout cela parce que l'école avait demandé aux enseignants de se concentrer sur la préparation aux tests d'État standardisés. La fille de cet ami avait trouvé ennuyeux de réviser sans arrêt pour ce test. Elle aurait largement préféré que son enseignante fasse cours. Chose intéressante, lorsque ses parents rencontrèrent l'enseignante lors de la réunion semestrielle, celle-ci se plaignit longuement d'avoir si peu de temps à consacrer au programme de lecture qu'elle adorait : l'administration l'obligeait à préparer les élèves aux tests de circonscription, qui revenaient à chaque échéance d'évaluation. Ainsi les bons enseignants voient-ils leur créativité réprimée.

Enfin, les décideurs pénalisent les écoles « défaillantes ». Dans le cadre de la politique *No Child Left Behind*, les établissements qui ne satisfont pas aux directives pendant cinq années d'affilée, quel que soit le contexte socioéconomique, s'exposent au licenciement des enseignants et du directeur, à la fermeture de l'école et à sa reprise par des organismes privés ou par l'État. Par conséquent, ces écoles s'efforcent de se conformer à la hiérarchisation et à la standardisation, et s'abstiennent craintivement de toute velléité de créativité ou d'adaptation aux besoins et talents spécifiques de leurs élèves.

Mais soyons clair. Je ne m'oppose pas par principe aux tests standardisés. Quand je passe une visite médicale, je souhaite subir des tests. Je veux connaître mon taux de sucre et de cholestérol par rapport à la moyenne des gens. Je préfère que mon médecin recoure à un test et à un barème standards plutôt qu'il les invente dans la voiture en venant à son cabinet. Toutefois, les tests en eux-mêmes ne servent qu'à poser une partie du diagnostic. Le médecin doit ensuite comprendre ce que signifient ces résultats dans mon cas particulier, et me dire ce que je dois faire en fonction de ma propre physiologie.

Il en va de même pour l'enseignement. Utilisés à bon escient, les tests standardisés peuvent fournir des données essentielles pour améliorer l'éducation. Mais les ennuis commencent lorsque ces tests, au lieu d'un simple outil éducatif, deviennent l'objectif même de l'enseignement.

Quelles que soient leurs conséquences pédagogiques, les tests standardisés représentent aujourd'hui un marché considérable. Le recours croissant à ces tests se double en effet d'une recherche de profit non négligeable. Selon le Government Accountability Office (GAO), de 2002 à 2008, chaque État américain aura dépensé entre 1,9 et 5,3 milliards de dollars pour mettre en œuvre les tests rendus obligatoires par le programme *No Child Left Behind*. Ces chiffres représentent uniquement les coûts directs. Les coûts indirects pourraient les décupler. La plupart de cet argent va dans la poche des entreprises privées qui créent, soumettent et corrigent les tests. Cette activité est devenue des plus florissantes. D'après les données du GAO, ces entreprises d'évaluation scolaire pourraient générer un chiffre d'affaires qui dépasse largement les 100 milliards de dollars sur sept ans.

Vous remarquerez que je n'ai pas encore abordé le sujet de la pédagogie. La plupart des responsables politiques non plus : ils ne semblent pas saisir son rôle fondamental dans l'amélioration de la qualité de l'enseignement. Or, après avoir travaillé plusieurs décennies dans ce domaine, j'ai l'intime conviction que le meilleur moyen de l'améliorer ne consiste pas à se concentrer sur le programme ou l'évaluation, aussi importants qu'ils soient. Il serait plus efficace d'investir dans la pédagogie et la reconnaissance des bons enseignants. Pas une seule école réputée qui n'ait des enseignants formidables. En revanche, il y a beaucoup d'écoles médiocres dont les étagères croulent sous les programmes officiels et les tests standardisés.

Vu les défis auxquels nous sommes confrontés, l'enseignement n'a pas besoin d'une réforme, mais d'une véritable transformation. La clé de cette métamorphose n'est pas de standardiser l'éducation, mais de la personnaliser, de s'attacher à découvrir les talents de chaque enfant, d'offrir aux élèves un environnement qui leur donne envie d'apprendre et leur permette de découvrir leurs véritables passions. La solution consiste à adopter les principes essentiels de l'Élément. À travers le monde, un certain nombre d'expériences stimulantes, d'ailleurs couronnées de succès, témoignent du réel pouvoir de cette approche.

Transformer l'enseignement

Durant la première partie de ma carrière, j'ai beaucoup travaillé dans le domaine de l'enseignement par le théâtre. En effet, j'ai toujours été très impressionné par la capacité du théâtre à stimuler l'imagination des enfants et à susciter dans les classes et les écoles l'esprit de collaboration, le respect de soi et le sentiment d'appartenance à une société. Les enfants apprennent d'autant mieux qu'ils apprennent les uns des autres, et que leurs enseignants apprennent avec eux.

Comme je l'ai déjà évoqué plus haut, lorsque j'ai rencontré ma femme et collaboratrice, Terry enseignait le théâtre dans une école élémentaire de Knowsley, un quartier défavorisé de Liverpool. Néanmoins, cet établissement obtenait des résultats remarquables. L'explication était simple. Premièrement, l'école avait pour directeur un homme charismatique qui comprenait la vie de ses élèves et connaissait les véritables processus susceptibles de leur donner envie d'apprendre. Deuxièmement, ce directeur engageait des enseignants comme Terry, passionnés par leur discipline et doués pour communiquer avec les enfants. Voici comment Terry décrit la philosophie de cette école :

« J'ai l'intime conviction que, bien intégré aux programmes scolaires, le théâtre peut transformer la culture d'une école. J'en ai moi-même fait l'expérience en tant qu'enseignante dans l'un des quartiers les plus pauvres de Liverpool. Nous prêtions même des vêtements propres à certains enfants pour la durée des cours. Ils les enfilaient le matin en arrivant, et les retiraient avant de rentrer chez eux. Nous avions constaté que, si nous leur donnions ces vêtements, en l'espace d'une semaine ils seraient en aussi mauvais état que le reste de leurs affaires, ou bien disparaîtraient mystérieusement.

« Certains enfants vivaient dans des conditions abominables. Je me rappelle que, lors d'un cours d'écriture créative, une élève avait rédigé une histoire de bébés morts. Nous fûmes tellement frappés par le réalisme de son récit que l'école contacta les services sociaux. Ils se rendirent chez la petite fille, et découvrirent le corps de sa petite sœur prématurée, en train de pourrir sous son lit. Dans nos classes surchargées, nous avions tous des problèmes sociaux inimaginables, mais aussi une formidable équipe d'enseignants motivés ainsi qu'un directeur visionnaire.

« Ce dernier était convaincu qu'il fallait exploiter nos points forts, et que l'enseignement devait se concentrer sur l'enfant. Lors d'une réunion pédagogique qu'il avait organisée afin de réfléchir à la réorganisation de la journée de classe, il demanda à chacun de nous de parler de notre matière et de ce que nous aimions le plus enseigner. À l'époque, les élèves gardaient en général le même enseignant tout au long de la journée. Au bout de quelques mois et de plusieurs réunions, nous conçûmes un nouveau type d'organisation. Le matin, nous enseignerions la lecture, l'écriture et les maths à notre classe attitrée, et l'après-midi notre matière préférée. Si bien qu'au cours de la semaine, chaque professeur faisait cours à toutes les classes de l'école.

« En tant que professeur de théâtre, je devais recenser les sujets étudiés par chaque classe dans toutes les matières, et les mettre en scène. Un autre enseignant s'occupait des arts plastiques, un autre de la géographie, un autre encore de l'histoire, et ainsi de suite. Puis nous choisissions différents thèmes pour chaque classe. Quand les élèves de 10 ans étudiaient la Révolution française, ils construisaient une guillotine avec le professeur de sciences, organisaient des procès, procédaient à des exécutions, et parlaient même en français. Ils décapitèrent aussi quelques enseignants !

« Pour le thème de l'archéologie romaine, nous montâmes des adaptations de *Jules César*, la pièce de Shakespeare. Comme ils s'étaient familiarisés avec le processus et qu'ils étaient plus sûrs d'eux, au moment de préparer le spectacle de fin d'année, les enfants voulurent à tout prix participer, monter sur scène, confectionner les costumes, construire les décors, écrire, chanter et danser. Ils avaient hâte de venir en cours. Ce fut très plaisant, et tellement gratifiant de voir les gamins développer leur savoir-être et leur comportement en société.

« Les enfants recouraient à leur imagination comme jamais auparavant. Les médiocres en tout s'apercevaient soudain qu'ils pouvaient briller. Ceux qui ne tenaient pas en place n'étaient plus obligés de rester collés à leur siège. Et beaucoup découvrirent qu'ils étaient capables de jouer la comédie, de divertir, d'écrire, de débattre et de prendre la parole avec assurance devant un groupe. Dans toutes les matières, leur niveau progressa de façon spectaculaire. Les parents nous offrirent un large soutien, et les autorités prirent notre école pour modèle. Tout cela grâce à notre directeur, Albert Hunt, un homme merveilleux. »

Quant à Paul McCartney, ses cours de lettres lui laissèrent un magnifique souvenir, à l'inverse des leçons de musique. Le professeur parvint même à intéresser son élève à la littérature du Moyen Âge, car il savait comment toucher les adolescents.

« Mon meilleur prof a été celui d'anglais, Alan Durband. Il était fabuleux. Et j'avais de bons résultats, parce qu'il comprenait notre mentalité de garçons de 15-16 ans. C'est avec lui que j'ai préparé mon *A-level* d'anglais. On étudiait Chaucer, impossible à comprendre. Shakespeare était déjà difficile, mais Chaucer, auteur du XIVe siècle, encore pire. On avait l'impression de lire une langue étrangère ! Vous savez, "*Whan that Aprille with his shoures soote*" et tout le tintouin. Mais M. Durband nous a donné la traduction de Neville Coghill, avec le texte original sur une page et la version en anglais moderne en vis-à-vis. Si bien que nous comprenions vraiment de quoi il retournait.

« Et il nous a expliqué qu'en son temps Chaucer fut un auteur très apprécié et plutôt grivois. Il se doutait bien que cela éveillerait notre curiosité ! Il nous a fait lire *The Miller's Tale* (*Le Conte du meunier*). Nous n'en avons pas cru nos yeux, tellement c'était osé. Le passage où elle présente son cul par la fenêtre, et qu'il dit avoir l'impression d'embrasser une barbe. J'étais accro. Il m'a vraiment donné le goût de la littérature. Il savait que le sésame avec nous, ce serait le sexe ! »

Il existe d'autres modèles éducatifs fort intéressants à travers le monde. À Reggio Emilia, dans le Nord de l'Italie, une méthode novatrice d'éducation préscolaire a surgi dans les années 1960. Connue sous le nom de pédagogie de Reggio Emilia, cette approche élaborée par Loris Malaguzzi part du principe que les jeunes enfants sont curieux, ingénieux et disposent d'un grand potentiel. L'éducation se concentre sur l'enfant ; les enseignants adaptent leurs cours aux centres d'intérêts de leurs élèves. En outre, on considère l'environnement physique comme un outil pédagogique essentiel. Les salles de classe regorgent d'espaces de jeu, de tables de travail et de nombreux ateliers avec lesquels les enfants peuvent interagir, résoudre des problèmes et apprendre à communiquer.

Les écoles Reggio Emilia consacrent beaucoup de temps aux activités artistiques, car elles estiment que l'enfant acquiert de nombreux « langages symboliques » à travers la peinture, la musique, les marionnettes, le théâtre et autres disciplines. Ainsi, l'élève explore ses talents de toutes les façons possibles. Dans le poème qui suit, Loris Malaguzzi souligne l'importance de la multiplicité de ces langages :

> L'enfant est fait de cent.
> L'enfant a cent langages
> cent mains et cent pensées

cent façons de penser
de jouer, de parler
cent toujours cent
cent façons d'écouter
d'étonner et d'aimer
cent joies pour
chanter et comprendre
cent mondes à découvrir
cent mondes à inventer
cent mondes à rêver.
L'enfant a cent langages
(et puis cent cent cent cent)
mais on lui en vole quatre-vingt-dix-neuf.
École et culture
séparent tête et corps.
On lui dit de :
penser sans les mains
faire sans la tête
écouter sans parler
comprendre sans joie
aimer et s'étonner
à Pâques et à Noël uniquement.
On lui dit de :
découvrir le monde
qui existe déjà
et sur cent
on lui en vole quatre-vingt-dix-neuf.
On lui dit que :
le jeu et le travail
la réalité et la fantaisie
la science et l'imagination
le ciel et la terre

la raison et le rêve
sont des choses qui
ne vont pas ensemble.

En somme, lui dit-on,
le cent n'existe pas.
L'enfant dit cependant :
le cent est bel et bien.

Les éducateurs des écoles Reggio Emilia structurent leur enseignement autour de projets hebdomadaires et annuels qui permettent aux élèves de découvrir les choses sous différents points de vue, d'apprendre à émettre des hypothèses et à collaborer, tout cela dans le cadre d'un programme qui ressemble beaucoup à un jeu. Les enseignants se considèrent comme des chercheurs qui aident l'enfant à explorer davantage ses centres d'intérêt. En outre, ils continuent eux-mêmes à apprendre aux côtés de leurs élèves.

Au cours des vingt dernières années, ces écoles se sont vues attribuer de nombreuses distinctions, parmi lesquelles les prix Ygdrasil-Lego et Hans Christian Andersen au Danemark, et celui de la Kohl Foundation à Chicago. Aujourd'hui, on trouve des établissements qui recourent à la méthode Reggio Emilia aux quatre coins du monde (y compris dans trente États américains).

La ville de Grangeton n'a rien à voir avec celle de Reggio Emilia. En fait, ce n'est même pas une vraie ville. C'est un lieu géré par les élèves de l'école élémentaire Grange, à Long Eaton, Nottinghamshire, dans le centre de l'Angleterre. Cette pseudo-ville a un maire, un conseil municipal, un journal, un studio de télévision, un marché et un musée, dont les enfants s'occupent de A à Z. Le directeur de l'école, Richard

Gerver, estime qu'« apprendre doit avoir un sens pour les jeunes enfants ». Ainsi, lorsqu'on l'embaucha pour remettre sur pied cet établissement à bout de souffle, il décida de créer de toutes pièces la ville de Grangeton. Pour donner aux enfants l'envie d'apprendre, il faut établir une relation entre les cours et le monde réel. « Mes maîtres mots sont l'expérience et le contexte », m'a-t-il confié.

Gerver a chamboulé de fond en comble le programme scolaire, sans enfreindre les directives nationales d'évaluation. On exige des élèves de Grangeton un travail rigoureux, mais toujours avec des applications pratiques à la clé. Les maths ont davantage de sens lorsqu'elles servent à gérer une caisse et à évaluer les bénéfices. La rédaction présente plus d'intérêt si elle permet d'élaborer le scénario d'un film. Les sciences prennent vie quand elles se concrétisent par une émission de télévision. La musique devient plus plaisante dès lors que les enfants doivent choisir la liste des titres à diffuser sur leur station de radio. Ils comprennent l'instruction civique le jour où le conseil municipal doit prendre des décisions. Par ailleurs, Gerver fait régulièrement appel à des professionnels pour aider les élèves à résoudre des problèmes techniques. La BBC s'implique ainsi activement dans ce projet.

Bien que les élèves des classes supérieures occupent les postes à haute responsabilité, les plus jeunes jouent un rôle actif dès leur entrée à l'école. « À aucun moment nous ne laissons penser aux enfants que nous les éduquons en vue des examens, affirme Gerver. Ils apprennent parce qu'ils voient en quoi cela permet à la communauté de Grangeton d'avancer. Les examens ne sont qu'un moyen d'évaluer leurs progrès en ce sens. Les élèves voient alors d'un autre œil leur présence à l'école. »

L'école Grange s'enorgueillit d'un taux d'assiduité bien supérieur à la moyenne nationale. En outre, ses élèves se distinguent aux examens nationaux. En 2004, 91 % d'entre eux ont réussi l'épreuve d'anglais (soit une augmentation de 30 points par rapport à 2002, l'année précédant la mise en place du projet), 87 % celle de mathématiques (+ 14 points), et 100 % l'épreuve de sciences (+ 20 points). « Ce projet a eu un impact remarquable sur leur attitude, explique Gerver. Chez les élèves démotivés et peu brillants, en particulier les garçons et les enfants dotés d'un haut potentiel, on observe aujourd'hui un véritable enthousiasme et une forte implication. La philosophie de l'école s'est développée de manière spectaculaire dans la salle de classe, où les instituteurs prennent davantage en compte l'expérience et le contexte. Si bien que les enfants ont une plus grande confiance en eux et sont plus autonomes. À Grangeton, ils apprennent dans un but réel, ils ont le sentiment de participer à quelque chose de passionnant. L'effet se ressent aussi bien sur l'équipe pédagogique que sur les parents, qui contribuent beaucoup à l'essor du projet. »

Récemment, un rapport de l'inspection scolaire britannique disait à propos de Grange : « Les élèves adorent venir à l'école et parlent avec enthousiasme de toutes les activités captivantes offertes, qu'ils abordent avec envie, ardeur, et assurance. »

Aux États-Unis, dans l'Oklahoma, le projet *A+ Schools* a repris une initiative au succès immense, qui avait vu le jour en Caroline du Nord en 1995. Aujourd'hui mis en place dans plus de quarante établissements de l'Oklahoma, ce projet recourt à l'art pour enseigner tout un éventail de disciplines scolaires. Les élèves peuvent écrire des chansons de rap pour comprendre les grands thèmes d'une œuvre littéraire, ou pratiquer le collage pour saisir les applications pratiques d'une notion mathématique. Le théâtre peut illustrer des événements clés de l'histoire, tandis qu'un mouvement de danse expliquera un principe scientifique. Plusieurs de ces écoles organisent chaque mois des présentations qui permettent aux enfants de partager leurs nouvelles connaissances par le biais du spectacle.

Les écoles A+ incitent leurs enseignants à recourir aux outils pédagogiques suivants : réorganisation des programmes, élaboration de diagrammes pieuvres (qui définissent les relations entre divers thèmes), développement de questions primordiales, création de leçons thématiques interdisciplinaires. Elles établissent un programme basé sur l'apprentissage expérientiel – c'est-à-dire la création d'un savoir par la transformation de l'expérience. Elles se servent d'outils d'évaluation enrichie pour aider l'élève à se situer au fur et à mesure de l'année. Ces structures encouragent la coopération entre les enseignants des différentes disciplines, entre les élèves, entre l'école et la société. Elles mettent en place une infrastructure favorable au projet et à sa façon d'aborder le programme imposé par l'État. Enfin, ces écoles suscitent un climat qui permet aux élèves et aux enseignants de s'enthousiasmer pour le travail qu'ils fournissent.

Les écoles A+ représentent un large éventail de milieux socio-économiques. Urbaines ou rurales, de tailles diverses, elles accueillent des populations aisées aussi bien que défavorisées. Néanmoins, elles voient croître avec constance leurs résultats aux tests standardisés, et surpassent souvent les écoles de démographie similaire qui n'ont pas adopté le projet A+. Ainsi l'une d'elles, l'école élémentaire Linwood de la ville d'Oklahoma, a remporté à deux reprises le Prix d'excellence académique de l'Oklahoma. Et, en 2006, elle a été l'un des cinq établissements du pays à recevoir le prix d'excellence du National Center for Urban School Transformation.

Enseigner en accord avec l'Élément

De toute urgence, nous devons mieux utiliser nos ressources personnelles : tel est le principal message de ce livre. Notre bien-être comme la santé de nos sociétés en dépendent. L'éducation devrait servir à mettre en valeur ces ressources. Pour toutes les raisons que j'ai exposées, c'est trop souvent loin d'être le cas. Parmi les personnes mentionnées dans cet ouvrage, nombreuses sont celles qui ont fait toute leur scolarité sans découvrir leurs véritables talents. Sans exagération aucune, beaucoup d'entre elles n'ont décelé leurs réelles aptitudes qu'après avoir quitté l'école – après s'être remises de leur éducation. Comme je l'ai dit d'emblée, je ne pense pas que les enseignants soient la cause de ce dysfonctionnement. Le problème réside dans la nature même de nos systèmes éducatifs. Nous ne pourrons faire face aux défis de l'enseignement qu'en laissant les mains libres à des professeurs passionnés et créatifs, et en suscitant l'imagination et l'enthousiasme des élèves.

Les principes essentiels sur lesquels repose l'Élément agissent dans tous les domaines de l'éducation. Or l'enseignement du XXIe siècle nécessite une transformation radicale. J'ai qualifié plus haut l'intelligence de diverse, dynamique et individuelle. Voici ce que cela implique pour l'éducation. Premièrement, nous devons supprimer la hiérarchie actuelle des matières. La primauté de certaines disciplines ne fait que renforcer les présupposés obsolètes de l'industrialisation et attenter au principe de la diversité. Trop de jeunes voient leurs talents naturels marginalisés ou ignorés à l'école. Les arts, les sciences, les lettres, l'éducation physique, les langues et les mathématiques contribuent tous à part égale à l'éducation d'un enfant.

Deuxièmement, nous devons remettre en cause la notion de « matière ». Pendant des générations, nous avons prétendu que les arts, les sciences, les lettres et les autres disciplines n'avaient rien à voir entre elles. En réalité, elles ont beaucoup de points communs. Les arts nécessitent compétences et objectivité, tandis que les sciences font appel à la passion et à l'intuition. Le cloisonnement des matières va à l'encontre du principe de dynamisme.

Les systèmes éducatifs devraient baser leurs programmes non pas sur l'idée de matières distinctes, mais sur la notion bien plus féconde de disciplines, ou branches de la connaissance. Par exemple, les mathématiques ne forment pas seulement un ensemble de données à apprendre, mais une structure complexe où s'associent idées, compétences pratiques et concepts. Elles constituent une discipline, ou plutôt un ensemble de disciplines, tout comme le théâtre, l'art, la technologie, etc. La notion de discipline permet d'élaborer un programme fluide, dynamique et interdisciplinaire.

Troisièmement, nous devons personnaliser l'enseignement. L'apprentissage se déroule dans l'esprit et l'âme de personnes, et non dans les bases de données de questions à choix multiples. Je doute que beaucoup d'enfants sautent de leur lit le matin en se demandant ce qu'ils pourraient faire pour accroître la note moyenne de lecture dans l'État où ils habitent. L'apprentissage est un processus individuel, et plus encore si nous cherchons à conduire les élèves vers leur Élément. Or, actuellement, les processus d'enseignement ne tiennent pas compte des styles d'apprentissage et des talents de chacun. Ils vont à l'encontre du principe selon lequel l'intelligence est spécifique à chacun.

Bien des individus que j'ai cités dans ce livre m'approuveraient. En effet, ils se sont sentis libérés par la découverte de leur passion et la possibilité de s'y consacrer. Don Lipski dit ainsi : « L'important, c'est d'encourager les gamins à faire tout ce qui les captive. Quand je me suis intéressé à la magie, on m'a largement soutenu. Je me suis voué à cette discipline de la même manière que je me consacre aujourd'hui à l'art. Un enfant peut avoir un engouement pour le baseball, non pas en y jouant, mais en apprenant tous les scores des joueurs et en devinant lequel devrait être transféré dans quelle équipe. Cela peut sembler totalement inutile, mais le gamin finira peut-être par devenir le manager d'une équipe sportive. Même si un élève est le seul de sa classe à adorer l'opéra, sa passion devrait être prise en compte et encouragée. Quel que soit le domaine dans lequel il se manifeste, l'enthousiasme est ce qu'il y a de plus important à développer. »

L'Élément a des répercussions sur l'enseignement. Trop de réformes sont conçues pour mettre les professeurs hors d'état de nuire. En revanche, les systèmes éducatifs les plus réputés au monde adoptent la politique inverse : ils investissent dans les professeurs. En effet, les élèves réussissent mieux quand on comprend leurs talents, leurs attentes et leurs compétences. Voilà pourquoi le mentorat est d'un tel secours dans la vie de tant de personnes. Les professeurs formidables ont toujours su que leur véritable rôle consiste non pas à enseigner une matière, mais à éduquer un élève. Le mentorat est le souffle vital d'un système éducatif.

L'Élément a des répercussions sur l'évaluation. La culture des tests standardisés s'obstine à étrangler l'enseignement.

Or ces tests ne font pas augmenter le niveau, sauf dans des domaines très spécifiques, et portent préjudice à ce qui importe vraiment dans l'éducation.

À titre de comparaison, observons comment on assure la qualité dans un tout autre domaine, celui de la restauration. Dans ce secteur, il existe deux modèles distincts. Le premier est celui du fast-food, où la standardisation garantit la qualité de la nourriture. En effet, chaque chaîne uniformise le menu de tous ses restaurants. Elle spécifie la composition des hamburgers ou des nuggets, la nature de l'huile de friture, le pain utilisé, la préparation des frites, le contenu des boissons et la manière de les servir. Elle définit également le décor des salles et la tenue du personnel. Tout est standardisé. Bien souvent, c'est épouvantable et mauvais pour la santé. Certaines formes de restauration rapide contribuent à l'explosion de l'obésité et du diabète à travers le monde. Mais du moins la qualité est-elle garantie.

En matière de qualité, le second modèle est celui du guide Michelin. Ce dernier établit des critères d'excellence, sans pour autant imposer aux restaurants la manière d'y satisfaire. Ces critères ne disent pas ce qui doit figurer au menu, quel uniforme les serveurs doivent endosser, ni quel décor la salle doit arborer. Tout cela est laissé à la discrétion de chaque restaurateur, qui remplit les critères Michelin de la manière la plus appropriée à ses yeux. Puis les établissements sont évalués, non pas selon un barème impersonnel, mais par des spécialistes qui savent ce qu'ils recherchent et ce qu'est un véritable grand restaurant. Résultat : tous les établissements mentionnés dans le guide Michelin sont fabuleux, et chacun est unique.

L'un des problèmes essentiels de l'éducation, c'est que la plupart des pays soumettent leurs établissements au modèle du fast-food au lieu d'adopter celui du guide Michelin. L'avenir de l'enseignement n'est pas dans la standardisation mais dans la personnalisation. Il ne consiste pas à favoriser la pensée de groupe et la désindividualisation, mais à cultiver profondément et avec dynamisme des talents humains de toutes sortes. À l'avenir, l'éducation devra être en accord avec l'Élément.

Les exemples que j'ai cités plus haut donnent une idée des types d'enseignement dont nous avons besoin au XXIe siècle. Certains d'entre eux reposent sur des principes que défendent depuis plusieurs générations des visionnaires de l'éducation – principes souvent considérés comme excentriques, voire hérétiques. Et ils l'étaient, alors. Les idées de ces visionnaires étaient en avance sur leur temps (d'où leur nom de visionnaire !). Mais le moment est aujourd'hui venu d'envisager sérieusement de transformer l'enseignement. Nous devons comprendre notre temps et saisir notre chance. Nous avons le choix entre surfer sur la vague de l'avenir, ou nous laisser submerger par le passé.

L'enjeu n'a jamais été aussi important pour l'enseignement et tous ceux qui en dépendent.

ÉPILOGUE

Trouver votre Élément est indispensable pour découvrir vos capacités et votre personnalité réelles. En un sens, c'est une question très personnelle. Car il s'agit de vous, des personnes que vous connaissez et de celles que vous aimez. Mais les choses vont plus loin. L'Élément a de profondes répercussions sur la gestion de nos écoles, de nos entreprises, de nos collectivités et de nos institutions. Ses principes essentiels découlent d'une conception holistique du développement humain.

En début d'ouvrage, j'ai indiqué que nous n'appréhendons pas le monde de manière directe. Nous le percevons par le biais d'un ensemble d'idées et de croyances qui filtrent ce que nous voyons et la manière dont nous l'envisageons. Certaines de ces idées sont si profondément ancrées que nous n'en avons même pas conscience. Nous les prenons pour des certitudes pures et simples. Néanmoins, elles se manifestent souvent à travers les métaphores et les images que nous utilisons pour nous étudier et analyser le monde environnant.

Sir Isaac Newton, le grand physicien anglais, élabora ses théories à l'aube de l'ère mécanique. Il voyait l'univers comme une gigantesque horloge régie par des cycles d'une régularité parfaite. Plus tard, Albert Einstein et d'autres scientifiques ont prouvé que c'était loin d'être le cas. L'univers recèle des mystères plus complexes, subtils et dynamiques que votre montre préférée. En bouleversant nos métaphores, la science moderne a transformé notre compréhension du fonctionnement de l'univers.

Toutefois, nous employons aujourd'hui encore des métaphores mécanistes et technologiques pour nous décrire. Combien de fois par jour entendons-nous les gens comparer leur cerveau à un disque dur, dire qu'ils ont perdu les pédales ou pété les plombs, qu'ils manquent de ressort, qu'ils sont déconnectés de la réalité, qu'ils n'impriment pas, ou encore qu'ils ont été programmés pour se comporter de telle ou telle manière ?

Si vous travaillez dans une entreprise, vous avez sans doute déjà consulté un organigramme. Généralement, il consiste en des cases où figurent les noms et les fonctions des différentes personnes, reliées par des traits indiquant leurs relations hiérarchiques. Il ressemble souvent à un schéma de circuit électrique, et renforce ainsi l'idée que l'entreprise s'apparente à un mécanisme dont les pièces ne peuvent s'assembler que d'une façon.

Les métaphores excellent à mettre en évidence les analogies. Certes, il existe des similitudes entre le fonctionnement d'un ordinateur et celui d'un cerveau humain. Toutefois, votre esprit n'est pas un assemblage de circuits électroniques que contient une boîte métallique juchée sur vos épaules. Et les sociétés humaines n'ont rien à voir avec des mécanismes. Elles regroupent des personnes vivantes, mues par des sentiments, des intentions et des relations. L'organigramme vous présente la hiérarchie de l'entreprise, mais il ne reflète pas l'atmosphère qui y règne ni son fonctionnement véritable. En fait, les entreprises et communautés humaines ne s'apparentent pas à des mécanismes, mais ressemblent bien davantage à des organismes vivants.

La crise des ressources naturelles

Il y a quelque temps, j'ai visité un muséum d'histoire naturelle. C'est un lieu fascinant. Chaque salle est consacrée à une espèce animale différente. L'une d'elles expose les papillons, magnifiquement présentés dans des vitrines, transpercés d'une épingle, méticuleusement étiquetés, et morts. Les conservateurs les ont regroupés par espèce et par taille, les plus grands en haut, et les plus petits en bas. Une salle voisine classe les scarabées eux aussi par espèce et par taille. Une autre encore accueille les araignées. Répartir ces créatures par catégories dans différentes vitrines constitue une manière de les étudier, certes très instructive. Mais ce n'est pas ainsi qu'elles se présentent dans la nature. Quand vous sortez du musée, vous ne voyez pas tous les papillons voler en formation serrée, les grands devant et les petits derrière. Vous ne voyez pas les araignées filer le long des allées en colonnes impeccables, les plus petites fermant la marche, tandis que les scarabées gardent respectueusement leurs distances. À l'état naturel, ces créatures sont toutes les unes sur les autres. Elles vivent dans des environnements complexes et interdépendants, et leurs sorts sont intimement liés.

C'est exactement la même chose pour les sociétés humaines, qui connaissent aujourd'hui les mêmes types de crises que les écosystèmes de l'environnement naturel. L'analogie est très forte.

Le *Printemps silencieux*, paru en septembre 1962, décrit les relations au sein des systèmes vivants et notre incapacité à les comprendre. Dans cet ouvrage sans complaisance, Rachel Carson montre les conséquences inattendues et désastreuses des produits chimiques employés par les agriculteurs pour accroître les récoltes et éliminer les insectes. Ces produits toxiques, qui s'infiltrent dans le sol, polluent les réseaux hydrographiques et détruisent la vie marine. En éliminant les insectes sans discrimination, les agriculteurs perturbent en plus les fragiles écosystèmes dont dépendent bien d'autres formes de vie, parmi lesquelles les plantes, que les insectes pollinisent, et les innombrables oiseaux, qui se nourrissent de ces insectes. Une fois les oiseaux disparus, « seul le silence règne sur les champs, les bois et les marécages ».

Rachel Carson fut l'une des premières à sensibiliser les gens à l'écologie du monde naturel. Depuis l'avènement de l'ère industrielle, l'homme semblait considérer la nature comme un entrepôt de ressources inépuisables au service de l'industrie et de la prospérité matérielle. Nous avons creusé la terre pour en extraire le charbon et le fer, foré le sous-sol pour recueillir le pétrole et le gaz, et défriché les forêts pour faire paître nos troupeaux. Tout cela paraissait assez simple. Mais, revers de la médaille, au bout de trois siècles, nous avons quasi saigné à blanc le monde naturel et nous faisons face à une crise majeure en matière de ressources naturelles.

Ce phénomène est si flagrant que, selon certains scientifiques, nous sommes entrés dans une nouvelle période géologique. La dernière glaciation a pris fin il y a 10 000 ans, cédant la place à la période de l'holocène. Certains géologues qualifient la période actuelle d'anthropocène, du grec *anthrôpos*, « l'homme ». Selon eux, cette nouvelle période résulte de l'impact de l'activité humaine sur la géologie et les systèmes naturels. En effet, celle-ci a notamment entraîné l'acidification des océans, de nouveaux modes de sédimentation, l'érosion des sols et l'extinction de plusieurs milliers d'espèces animales et végétales. Les scientifiques estiment qu'il s'agit d'une véritable crise, et que nous devons agir de manière drastique en l'espace de quelques générations si nous voulons éviter la catastrophe.

Une telle crise vous semblera sans doute amplement suffisante. Or je pense qu'il en existe une autre, tout aussi imminente, qui pourrait avoir des conséquences aussi importantes. Il ne s'agit pas des ressources naturelles, mais des ressources humaines. Je la considère comme l'*autre crise des ressources.*

La crise des ressources humaines

En Occident, la vision du monde qui prédomine ne consiste pas à voir les synergies et les relations, mais à faire des distinctions et à observer les différences. Voilà pourquoi nous épinglons les papillons dans une autre vitrine que les scarabées – et que nous enseignons de façon séparée les matières à l'école.

La pensée occidentale suppose, pour une large part, que l'esprit est séparé du corps, et les êtres humains distincts du reste de la nature. Voilà sans doute pourquoi tant d'individus ne semblent pas comprendre que ce qu'ils ingèrent affecte le fonctionnement de leur corps, leurs pensées et leurs sensations. Et pourquoi la plupart ne semblent pas comprendre que leur qualité de vie est affectée par la qualité de l'environnement, et par la façon dont ils interagissent avec lui.

L'importance des troubles de la nutrition et des maladies infligées à soi-même par une mauvaise alimentation illustre la crise des ressources humaines. Mais voici d'autres exemples. Nous vivons dans une époque où des centaines de millions de personnes ne peuvent tenir jusqu'à la fin de leur journée sans avoir avalé des médicaments contre la dépression et autres troubles psychologiques. Les bénéfices des laboratoires pharmaceutiques montent en flèche, tandis que le moral de leurs clients continue à plonger. Par ailleurs, la dépendance aux stupéfiants et à l'alcool ne cesse d'augmenter, notamment chez les jeunes. De même que le taux de suicide. Chaque année à travers le monde, le suicide fait plus de morts que les conflits armés. Selon l'Organisation mondiale de la santé, le suicide est aujourd'hui la troisième cause de décès parmi les jeunes de 15 à 30 ans.

Les dysfonctionnements se retrouvent aussi au niveau de la société. Je vis en Californie. En 2006, cet État a consacré 3,5 milliards de dollars à l'enseignement supérieur, et 9,9 milliards à son système carcéral. J'ai du mal à croire que la Californie compte trois fois plus de criminels potentiels que de diplômés potentiels, ou que les masses croissantes de personnes qui croupissent en prison soient nées pour y séjourner. Je ne pense pas qu'autant d'individus naturellement malfaisants se baladent en Californie comme ailleurs. Selon ma propre expérience, la plupart des gens sont bien intentionnés et souhaitent mener une vie qui ait un sens. Cependant, un très grand nombre vit dans des conditions difficiles qui vont de mal en pis, lesquelles peuvent leur ôter tout espoir et tout but.

Au début de la Révolution industrielle, il n'y avait pas foule sur notre planète. En 1750, nous étions 1 milliard de personnes. Il a fallu des centaines de milliers d'années à l'espèce humaine pour atteindre ce chiffre. Lequel peut sembler énorme, d'autant que nous savons combien notre planète est relativement petite. Toutefois, celle-ci était encore assez grande pour que nous vivions dans un confort raisonnable.

En 1930, nous étions 2 milliards. En l'espace de 180 ans, la population avait doublé. Mais il restait encore largement assez de place pour que tout le monde puisse s'allonger. Il nous a fallu quarante ans seulement pour franchir la barre des 3 milliards. Cela se produisit en 1970, peu après l'« été de l'amour » – une pure coïncidence, j'en suis certain. Survint ensuite un accroissement spectaculaire. À la Saint-Sylvestre de l'année 1999, nous partagions la planète avec 6 milliards de congénères. La population avait doublé en l'espace de trente ans. Selon certaines estimations, nous atteindrons les 9 milliards d'habitants vers le milieu du XXIe siècle.

L'expansion des villes entre également en ligne de compte. Sur le milliard d'hommes qui peuplaient la Terre au début de la Révolution industrielle, seuls 3 % étaient des citadins. En 1900, ceux-ci représentaient 12 % d'une population approchant les 2 milliards. En 2000, ils atteignaient près de la moitié des 6 milliards d'habitants. D'ici 2050, plus de 60 % des 9 milliards d'êtres humains qui peupleront notre planète vivront en ville. D'ici 2020, plus de 500 villes à travers le monde auront une population supérieure à 1 million d'habitants, et une vingtaine de mégapoles dépasseront les 20 millions. Aujourd'hui, avec ses 35 millions d'habitants, le Grand Tokyo dépasse déjà la population totale du Canada, au territoire 4 000 fois plus vaste.

Parmi ces gigantesques cités, certaines se trouveront dans les pays dits développés. Elles seront bien conçues avec leurs centres commerciaux, leurs kiosques d'information et leurs taxes foncières. Mais la véritable croissance urbaine ne se situe pas dans cette partie du monde. Elle se joue dans les régions dites en voie de développement (Asie, Amérique du Sud, Moyen-Orient et Afrique). Bon nombre de ces villes tentaculaires seront des bidonvilles dotés d'un piètre système sanitaire, de peu d'infrastructures et encore moins de services sociaux. Cet accroissement massif de la taille et de la densité des populations humaines à travers le monde représente un formidable défi. Il exige que nous nous attaquions d'urgence à la crise des ressources naturelles, mais aussi humaines, et que nous envisagions différemment les relations entre ces deux crises. Tout cela met en évidence le besoin impérieux de nouveaux modes de pensée – ainsi que de nouvelles métaphores sur les sociétés humaines et la manière dont celles-ci s'épanouissent ou se décomposent.

Durant plus de trois siècles, la pensée occidentale a été dominée par les images de l'industrialisation et de la méthode scientifique. Il est temps de changer de points de comparaison. Nous devons dépasser les métaphores mécanistes et linéaires pour adopter des images plus organiques du développement humain.

À l'instar d'une plante, un organisme vivant est complexe et dynamique. Chacun de ses processus internes affecte les autres et vice versa, afin d'assurer la vitalité de l'ensemble. C'est la même chose avec les milieux dans lesquels nous vivons. La plupart des êtres animés ne peuvent s'épanouir que dans certains environnements, et ont souvent entre eux des relations très spécialisées. Les végétaux sains et prospères prennent les nutriments dont ils ont besoin dans leur environnement, qu'ils contribuent à maintenir par leur présence. Certes il y a des exceptions, comme le cyprès de Leyland, autour duquel rien ne semble pouvoir pousser, mais vous avez compris l'idée. Or, cela se vérifie avec tous les êtres vivants et tous les animaux, y compris nous.

Pour assurer sa subsistance, le paysan cultive des légumes et des céréales. Mais ce n'est pas lui qui fait pousser la plante, enfonce les racines, colle les pétales ou colore les fruits. La plante pousse par elle-même, et l'agriculteur lui procure les conditions nécessaires, qu'il connaît, en bon paysan. De même, pour maintenir le développement humain à l'avenir, il est aussi indispensable de comprendre sa dynamique que de connaître les écosystèmes du monde naturel dont nous dépendons.

Visons plus haut

À quelques centaines de kilomètres de Los Angeles se trouve la vallée de la Mort, l'un des endroits les plus chauds et secs du monde. Il n'y a pas grand-chose qui pousse dans cette vallée, d'où son nom. En effet, elle reçoit très peu d'eau – environ 5 cm de précipitations annuelles. Toutefois, durant l'hiver 2004-2005, un événement exceptionnel survint. Plus de 18 cm d'eau s'abattirent sur la vallée de la Mort, ce qui n'était pas arrivé depuis des générations. Au printemps suivant, un événement encore plus remarquable se produisit. La vallée se couvrit de fleurs. Les photographes, les botanistes et les simples touristes traversèrent les États-Unis pour contempler ce prodige, qu'ils n'auraient sans doute plus jamais l'occasion d'admirer de leur vivant. La vallée de la Mort débordait de vie. À la fin du printemps, les fleurs disparurent sous le sable chaud du désert en attendant les prochaines pluies, si elles voulaient bien revenir un jour.

Ceci montre bien que la vallée de la Mort n'était pas du tout morte. Endormie, elle attendait simplement des conditions propices à son réveil. Lorsque celles-ci survinrent, la vie reprit le dessus.

Les êtres humains et les sociétés qu'ils constituent ont les mêmes attentes. Nous avons besoin de conditions propices au développement dans nos écoles, nos entreprises, nos sociétés et nos vies personnelles. Quand les conditions sont bonnes, les gens se développent en synergie avec ceux qui les entourent et les environnements qu'ils créent. Quand elles sont défavorables, les individus se protègent (eux-mêmes et leurs angoisses) de leurs voisins et du reste du monde. Certains éléments de notre propre développement se trouvent en nous ; y compris le besoin de développer nos aptitudes naturelles et nos passions personnelles. Le plus sûr moyen de nous épanouir à titre individuel consiste à trouver et à nourrir ces dernières.

Si nous découvrons l'Élément en nous et que nous encourageons les autres à trouver le leur, les possibilités de développement sont illimitées. Dans le cas contraire, nous nous en sortirons sans doute, mais au prix de vies plus ternes. Cette thèse n'est pas propre à la Californie, bien que j'y réside maintenant. J'y croyais déjà durant les longs mois d'hiver froids et humides que j'ai passés en Angleterre, même si la température se prêtait moins à l'éclosion de telles idées. En outre, il n'y a là rien de nouveau. C'est une idée très ancienne que le besoin de trouver l'équilibre et l'épanouissement dans nos vies, ainsi que d'entrer en synergie avec les vies et les aspirations des autres. Mais cette idée se perd aisément dans le flot de nos existences actuelles.

Les crises que rencontrent la nature et les hommes sont liées l'une à l'autre. L'Américain Jonas Salk fut le premier à mettre au point un vaccin contre la poliomyélite. Ayant moi-même contracté la polio dans les années 1950, j'éprouve une certaine affinité pour sa grande passion. Par la suite, Salk fit une remarque provocatrice à propos de ces deux types de crises : « Il est intéressant de penser que si les insectes disparaissaient de la surface de la Terre, toute autre forme de vie disparaîtrait dans les cinquante ans qui suivraient. » Comme Rachel Carson, il avait compris cela : ces êtres vivants que nous prenons tant de peine à essayer d'éradiquer sont des fils essentiels dans la toile complexe de la vie sur Terre. « En revanche, poursuivait Salk, si les êtres humains disparaissaient de la planète, toutes les autres formes de vie s'épanouiraient dans les cinquante ans qui suivraient. »

Il voulait dire par là que nous sommes devenus le problème. Notre extraordinaire capacité d'imagination a suscité les accomplissements les plus fabuleux ; elle nous a menés des grottes aux gratte-ciels et des marécages à la Lune. Mais il semblerait que notre imagination nous fasse aujourd'hui défaut. Nous avons vu loin, mais pas suffisamment encore. En tant qu'individus ou qu'espèce, nous nous considérons encore de manière trop restrictive, et nous ne réfléchissons pas assez aux conséquences de nos actes. Afin de profiter au mieux de notre séjour ensemble sur cette petite planète bondée, nous devons développer, avec conscience et rigueur, notre aptitude à l'imagination et à la créativité en visant un autre objectif pour l'humanité. Michel-Ange disait : « Pour la plupart d'entre nous, le danger n'est pas de viser trop haut et de rater la cible, mais de viser trop bas et de l'atteindre. » Pour notre avenir à tous, nous devons viser haut et être déterminés à réussir.

Pour cela, chacun de nous individuellement, et nous tous ensemble, devons découvrir l'Élément.

SOURCES

Chapitre 1 : L'Élément

GILLIAN LYNNE : entretien réalisé pour cet ouvrage.
MATT GROENING : entretien réalisé pour cet ouvrage.
PAUL SAMUELSON : « How I Became an Economist », Paul A. Samuelson, 5 septembre 2003, www.nobelprize.org/nobel_prizes/economics/laureates/1970/samuelson-article2.html.
PAUL MCCARTNEY : entretien réalisé pour cet ouvrage.

Chapitre 2 : Pensez différemment !

MICK FLEETWOOD : entretien réalisé pour cet ouvrage.
LES SENS : *Culture and the Senses – Bodily Ways of Knowing in an African Community*, Kathryn Linn Geurts, University of California Press, Berkeley et Los Angeles, 2003.
« Exploding the Five Senses », Andrew Cook, 30 juin 2000, www.hummingbird-one.co.uk/humanbeing/five.html.
BART CONNER : entretien réalisé pour cet ouvrage.
QI, SAT ET EUGÉNISME : *L'élaboration du premier test d'intelligence, 1904-1905*, Alfred Binet et Théodore Simon, L'Harmattan, Paris, 2004.
« IQ Test – Where Does It Come From and What Does It Measure? », Jan Strydom et Susan du Plessis, Audiblox, www.audiblox2000.com/dyslexia_dyslexic/dyslexia014.htm.
« Timing of IQ Test Can Be a Life or Death Matter », *Science Daily Magazine*, 4 décembre 2003, www.sciencedaily.com/releases/2003/12/031204073317.htm.
« The Future of the SAT », Ben Gose, *The Chronicle of Higher Education*, 25 octobre 2001.
« The Forgotten History of Eugenics », Alan Stoskepf, *Rethinking Schools*, www.rethinkingschools.org/archive/13_03/eugenic.shtml.
ALEXIS LEMAIRE : « Nouveau record pour Alexis Lemaire, prodige français du calcul mental », 16 novembre 2007, AFP, http://afp.google.com/article/ALeqM5hs_sPis-WQ4QSppekbDGdOGiDMIg.
GORDON PARKS : « Gordon Parks, a Master of the Camera, Dies at 93 », Andy Grundberg, *New York Times*, 8 mars 2006.

« By Gordon Parks, A View of Himself and, Yes, Pictures », Corey Kilgannon, *New York Times*, 7 juillet 2002.

« Half Past Autumn », Phil Ponce, entretien avec Gordon Parks, 6 janvier 1998, PBS Newshour, www.pbs.org/newshour/bb/entertainment/jan-june98/gordon_1-6.html.

« Oral history interview with Gordon Parks », 30 décembre 1964, Archives of American art, www.aaa.si.edu/collections/oralhistories/transcripts/parks64.htm.

Richard Buckminster Fuller : « R. Buckminster Fuller – Inventor, Designer, Architect, Theorist (1895-1983) », Design Museum, www.designmuseum.org/design/r-buckminster-fuller.

Albert Einstein : *Einstein – His Life and Universe*, Walter Isaacson, Simon & Schuster, New York, 2007.

Chapitre 3 : Au-delà de l'imagination

Faith Ringgold : la plupart des informations contenues dans cette section ont été recueillies au cours d'un entretien. Les données complémentaires proviennent du site de l'artiste www.faithringgold.com/ringgold/bio.htm.

Bertrand Russell : *Histoire de la philosophie occidentale en relation avec les événements politiques de l'Antiquité jusqu'à nos jours*, Bertrand Russell, traduit de l'anglais par Hélène Kern, Les Belles lettres, Paris, 2011, p. 10 (première édition chez Gallimard en 1952).

Photos des planètes : maquettes réalisées par Pompei A.D., New York.

The Traveling Wilburys : entretien avec John Beug, dirigeant de Warner Music Group, réalisé pour cet ouvrage.

www.travelingwilburys.com

« The Traveling Wilburys », Jesse Kornbluth, 2007, Head Butler, www.headbutler.com/music/rock/traveling-wilburys.

Richard Feynman : *No Ordinary Genius – The Illustrated Richard Feynman*, Richard Phillips Feynman et Christopher Sykes, W. W. Norton, New York, 1994.

Ridley Scott : entretien réalisé pour cet ouvrage.

Hamlet : *Hamlet*, William Shakespeare, traduit de l'anglais par Jean-Michel Déprats, Gallimard, Paris, 2004, acte II, scène 2.

Richard Lovelace : *Voix d'Outre-Manche – Cent poésies en langue anglaise, de Sidney à Causley, avec traduction*, Michel Midan, L'Harmattan, Paris, 2002, p. 170-173.

Chapitre 4 : Dans la zone

Ewa Laurance : entretien réalisé pour cet ouvrage.

Aaron Sorkin : entretien réalisé pour cet ouvrage.

Eric Clapton : « Flow on a million details », The Inner Art of Airmanship, www.innerairmanship.com/flights/11.html.

Jochen Rindt : « The No 1 Most Important Kart Driving Secret Out There », EvenFlow Kart Driver Coaching, www.evenflow.co.uk/mental.htm.

Wilbur Wright : « Flow on a million details », The Inner Art of Airmanship, www.innerairmanship.com/flights/11.html.

Monica Seles : Matthew Krug, entretien avec Monica Seles, 1999.

Expérience optimale : *Vivre – La psychologie du bonheur*, Mihály Csíkszentmihályi, traduit de l'américain, adapté et mis à jour par Léandre Bouffard, R. Laffont, Paris, 2004.

Black Ice : « Black Ice », Simóne Banks, *Scheme*, 4 février 2007.

« Black Ice released The Death of Willie Lynch », Jermy Leeuwis, 30 septembre 2006, http://musicremedy.com/b/black-ice/album/the-death-of-willie-lynch-3238.html.

Mind mapping : www.imindmap.com.

Test Myers-Briggs : « Measuring the MBTI… and Coming Up Short », David J. Pittenger, *Journal of Career Planning & Employment*, automne 1993, www.indiana.edu/~jobtalk/Articles/develop/mbti.pdf.

« Psychological Type », Co-Creator Enterprises, www.juliand.com/psychological_type.html.

« Myers Briggs Personality Types », Team Technology, www.team-technology.co.uk/tt/t-articl/mb-simpl.htm.

Test HBDI : « Thinking Style », Co-Creator Enterprises, www.juliand.com/thinking_style.html.

Herrmann International Europe, www.herrmann-europe.com/fr/hbdi.php.

Terence Tao : « Interview with Terence Tao », 1er septembre 2006, OUPblog, http://blog.oup.com/2006/09/interview_with_/.

« Terence Tao, "Mozart of Math", is first UCLA math prof to win Fields Medal », Stuart Wolpert, 22 août 2006, http://newsroom.ucla.edu/portal/ucla/Terence-Tao-Mozart-of-Math-7252.aspx?RelNum=7252.

Chapitre 5 : Trouvez votre tribu !

Meg Ryan : entretien réalisé pour cet ouvrage.

Don Lipski : entretien réalisé pour cet ouvrage.

HELEN PILCHER : « A Funny Thing Happened on the Way to the Lab », Helen Pilcher, *Science*, 6 décembre 2002, http://sciencecareers.sciencemag.org/career_magazine/previous_issues/articles/2002_12_06/noDOI.3781194121760901365.

BRIAN RAY : entretien réalisé pour cet ouvrage.

DEBBIE ALLEN : entretien réalisé pour cet ouvrage.

MICHAEL POLANYI : « The Republic of Science – Its Political and Economic Theory », in *Knowing and Being*, Michael Polanyi, University of Chicago Press, Chicago, 1969.

La logique de la liberté, Michael Polanyi, traduit de l'anglais par Philippe Nemo, PUF, Paris, 1989, p. 64, www.institutcoppet.org/wp-content/uploads/2012/06/La-logique-de-la-libert%C3%A9.pdf.

BOB DYLAN : *Chroniques*, volume 1, Bob Dylan, traduit de l'américain par Jean-Luc Piningre, Fayard, Paris, 2005, p. 245-261.

RANDALL COLLINS : *The Sociology of Philosophies – A Global Theory of Intellectual Change*, Randall Collins, Belknap Press, Cambridge, Massachusetts, 1998.

DOROTHY LEONARD ET WALTER SWAP : « Gurus in the Garage », Dorothy Leonard et Walter Swap, *Harvard Business Review*, novembre-décembre 2000.

GROUPES EXCEPTIONNELS : *Organizing Genius – The Secrets of Creative Collaboration*, Warren G. Bennis et Patricia Ward Biederman, Perseus Books, New York, 1997.

KIND OF BLUE : témoignage de Bill Evans, Livret en français de l'album CD *Kind of Blue*, Miles Davis, Columbia, 1999, enregistré à New York les 2 mars et 22 avril 1959.

ABRAHAM LINCOLN : *Abraham Lincoln – L'homme qui rêva l'Amérique*, par Doris Kearns Goodwin, traduit de l'anglais par Catherine Makarius, Michel Lafon, Paris, 2013.

ROBERT CIALDINI : « BIRGing, CORFing and Blasting », Pr Alan Eshleman, *San Francisco Chronicle*, 20 novembre 2002, www.sfgate.com/health/article/BIRGing-CORFing-and-Blasting-2752342.php.

COMPORTEMENT DES SUPPORTERS : « Social Identity Theory », Université de Twente, Pays-Bas, www.utwente.nl/cw/theorieenoverzicht/Theory%20clusters/Interpersonal%20Communication%20and%20Relations/Social_Identity_Theory.doc.

« Social Identity Theory – Sports Affiliation and Self-Esteem », Merritt Posten, Psybersite, Miami University of Ohio, www.units.muohio.edu/psybersite/fans/sit.shtml.

HOWARD COSELL : *Cosell*, Howard Cosell, Playboy Press, Chicago, 1973.

I Never Played the Game, Howard Cosell, William Morrow, New York, 1985.

BILLY CONNOLLY : *Billy*, Pamela Stephenson, HarperCollins, New York, 2001.

Chapitre 6 : Que vont-ils penser ?

CHUCK CLOSE : « Close Call », Jon Marmor, *Columns – The University of Washington Alumni Magazine*, juin 1997.

Entretien avec Chuck Close, mai-septembre 1987, Archives of American Art, www.aaa.si.edu/collections/interviews/oral-history-interview-chuck-close-13141.

COMPAGNIE CANDOCO : « In the Company of Able(D) Dancers », Malcolm Tay, *Flying Inkpot*, 2 octobre 2000.

PAULO COELHO : Chronique de Paulo Coelho, *Indian Express*, 7 février 2006.

Entretien avec Paulo Coelho, 14 octobre 1995, Worldguide, www.worldmind.com/Cannon/Culture/Interviews/coelho.html.

ARIANNA HUFFINGTON : entretien réalisé pour cet ouvrage.

PENSÉE DE GROUPE : *Pourquoi nos enfants deviennent ce qu'ils sont*, Judith Rich Harris, traduit de l'américain par Odile Demange, Claude-Christine Farny et Bella Arman, Robert Laffont, Paris, 1999.

« Smooth Operator », Vanessa Grigoriadis, *New York*, 17 janvier 2005.

« Opinions and Social Pressure », Solomon Asch, *Scientific American*, 1955.

The Abilene Paradox and Other Meditations on Management, Jerry B. Harvey, Lexington Books, Lexington, Massachusetts, 1988.

ZAHA HADID : Design Museum, 2007, www.designmuseum.org/design/zaha-hadid.

Chapitre 7 : Vous estimez-vous chanceux ?

JOHN WILSON : *Blindness and the Visionary – The Life and Work of John Wilson*, John Coles, Giles de la Mare, Londres, 2006.

Nécrologie, *The Independent*, Londres, 3 décembre 1999.

Nécrologie, *New York Times*, 7 décembre 1999.

Richard Wiseman : *Notre capital chance – Comment l'évaluer et le développer*, Richard Wiseman, traduit de l'anglais par Marie-Claude Elsen, J.-C. Lattès, Paris, 2003.

Vidal Sassoon : entretien réalisé pour cet ouvrage.

Brad Zdanivsky : « Hell on Wheels », Pieta Woolley, 7 juillet 2005, Straight.com, www.straight.com/article/hell-on-wheels.
« Canadian dreamers – Brad Zdanivsky, rock climber », par Ranita Manocha, 20 novembre 2009, http://motivatecanada.tumblr.com/post/250974133/canadian-dreamers-brad-zdanivsky-rock-climber.

Chapitre 8 : À l'aide !

Terry Robinson : *Les Errances d'Oisin*, William Butler Yeats, traduit de l'anglais par Jacqueline Genet, François Xavier Jaujard et Jean-Yves Masson, Verdier, Lagrasse, 2003.

Warren Buffett : *Buffett – The Making of an American Capitalist*, Roger Lowenstein, Random House, New York, 1995.

Ray Charles : « Who Mentored Ray Charles? », Harvard School of Public Health, www.hsph.harvard.edu/chc/wmy/Celebrities/ray_charles.html.

Marian Wright Edelman : *The Person Who Changed My Life*, Matilda Raffa Cuomo, Barnes & Noble, New York, 2002.

Public/Private Ventures : « Mentoring in schools – An impact study of Big Brothers Big Sisters school-based mentoring », Carla Herrera *et alii*, Society for Research in Child Development, www.srcd.org.

Jackie Robinson : Peer Resources, www.mentors.ca/Story13.pdf.

Paul McCartney : entretien réalisé pour cet ouvrage.

James Earl Jones : *The Person Who Changed My Life*, Matilda Raffa Cuomo, Barnes & Noble, New York, 2002.

David Neils : International Telementor Program, www.telementor.org/aboutus.cfm.

Chapitre 9 : Est-il trop tard ?

Susan Jeffers : entretien réalisé pour cet ouvrage.

Harriet Doerr : « Late Bloomer », Yvonne Daley, *Stanford Magazine*, 1997.

Paul Potts : « Paul Potts sings Nessun Dorma », juin 2007, YouTube, www.youtube.com/watch?v=1k08yxu57NA.
« What DO you do when your Life Changes in an instant? », Paul Potts, http://paulpottsmusic.com.

Julia Child et Maggie Kuhn : « What Longevity Means to Your Career », Lydia Bronte, juillet 2001, The Five O'Clock Club, http://fiveoclockclub.com/2001/07/what-longevity-means-to-your-career.

Ridley Scott : entretien réalisé pour cet ouvrage.

Dr Henry Lodge : *Plus jeune l'an prochain !* Chris Crowley et Henry S. Lodge, traduit de l'anglais par Julie Dufour, Leduc.s, Paris, 2010.
« Dr Henry Lodge at the UP Experience 2008 », présentation orale, YouTube, www.youtube.com/watch?v=EZp3ew4YCuc.

Pr Susan Greenfield : *The Human Brain – A Guided Tour*, Susan Greenfield, Weidenfeld & Nicolson, Londres, 1997.

Grace Living Center : « School of a Lifetime », Marti Attoun, 1er décembre 2002, AmericanProfile.com.

Sophia Loren : www.sophialoren.net/bio.html.

Chapitre 10 : Pour le plaisir ou pour l'argent

Gabriel Trop : entretien réalisé pour cet ouvrage.

Révolution pro-am : *The Pro-Am Revolution – How Enthusiasts are Changing Our Economy and Society*, Charles Leadbeater et Paul Miller, Demos, 2004, www.demos.co.uk/files/proamrevolutionfinal.pdf.

Arthur C. Clarke : « Great Amateurs in Science », John Malone, PBS, www.pbs.org/wgbh/nova/orchid/amateurs.html.
« The 1945 Proposal by Arthur C. Clarke for Geostationary Satellite Communications », Lakdiva, http://lakdiva.org/clarke/1945ww/.

Susan Hendrickson : « 12 août 1990. La résurrection de Sue, le plus gros Tyrannosaurus rex au monde », Frédéric Lewino et Gwendoline Dos Santos, *Le Point*, 12 août 2012, www.lepoint.fr/c-est-arrive-aujourd-hui/12-aout-1990-la-resurrection-de-sue-le-plus-gros-tyrannosaurus-rex-au-monde-12-08-2012-1495208_494.php.
« Great Amateurs in Science », John Malone, PBS, www.pbs.org/wgbh/nova/orchid/amateurs.html.
« Tiff » Wood : *The Amateurs – The Story of Four Young Men and Their Quest for an Olympic Gold Medal*, David Halberstam, Ballantine Books, New York, 1985.

A Leg to Stand On : « Hedge Funders Band Together for Charity », Burt Helm, *Business Week*, 20 octobre 2006.

Khaled Hosseini : biographie en français, www.khaled-hosseini.fr/site/la_biographie_de_khaled_hosseini_&600&hos01.html?6

Biographie en anglais, www.bookbrowse.com/biographies/index.cfm?author_number=900.

MILES WATERS : « The secret life of a rock'n'roll dentist », *British Dental Journal*, 8 juillet 2006, www.nature.com/bdj/journal/v201/n1/full/4813815a.html.

JOHN WOOD : « Rich in Books », Bob Cooper, *San Francisco Chronicle*, 26 septembre 2004.

« Room to Read's "literacy one challenge" takes off! », communiqué de presse, 26 septembre 2007, www.roomtoread.org/page.aspx?pid=359.

SUZANNE PETERSON : entretien réalisé pour cet ouvrage.

MICHAEL FORDYCE : *Human Happiness – The Findings of Psychological Research*, Michael W. Fordyce, Cypress Lake Media, 1974.

« L'éducation au bonheur », Michael W. Fordyce, traduit et adapté de l'anglais par Pierre Cousineau, in *Revue québécoise de psychologie*, vol. 18, n° 2, 1997, disponible sur le site www.acsm-ca.qc.ca/coffres-a-outils/1999/education-au-bonheur.pdf.

Chapitre 11 : La course à l'excellence

RICHARD BRANSON : entretien réalisé pour cet ouvrage.

PAUL MCCARTNEY : entretien réalisé pour cet ouvrage.

« CETTE CHOSE MÉPRISÉE » : avec l'aimable autorisation de Takeshi Haoriguchi.

CHÔMAGE DES DIPLÔMÉS DE L'ENSEIGNEMENT SUPÉRIEUR : « Unemployment level of college grads surpasses that of high school dropouts », Jared Bernstein, 17 mars 2004, Economic Policy Institute, www.epi.org/content.cfm/webfeatures_snapshots_archive_03172004.

OPPORTUNITÉS D'EMPLOI DES DIPLÔMÉS AU ROYAUME-UNI : « Graduates face tougher job market », 16 juillet 2003, BBC News, http://newsvote.bbc.co.uk/mpapps/pagetools/print/news.bbc.co.uk/2/hi/business/3068443.stm.

REVENUS DES DIPLÔMÉS AUX ÉTATS-UNIS : « Amount of schooling affects earning potential », *USA Today*, 18 juillet 2002, www.usatoday.com/news/nation/census/2002-07-18-degree-dollars.htm.

TAUX D'OBTENTION DE DIPLÔMES UNIVERSITAIRES DANS LE MONDE : « Top of the class », *The Economist*, 18 septembre 2007, www.economist.com/node/9823950/print?story_id=9823950.

COURS INTENSIFS : « In Japan, Even Toddlers Feel the Pressure to Excel », Sheryl WuDunn, *New York Times*, 23 janvier 1996.

MARCHÉ DES TESTS STANDARDISÉS : « Keeping Public Schools Public », Barbara Miner, *Rethinking Schools*, hiver 2004-2005, www.rethinkingschools.org/special_reports/bushplan/test192.shtml.

ÉCOLES REGGIO EMILIA : *The Hundred Languages of Children – The Reggio Emilia Approach – Advanced Reflections*, Carolyn Edwards, Lella Gandini et George Forman, Ablex, Greenwich, Conn., 1998.

LORIS MALAGUZZI : *I cento linguaggi dei bambini*, L. Malaguzzi, Caroly Edwards, L. Gandini et G. Forman, éd. Junior, Bergame, 1999.

« Reggio Emilia Approach », Andrew Loh, décembre 2006, Brainy child, www.brainy-child.com/article/reggioemilia.shtml.

« How the information on Reggio Emilia landed in the United States », Lella Gandini, North American Reggio Emilia Alliance, www.reggioalliance.org/exhibit_project/early_history.php.

GRANGETON : certaines informations de cette section proviennent d'un entretien réalisé spécialement pour cet ouvrage.

« It's all about me », Diana Hinds, *TES Newspaper*, 5 octobre 2007, www.tes.co.uk/article.aspx?storycode=2444278.

« Grangeton – Richard Gerver, Grange Primary School », Futurelab – Innovation in education, www2.futurelab.org.uk/projects/teachers-as-innovators/stories-of-practice/grangeton

ÉCOLES A+ DE L'OKLAHOMA : « Arts Integration at Oklahoma School Provides Multiple Paths for Learning », Nicole Ashby, *Achiever*, 1er juin 2007.

Oklahoma A+ Schools, www.aplusok.org.

INDEX

D

E

F

T

V

W

Y

Z

Maquette : Nord Compo
ISBN : 9782809649727
Dépôt légal : août 2013
Imprimé en Espagne sur papiers issus de forêts gérées durablement
FSC
www.fsc.org
MIX
Paper from responsible sources
FSC® C021883